Édouard FOA

CHASSES AUX GRANDS FAUVES

dans

l'Afrique Centrale

Librairie Plon

CHASSES
AUX
GRANDS FAUVES

L'auteur et les éditeurs déclarent réserver leurs droits de reproduction et de traduction en France et dans tous les pays étrangers, y compris la Suède et la Norvège.

Ce volume a été déposé au ministère de l'Intérieur (section de la librairie) en juillet 1899.

DU MÊME AUTEUR :

Le Dahomey. — Un volume grand in-8° de 430 pages, avec 17 planches ou gravures hors texte, plans et cartes coloriés (*Bibliothèque de l'explorateur*). — Paris, A. Hennuyer, 1895.

Mes Grandes Chasses dans l'Afrique centrale. — Un volume grand in-8° de 340 pages, avec 76 gravures dessinées en collaboration par MM. Émile BOGAERT et Paul MAHLER d'après les dessins, les photographies et les documents de l'auteur. — Paris, Firmin-Didot et C¹ᵉ, 1895.

Du Cap au lac Nyassa. — Un volume in-18 de 380 pages, accompagné de 16 gravures d'après les photographies de l'auteur, d'une carte et d'un vocabulaire. — Paris, E. Plon, Nourrit et Cⁱᵉ, 1897.

(*Ouvrage couronné par l'Académie française.*)

En préparation :

La Traversée de l'Afrique, du Zambèze au Congo français.
1894-1897.

Résultats scientifiques de trois explorations en Afrique.
1886-1897.

Tchigallo. Msiambiri. E. Foà.   Kambombé.   Tambarika.   Rodzani.

LES CHASSEURS DE FAUVES.

Frontispice

CHASSES
AUX
GRANDS FAUVES

PENDANT LA TRAVERSÉE DU CONTINENT NOIR

DU ZAMBÈZE AU CONGO FRANÇAIS

PAR

ÉDOUARD FOÀ

CHARGÉ DE MISSIONS PAR LE MINISTÈRE DE L'INSTRUCTION PUBLIQUE
CORRESPONDANT DU MUSÉUM
GRANDE MÉDAILLE D'OR DE LA SOCIÉTÉ DE GÉOGRAPHIE DE PARIS

---

*Ouvrage illustré de 46 gravures d'après les photographies de l'auteur,
de 15 dessins exécutés par E. Bogaert et P. Mahler,
d'après les documents originaux,
de quatre schémas et d'une carte en couleurs.*

Gravure de G. DE RÉSENER

PARIS
LIBRAIRIE PLON
E. PLON, NOURRIT ET Cⁱᵉ, IMPRIMEURS-ÉDITEURS
RUE GARANCIÈRE, 10
1899

—

Tous droits réservés.

AVANT-PROPOS

A pied, le fusil sur l'épaule, j'ai accompli de 1894 à 1898 la traversée de l'Afrique équatoriale de l'océan Indien à l'océan Atlantique.

Pour mener à bien ce long voyage, j'ai rencontré, comme tous mes prédécesseurs, de grosses difficultés : il y a partout, en Afrique sauvage, des populations hostiles à affronter, des marécages à traverser, mille obstacles à vaincre.

Chargé d'une mission scientifique par M. le Ministre de l'Instruction publique et des Beaux-Arts, je suis parti de Chinde (embouchure du Zambèze) en août 1894. Coupant en diagonale le continent noir, j'ai visité successivement le haut Zambèze, le Barotsé, la région des lacs Bangouéolo, Nyassa, Tanganyika, une partie du Katanga, le haut, le moyen et le bas Congo : je suis enfin arrivé au Congo français, à Libreville, en novembre 1897, et j'étais de retour en France en janvier 1898, après une absence de quarante-deux mois.

Parti avec deux de nos compatriotes, MM. de Borely et Bertrand, j'avais dû me séparer d'eux en cours de route, à cause de leur état de santé, et il m'a fallu achever seul plus de la moitié du parcours.

Sur les 12,000 kilomètres que représente mon itinéraire, la majeure partie passe dans les districts sauvages, peu habités, où j'ai fait continuellement la chasse aux gros animaux.

Outre les collections que j'ai pu recueillir ainsi pour le Muséum de Paris, j'ai rapporté de nombreux documents se rapportant aux découvertes géographiques, aux observations astronomiques, au magnétisme, à la climatologie, à l'histoire naturelle, à l'ethnographie, à l'anthropologie, des photographies, des aquarelles, des dessins, etc.

En ma qualité de civil, n'étant ni officier ni fonctionnaire, je ne pouvais m'attendre à la plupart des récompenses que l'État réserve à ses serviteurs, et mes modestes efforts ne devaient pas compter sur la notoriété retentissante qui attend les efforts semblables, ni plus ni moins méritants, faits par les représentants officiels du pays. J'ai néanmoins reçu, du monde scientifique, des témoignages précieux : la Société de Géographie de Paris a bien voulu me décerner sa Grande Médaille d'or, qui est la plus haute récompense dont elle dispose, et cet exemple a été suivi par de nombreuses sociétés savantes de province et de l'étranger. Je leur adresse ici l'expression de toute ma gratitude.

J'ai divisé les résultats de mon exploration en trois parties distinctes :

1° Le *Récit du Voyage* avec les péripéties journalières, qui paraîtra prochainement (1);

2° Les *Résultats scientifiques* proprement dits, destinés aux spécialistes (2);

3° Les *Chasses*, que j'offre au public aujourd'hui, en un livre exclusivement consacré au sport.

J'ai pensé que les lecteurs qui ont fait bon accueil à *Mes*

---

(1) *La traversée de l'Afrique du Zambèse au Congo français*, 1894-1897.

(2) *Résultats scientifiques de trois explorations en Afrique*, 1886-1897. (Rapport à M. le Ministre de l'Instruction publique et des Beaux-Arts.) (*En Préparation.*)

grandes chasses dans l'Afrique centrale (1), publiées il y a quatre ans, voudraient bien me suivre encore au travers de la brousse africaine.

Cette fois j'ai eu soin de photographier les animaux que j'ai tués, ainsi que les lieux sauvages où ils vivaient, afin que le document illustré pût venir à l'appui du texte mieux encore que dans mon précédent livre, dont celui-ci peut être considéré comme la suite et le complément.

Je ne me propose ici que de raconter des chasses au hasard de mes souvenirs, sans m'astreindre à en suivre l'ordre chronologique. Je me garderai bien de vouloir faire assister le lecteur à la mise à mort de mes 500 victimes, ce qui serait pour lui fort monotone; car, après tout, les circonstances ont beau varier, le résultat d'une chasse est toujours le même. On ne trouvera donc dans ce volume que les principaux épisodes de mes dernières années de chasseur, avec quelques notes sur les mœurs de la faune africaine.

Pour excuser l'usage excessif de la première personne, le lecteur voudra bien songer que je ne raconte ici que ce que j'ai fait ou vu moi-même.

Si fidèlement que j'aie essayé de dépeindre la nature et les circonstances de mes combats avec les hôtes des bois, je suis resté, malgré moi, bien au-dessous de la réalité. Il manquera toujours à mes récits ce que la vue seule peut y ajouter : l'attitude sauvage, imposante ou féroce de ces magnifiques animaux défendant leur vie avec cet instinct farouche, cette ténacité que la nature leur a donnés; il y manquera ces physionomies de chasseurs, noires ou blanches, avec la gamme des innombrables sensations humaines qui s'y peignent alternativement, depuis la frayeur jusqu'au triomphe, en passant par l'anxiété, l'hésitation, le calme ou la colère. Enfin, rien ne pourra rendre ce soleil éclatant d'Afrique, cet

---

(1) Chez MM. Firmin Didot et Cie, in-8°, 1895. — Illustrations nombreuses de Mahler et Bogaert.

air transparent, cette atmosphère spéciale au pays, ces paysages délicieux ou grandioses, ce ciel pur, ou bien, au contraire, l'aspect menaçant, terrifiant des éléments en fureur lors des orages de la région équatoriale.

Entre ces chasses et le récit que j'ai tenté d'en faire il y aura toujours la différence qui existe de la parole à l'acte, de la description au tableau, de ce tableau à l'action.

Le lecteur aura à s'aider de son imagination pour replacer dans le cadre et le milieu qui leur conviennent les péripéties que j'aurai décrites avec toute la sincérité possible, mais, sans doute, d'une manière fort imparfaite. Qu'on veuille bien excuser les incorrections qui pourront m'échapper : je suis plus habitué à manier le fusil que la plume.

Afin d'éviter de répéter tout ce que j'en ai dit déjà, des animaux et de leurs mœurs, je m'en rapporterai aux pages de *Mes grandes chasses* où j'en ai parlé. Une carte très complète, indiquant les principales régions visitées, ainsi que l'ensemble de mon voyage, aidera le lecteur à me suivre dans mes pérégrinations ; enfin il trouvera dans l'Appendice quelques renseignements pratiques.

Puisse-t-il, revivant avec moi les jours les plus heureux de mon existence de chasseur, éprouver un peu des sensations par lesquelles j'ai passé !

Paris, mai 1899.

SOMMAIRE

Avant-propos... I
Table des gravures....................................... XI

CHAPITRE PREMIER
ARMES ET ÉQUIPEMENT DE CHASSE.

Armes de gros calibre : Express et Metford. — Leurs munitions ; projectiles divers, leur valeur et leur emploi. — Inutilité de la balle explosive. — La balle expansive. — Variétés de mires et de fermetures. — Fusées. — Pièges. — Feux de Bengale, accessoires divers. — Télescope et lorgnette de nuit. — Gourdes à eau. — Costume et équipement de chasse. — Appareils photographiques. — Le départ........................ 1

CHAPITRE II
ARRIVÉE EN AFRIQUE. — PRÉPARATIFS DE CHASSE. — MES AUXILIAIRES. — MES PROCÉDÉS.

Hivernage à Tchiromo. — Retour de mes hommes. — Leur portrait, leurs aptitudes, leur dévouement. — Travail dans les bois. — Attributions de chacun. — Procédés méthodiques de chasse. — Études préalables aux nuits d'affût... 16

CHAPITRE III
ESSAIS DE FUSILS DE PETIT CALIBRE. — CHANGEMENT DE RÉGION. — COMMENCEMENT DES CHASSES.

Chasses aux environs de Tchiromo. — Eland, hippopotame et crocodile.

— Campement dans le Haut Kapotché. — Nature sauvage. — Les foulas. — Chasse aux buffles. — Un mangeur d'hommes. — Sa mort....... 28

CHAPITRE IV

ÉLÉPHANT ET LIONS. — SAISON DES PLUIES. — CHASSES AUX ÉLÉPHANTS.

Mœurs de l'éléphant. — Lions affamés. — Léopard tué. — Matériel et costume de chasse à l'éléphant pendant les pluies. — Poursuite et mort de deux éléphants. — Arrivée de renforts. — Dépeçage d'un éléphant. — Tonnes de viande. — Recette pour préparer le pied d'éléphant. — Forme, dimensions et poids des défenses. — Pluies continuelles. — Retour au camp primitif. — Chasse au bubale. — Départ et construction d'un nouveau camp retranché.................................. 46

CHAPITRE V

EN PLEINE JUNGLE. — A LA POURSUITE DES GRANDS ANIMAUX.

La région du Kapotché. — Excellent pays de chasse. — Hivernage de l'expédition. — Le camp du Niarougoué. — Fortification passagère. — Saison propice aux grands pachydermes. — Le fourmilier. — Superstition à l'égard de cet animal. — Chasse au rhinocéros. — Inconvénients d'une végétation épaisse. — Une épouse fidèle. — Chute d'une panthère au milieu du camp. — Chasse aux éléphants. — Trois éléphants tués. — Poursuite de buffles. — Rencontre avec lions. — Recherche d'un buffle blessé dans les hautes herbes, et danger de cette entreprise. — Affût à la panthère et mort de celle-ci. — Une matinée avec des lions. — Coup manqué. — Dans la jungle épaisse avec un lion agonisant. — Dernière chasse. — Rencontre avec des Mafsitis................. 63

CHAPITRE VI

UNE BATTUE AVEC LES INDIGÈNES. — RÉGION INEXPLORÉE. — GÉANTS SUR LE DÉCLIN.

Une battue au lion. — Le fusil entre les mains des indigènes. — Grêle de balles. — Blessés. — Précautions à prendre avec les armes à feu. — Période de rencontres avec des lions. — L'expédition se déplace. — Pays à rhinocéros. — Poursuite de ces animaux. — Cornes usées. — Beautés et lois de la nature................................... 87

CHAPITRE VII

LES SAISONS ET LES CHASSES. — UNE ALERTE MATINALE. — DANS LES GRANDES HERBES.

Renseignements indigènes. — Absence d'éléphants dans le pays d'Oundi.

— Chez Mpeseni. — Bruits nocturnes. — Hyènes. — Éléphants traversant une rivière. — Proximité inquiétante. — Essais du 303. — Fureur et charge d'une femelle. — Son agonie. — Capture d'un jeune éléphant. — Le coup à la tête. — Dernière chasse fructueuse à l'éléphant en 1895. — Dans les hautes herbes. — Variétés de hautes herbes. — Mort du petit éléphant. — Difficulté d'élever des animaux en camp volant. — Changement de pays.................................... 105

CHAPITRE VIII

CHIENS INDIGÈNES A LA CHASSE AU LION. — LE LOUP AFRICAIN. — LES CHIENS D'EUROPE. — CHACALS ET HYÈNES.

Essai de dressage de chiens du pays. — Services qu'ils ont rendus dans l'Afrique australe. — Inutilité du cheval dans ces régions. — Effet d'un lion blessé sur ma meute. — Fin de la meute. — Le loup africain est l'ennemi du lion. — Ruse du loup avec les crocodiles. — Sa façon de chasser. — Inutilité du chien d'Europe. — Chacals et hyènes.... 125

CHAPITRE IX

INCENDIES ANNUELS. — UNE NUIT AGITÉE. — LES OISEAUX DE PROIE.

Les paysages africains. — Le feu de brousse. — Le feu et les animaux. — Chaleur torride. — Préparation de spécimens. — Variétés chez l'éland. — Coup double. — Chasse aux antilopes. — Affût improvisé. — Lion blessé. — Chasseurs renversés. — Une chasse aux flambeaux. — Fin subite de ladite chasse. — Dimensions d'un lion adulte. — Les vautours et leurs mœurs. — Envoi d'akrassous. — Variétés de vautours. — Les marabouts. — Le nyangomba.................................... 141

CHAPITRE X

NUITS D'AFFUT EN 1895. — SUCCÈS ET MÉSAVENTURES.

Époque de la chasse à l'affût. — Service des renseignements. — Organisation, installation, chances et dangers de cette chasse. — Émotions de l'attente nocturne. — Moyenne des nuits de réussite. — Premiers chassés-croisés. — Animaux fréquentant les mares. — Chasse au lion. — Nuit blanche. — Précautions à prendre avec le rhinocéros. — Un affût à la petite mare sud. — Une charge nocturne et la fuite des chasseurs. — A cache-cache dans l'obscurité. — Mort d'un rhinocéros. — Nuit de déveine : trois lions manqués. — Amélioration tardive apportée au projecteur électrique. — Arrivée du courrier d'Europe. — Un visiteur inattendu. — En pantoufles, à la rencontre d'un rhinocéros. — Pénétration extraordinaire de l'express n° 1. — Un affût à la grande mare sud. — Lion perdu et retrouvé. — Les noirs ont l'odorat délicat. — Le plus grand lion de ma collection. — Affûts de jour. — Animaux qui ne boivent pas. — Habitudes des différents animaux à l'abreuvoir.. 168

CHAPITRE XI

CHASSE AUX GIRAFES. — HIPPOPOTAMES A TERRE ET DANS L'EAU. — ÉLÉPHANTS.

La vie au milieu des insectes. — Nouveau pays. — Chez les Barotsés. — Traces de girafes : leur poursuite ; mort de l'une d'elles. — Couleur de la robe et dimensions d'une girafe mâle. — Différence entre les spécimens sauvages et ceux des jardins zoologiques. — Chasse aux hippopotames. — Le chasseur dans l'eau et l'hippopotame à terre. — Rapidité de la course de cet animal. — Façon de le chasser dans l'eau. — Poids spécifique des viandes. — Leur qualité comestible. — Chair des félins. — Un menu de chasseur. — Chasse aux éléphants. — Les femelles sans défenses. — Un homme blessé par un éléphant. — Mort d'un solitaire. — Éléphant pneumatique. — Une histoire d'obus. — Vautours assemblés. — Chez Moassi. — Serpents. — Danse de python. — Oiseaux insectivores. — L'inyala. — Pêches à la dynamite............... 205

CHAPITRE XII

QUELQUES ANIMAUX DU CONGO.

Animaux nouveaux. — Le buffle du Congo. — Antilopes diverses : pookoos, letchoués, bubales, tsessébés, petite antilope brune; *tragelaphus :* inyalas, sitoutoungas, koudous. — Absence de rhinocéros. — Léopards, leurs déprédations. — Les éléphants. — Habitants de la forêt : sangliers, singes grands et petits. — Le « soko » ou chimpanzé. — Son portrait. — Habitat supposé du gorille. — Perroquets et autres oiseaux. — Animaux aquatiques. — Le Congo considéré comme pays de chasse... 241

CHAPITRE XIII

TROIS GRANDES CHASSES A L'ÉLÉPHANT.

Marche d'éléphants en bataille.
Une chasse en plaine. — Ma « Grande Journée ». — Femelles sans défenses. — Cinq éléphants blessés. — Msiambiri et moi, nous sommes chargés. — Msiambiri enlevé par un éléphant en fureur. — La victoire.
Chasse dans le Congo. — Femelles aidant un mâle blessé et le mettant à l'abri. — L'éléphant Goliath. — Sa mort. — Le plus beau trophée de ma collection.
Fin des chasses à l'éléphant. — Opinion de sir Samuel Baker...... 251

CHAPITRE XIV

LES GRANDES JOURNÉES AVEC LES LIONS.

Rencontre d'une troupe de lions. — Poursuite inutile. — La canne oubliée. — Mort du gros mâle. — Les coups mortels. Rugissements nocturnes. — A la rencontre des fauves. — Face à face. — Lion blessé. — Le coup à la nuque. — Photographie et dépouillement. — Une alerte. — Les lionnes. — Mort de l'une d'elles. — Recherche et découverte du premier lion. — Trois lions dans une matinée. Troisième épisode. — Mort d'une mère. — Les lionceaux. — Conclusion.. 273

TABLEAU DE MES CHASSES DE 1894 A 1897............... 291

APPENDICE (1re Partie).

QUELQUES MŒURS DE L'ÉLÉPHANT, DU RHINOCÉROS ET DU LION.

L'ÉLÉPHANT.

Age. — Signes de vieillesse. — Taille. — Tour du pied. — Reproduction. — Petits en marche ou en danger. — Façon de teter. — Sollicitude maternelle. — Les défenses, poids et longueur. — Éléphants sans défenses. — Les défenses ne repoussent pas. — Usages que fait l'animal de ses défenses. — La trompe et ses emplois multiples. — Faculté de rendre de l'eau. — L'œil et l'oreille. — Nourriture des éléphants. — Importance du vent. — Ordre de marche : en voyage, en mangeant. — Bains d'eau, de vase et de sable. — Vers intestinaux. — Sons émis par les éléphants. — Habitudes journalières de ces animaux. — Cimetière d'éléphants. — Tendreté de leurs os. — Ivoire mort. — Pays à éléphants. — Guerre qu'on leur fait partout. — Leur extinction prochaine. — Accidents causés par les éléphants. — Les coups à la tête et au cœur. — Piste d'éléphants. — Façon d'enlever les défenses. — Le seul ennemi de l'éléphant. — Le vrai roi des animaux. — Quelques mots sur sa domestication... 293

LE RHINOCÉROS.

Sa disparition graduelle. — Ses derniers refuges. — Age supposé. — Signes auxquels on peut le reconnaître. — Taille des adultes. — Dimension des cornes. — Corne chez les petits. — Usages de la corne. — Oreilles déchirées. — Degré d'acuité des sens. — Endroits et végétaux préférés. — Habitudes. — Façon de dormir. — Accidents causés par le rhinocéros 314

LE LION.

Il n'y en a qu'une seule espèce. — Différence entre le lion sauvage et le lion de ménageries. — Dimensions et poids d'un adulte. — Couleur de la robe. — Légendes répandues sur le lion. — Leur manque de fondement. — Différentes façons de se comporter du lion. — Symptômes de colère. — La charge. — Essais d'intimidation. — Heures des rugissements. — Combats nocturnes. — Les ennemis du lion. — Les repaires. — Portée de la lionne. — Robe des jeunes. — Troupes de lions.... 318

APPENDICE (2ᵉ Partie).

CONSEILS ET RENSEIGNEMENTS A L'USAGE DES CHASSEURS NATURALISTES.

GRANDS ET PETITS MAMMIFÈRES.

Façon de mesurer les animaux. — Mesures à prendre. — Dépouillement des animaux. — Préparation des peaux. — Séchage. — Préparation des os destinés au montage. — Collection de têtes. — Collection de crânes ou de massacres. — Façon de préparer les os dans ce cas. — Entretien des spécimens, précautions à prendre. — Envoi en Europe. — Petits mammifères... 326

OISEAUX.

Préparation des oiseaux................................... 332
INSTRUMENTS NÉCESSAIRES A LA PRÉPARATION DES SPÉCIMENS......... 333
LOIS DE PROTECTION ET PERMIS DE CHASSE DANS LES COLONIES AFRICAINES. 334
TABLEAUX DE MENSURATIONS : ÉLÉPHANTS, RHINOCÉROS, LIONS, ANTILOPES... 338
VOCABULAIRE... 342
TABLE ALPHABÉTIQUE..................................... 345
CARTE DÉTAILLÉE DES TERRITOIRES PARCOURUS................ 353

TABLE DES GRAVURES

	Pages.
Les chasseurs de fauves	Frontispice.
MM. Edmond de Borély et Camille Bertrand	1
Crosse cuirassée	4
Balles 303 « solid »	6
Cartouche express 577	6
Cartouche « 303 »	7
Balle express 577 et balle *Hollow* 303	9
Balle pleine ou solid cal. 8 et cal. 577	9
Bluebucks	15
Un camp d'hivernage à Tchiromo	16
Crâne de crocodile	27
Une vue sur le haut Kapotché	28
Deux ennemis : le « 303 » et une nsouala	30
Eland dans une forêt épineuse	32
Rodzani : Ce soir, pour changer, nous mangerons du zèbre	35
La queue droite, les oreilles aplaties, le lion allait charger	42
La panthère du camp du Niarougoué	46
Dépeçage d'un éléphant	58
Bubale de Lichtenstein	61
Rhinocéros dans la jungle épaisse	62
Le camp se transporte auprès de l'éléphant mort	74
Vieux buffle dans un bois de « mitsagnas »	78
Recherche d'un lion blessé dans la brousse épaisse	84
Le rhinocéros n° 2	86
Une chasse dans le pays d'Oundi	102
Crâne de rhinocéros	104
La roche trouée	105
La femelle, poussant des cris de fureur, se tourna vers nous et roula sa trompe	116
Bertrand et le jeune « ndjovo »	124
Chiens indigènes	125

	Pages.
Hyène morte	140
Vautours attirant le chasseur	141
Une antilope noire. — Vue de la brousse avant les feux annuels	144
Phacochères. Vue du paysage africain après les feux de brousse	146
La plus belle des antilopes : le koudou	148
Épilogue d'une nuit agitée ; le coup de grâce	160
Kob mâle. Le dernier sommeil	164
Coin de camp	167
La grande mare sud	168
Un affût nocturne : Lions sous le projecteur	178
Mais un dernier soupçon le prend : il s'arrête sur le bord	188
La mort du visiteur nocturne	194
En route pour le camp!	204
L'antilope « inyala »	205
Girafe mâle	216
L'inyala	238
Éléphant « pneumatique »	240
Quelques animaux du Congo	241
Une piste d'éléphants dans la forêt équatoriale (Haut Congo)	246
Hippopotame tué sur le Congo	250
Une marche d'éléphants en bataille	251
Msiambiri et son ennemi, le soir de la victoire	266
Femelles aidant un mâle	268
Mort de l'éléphant Goliath	272
Crâne d'éléphant	272
La matinée du 7 octobre 1896	273
Le gros lion sans crinière : épisode de la canne oubliée	276
Cinq minutes avant : aux écoutes!	280
Cinq minutes après : en compagnie de Msiambiri et de Kambombé	280
Lionceaux	290
Édouard Foà	290
Coupe transversale d'un crâne d'éléphant	308
Position du cerveau au repos et pendant la charge	309
Carte en couleurs	353

MES COMPAGNONS D'EXPLORATION.

CHAPITRE PREMIER

ARMES ET ÉQUIPEMENT DE CHASSE.

Armes de gros calibre : express et Metford. — Leurs munitions ; projectiles divers, leur valeur et leur emploi. — Inutilité de la balle explosive. — La balle expansive. — Variétés de mires et de fermetures. — Fusées. — Pièges. — Feux de Bengale. — Accessoires divers. — Télescope et lorgnette de nuit. — Gourdes à eau. — Costume et équipement de chasse. — Appareils photographiques. — Le départ.

Avant d'entrer dans mon sujet, je vais renseigner le lecteur sur l'armement et l'équipement que j'ai emportés pour cette expédition, en vue de chasser les animaux qui habitent l'Afrique centrale et qui sont : l'éléphant, le rhinocéros, l'hippopotame, le lion, le léopard, la panthère, la girafe, le buffle, les antilopes de plusieurs espèces, le phacochère et le sanglier, l'hyène et une foule de petits carnassiers d'une taille inférieure.

J'ai déjà exprimé mon opinion sur les fusils de gros calibre (1) : si vous n'avez dans votre arsenal ni calibre 12, ni calibre 8 rayés, n'en achetez pas, sauf si vous êtes certain d'aller dans un pays où les éléphants abondent, et ces pays deviennent, hélas! de plus en plus rares.

Dans certaines circonstances, cependant, ces armes peuvent être utiles.

Aussi, comme je projetais un voyage dans certaines parties de l'Afrique centrale où je comptais trouver des éléphants, je pris à tout hasard une de mes deux carabines doubles, calibre 8, rayées, avec 200 cartouches.

Mes armes principales étaient deux express rifles calibre 577 doubles. L'une de ces carabines avait été construite spécialement pour moi, d'après mes indications, par M. Galand, l'armurier bien connu, qui m'avait déjà armé plusieurs fois. J'avais demandé une réduction excessivement légère du calibre dans la moitié antérieure du canon; une petite augmentation de l'épaisseur des canons, sans souci du poids; le raccourcissement des canons; une grosse mire à pois et un triple verrou, *top-lever*. Je voulais, par-dessus tout, un express d'une solidité à toute épreuve. Cette arme, que j'appellerai mon express n° 1, a été si bien faite, qu'après trois ans et demi de chasses,

---

(1) *Mes grandes chasses*, p. 331, 332.

de tribulations, d'à-coups et de maniement, pendant lesquels j'ai tiré six à sept cents cartouches, elle n'a eu besoin, à mon retour, que d'un nettoyage. Quant à sa pénétration, on s'en rendra compte en lisant les chapitres qui suivent et, plus spécialement, le dixième.

L'express n° 1 pèse 5 k. 030. Le n° 2 est celui que mes lecteurs connaissent déjà ; il sort également des ateliers de M. Galand et a fait toutes mes chasses de 1891 à 1893 ; j'ai abattu avec lui plus de 300 bêtes ; ses canons sont un peu plus longs, avec un guidon et un point de mire en diamant ; son poids est moindre : 4 k. 800 seulement.

J'emportais à titre d'essai et non sans quelque méfiance une carabine double, du calibre 303 anglais, c'est-à-dire un peu plus faible que le Lebel. Cette carabine, qui avait la forme d'un express rifle très étoffé pour son calibre, était un des premiers exemplaires de l'express Metford qui aient paru sur le marché de Londres ; c'était une adaptation du fusil de guerre Lee-Metford, à six coups et à un seul canon ; pour l'appliquer à la chasse, on lui avait donné deux canons, mais en supprimant le système de répétition, comme dans les carabines ordinaires. Les deux premières armes de ce genre avaient éclaté dans la figure de leur propriétaire. La troisième, celle que j'emportais, avait été renforcée de façon à résister à l'action des poudres de guerre anglaises sans fumée, la *cordite* et la *rifleite*, qui mettent les chambres à de rudes épreuves ; aussi pesait-elle 4 k. 630, malgré son petit calibre, c'est-à-dire presque autant qu'un express. Cette arme, que j'appellerai mon 303, a prouvé qu'elle était admirablement établie, puisque j'ai tiré avec près de mille cartouches sans le moindre accident. Un télescope, ajusté sur le canon, devait servir à grossir le gibier, par conséquent à le rapprocher ; mais je n'ai jamais pu faire usage de cet instrument, et je vous engage, si on vous en propose un, à ne pas faire cette dépense inutile.

Toutes mes carabines avaient la crosse cuirassée, c'est-à-dire protégée par une plaque d'acier, ce qui empêche le manche de se briser trop facilement s'il reçoit un coup violent ou si un animal marche dessus.

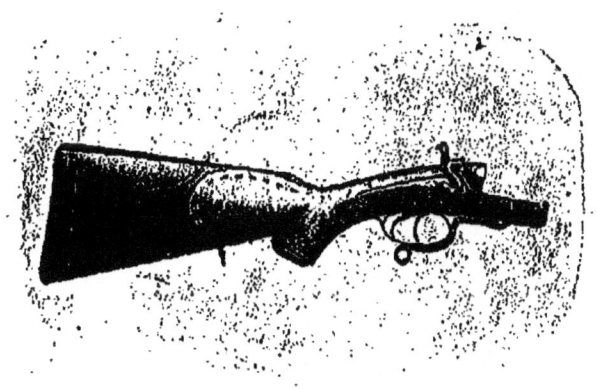

CROSSE CUIRASSÉE.

Comme armes non rayées, je n'emportais qu'un winchester de chasse à six coups, calibre 12, très bon fusil pour un dur service, ayant l'avantage d'avoir ses pièces interchangeables et tout à fait suffisant pour tuer quelques pintades ou tirer de nuit à chevrotines. Pour se défendre contre les indigènes, la nuit surtout, ces projectiles valent infiniment mieux que les balles.

J'avais encore un petit fusil de chasse à deux coups calibre 32, pour les petits oiseaux destinés aux collections et qu'il fallait ne pas abîmer, sans compter deux grands revolvers Galand et un petit tue-tue, pour l'imprévu, car il ne faut pas oublier que je projetais en partant de traverser des régions où Stanley, Peters, Wissman et beaucoup d'autres ont eu des difficultés extrêmes avec les indigènes.

Voici donc l'armement que j'emportais pour la chasse :

1° Une carabine rayée double calibre 8;
2° Deux carabines express calibre 577;
3° Une carabine express calibre 303 (Metford);
4° Un winchester lisse à six coups calibre 12.

Quant à mes munitions, j'en donne ci-après l'énumération détaillée :

Calibre 8. — 100 cartouches faibles à balle ronde de 76 gr., pour les buffles ou pour achever les gros pachydermes;
100 cartouches fortes à balle conique de 118 gr. 550, pour éléphants et rhinocéros.

Express 577. — 1,600 cartouches à balle express (avec tube cuivre), pesant 33 gr. 85;
800 cartouches à balle pleine, plomb ordinaire, de 39 gr. 650.

Express 303 *(Metford).* — 500 cartouches à balle *solid* à grande pénétration, pour la défense ou les coups à la tête (hippopotames, éléphants, rhinocéros); balle de 13 gr. 8;

2,400
{ cartouches à balle *Jeffery* (14 gr. 10);
— à balle *Hollow* (12 gr. 650);
— à balle *soft nosed solid* (13 gr. 925);
— à balle *soft nosed express* (13 gr. 975).

Deux mots pour expliquer ces diverses variétés.

Les balles *solid* sont, comme celle du Lebel, entièrement recouvertes de nickel. Les *Jeffery* sont tronquées à leur pointe et présentent des fentes longitudinales qui leur permettent de s'écraser. (C'est ce qu'on a appelé dernièrement des *dum-dum*.) Les *Hollow* en diffèrent en ce qu'elles ne sont pas fendues; par contre, un évidement va de leur pointe à la moitié de la longueur : il est rempli de cire. Les *soft nosed solid* n'ont d'enveloppe de nickel que jusqu'aux trois quarts, de sorte qu'à la pointe le plomb est à nu. Les *soft nosed express* sont construites de même, mais leur ogive est creuse et remplie soit de cire, soit d'un tube en cuivre. De ces quatre dernières variétés, emportées pour que j'en fisse l'essai, et que j'ai soumises à des expériences multiples et concluantes, je n'en ai retenu que deux : la balle *Hollow* et la *soft nosed express*, toutes deux à cavité remplie de cire. Pour les petits animaux et les antilopes, jusqu'à l'éland *exclusivement*, elles sont excellentes. A partir de l'éland, il faut l'express rifle 577.

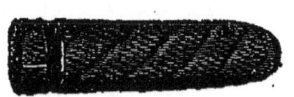

BALLE 303 « SOLID ».

Toutes mes munitions, fournies par Eley et Kynoch, étaient emballées dans des boîtes soudées en zinc, à raison de 10 cartouches par boîte.

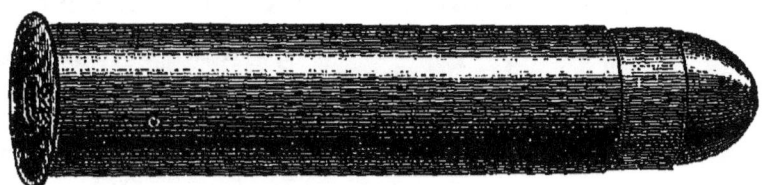

CARTOUCHE EXPRESS 577.

Je ne me sers que de cartouches neuves; jamais je ne recharge mes vieilles douilles. C'est de la fort mauvaise besogne : la poudre que l'on peut se procurer encrasse les canons, les balles sont mal coulées, et les capsules ratent souvent. Pour un perdreau, c'est sans importance; mais, lorsque votre vie dépend peut-être d'une cartouche, peut-on risquer de pareils aléas? Sur les cinq mille cartouches que j'ai emportées, je ne crois pas avoir eu un raté. On peut donc dire qu'elles étaient irréprochables. Comme on se les procure aujourd'hui en gros à des prix très raisonnables, et que, dans les boîtes dont j'ai parlé, elles se conservent indéfiniment, quels avantages aurait-on à en réfectionner soi-même? Ceci ne s'applique d'ailleurs qu'à l'express rifle et au calibre 8, le 303 ayant un genre de munitions qui ne peut être fabriqué qu'à l'aide de machines spéciales.

CARTOUCHE « 303 ».

Quant aux balles explosives, comme tout le monde m'a demandé à mon retour si je m'en étais servi, je vais, une fois pour toutes, en dire mon opinion. Que ce soient des *Devismes*, des *Pertuiset* ou des *Jacob Shells*, je leur trouve une foule d'inconvénients. Ou bien c'est un projectile chargé d'un détonant quelconque : picrate de potasse, fulmicoton, fulminate de mercure, poudre, etc., et alors on est obligé d'y adapter au dernier moment une capsule sur une cheminée *ad hoc*, absolument comme sur un fusil à piston ; ou bien c'est une balle chargée et pourvue d'un percuteur, ce dernier protégé en temps ordinaire par une calotte. Cinq fois sur dix elle ne détone pas, sans doute parce que dans l'émotion du danger on oublie d'enlever le protecteur. Ou bien encore, si elle éclate, c'est à fleur de peau, presque à l'extérieur, chez les animaux à cuir dur, et elle n'a plus alors la pénétration nécessaire ; au contraire, sur les bêtes à épiderme tendre, elle fait des dégâts d'autant plus inutiles qu'on peut arriver au résultat voulu avec des balles ordinaires. Et puis on s'expose à laisser tomber ces projectiles dangereux, à les oublier dans une cartouchière, et c'est pour vous et vos hommes une menace de tous les instants.

Cette balle explosive, dont je doute que personne se soit jamais servi d'une façon suivie avec succès, elle peut être classée aujourd'hui dans les musées de balistique, à côté des mortiers et des fusils à piston : avec les armes et les projectiles modernes, elle n'est plus nécessaire et reste toujours dangereuse.

La balle expansive, au contraire, est très employée et très pratique. Sa puissance destructrice est due non à l'action d'une charge explosive, mais à son mode de construction : jusqu'aux trois quarts environ, elle présente un évidement intérieur, et dans cette cavité est placé un tube de cuivre, destiné tout simplement à la boucher et à éviter ainsi, pendant le trajet dans l'air, la résistance qu'offrirait cette ouverture si elle était béante : c'est d'ailleurs le rôle que joue la cire dans les balles 303. Le choc fait écraser la balle expansive et la met souvent en miettes, ou bien il lui donne la forme d'un champignon dont la tête, dans son effrayante rapidité, entraîne et accroche de ses rebords des chairs et des viscères ; chez les animaux tendres, il arrive quelquefois qu'en ressortant elle fasse un trou large comme le fond d'un chapeau.

La balle *express* 577, la balle *Hollow* ou la *soft nosed express* de mon 303, qui sont de ce type, peuvent être employées avec succès sur tous les animaux à peau tendre ou de corpulence moyenne, qui sont, dans la faune africaine : le lion, le léopard, les chats, les sangliers et les antilopes, sauf l'éland.

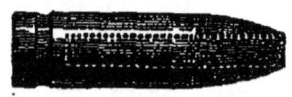

BALLE EXPRESS 577.   BALLE *Hollow* 303.

Au contraire, l'éland, le buffle, le rhinocéros, la girafe, l'éléphant, sont beaucoup plus massifs, et cette balle expansive devient insuffisante à cause de l'épaisseur des chairs et des os. On se sert donc alors de la balle pleine, non évidée (en anglais *solid*).

Calibre 8.   Cal. 577.

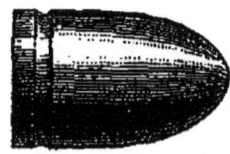

BALLES PLEINES OU « SOLID ».

Quelques chasseurs conseillent d'ajouter au plomb un tiers d'étain ou un cinquième de mercure, pour augmenter sa dureté. A quoi bon? Pour ma part, j'ai toujours laissé le plomb « nature » : il ne s'en écrase que mieux et il pénètre fort bien dans la peau de l'éléphant ou du rhinocéros, malgré ce qu'on dit de l'impossibilité de les entamer. La balle pleine en plomb ordinaire d'une carabine moderne, comme l'express par exemple, les traverse de part en part. L'invulnérabilité des gros pachydermes est une légende à reléguer dans un musée des curiosités, avec la balle explosive, avec les écailles cuirassées et impénétrables du crocodile, avec l'œil phosphorescent du lion, œil qui brille dans l'obscurité (comme la lanterne d'une bicyclette!). Légende encore, l'idée de ce lion capable de sauter un mur avec un veau entre les mâchoires! Pure imagination, la théorie de certains chasseurs sur la façon de procéder pour voir son guidon et viser par une nuit obscure, étant à cheval, avec assez de précision pour atteindre juste à l'œil des animaux comme le rhinocéros. On sait que l'œil du rhinocéros est extrêmement petit.

Quant aux mires en diamant, aux mires télescopiques ou autres plus ou moins extraordinaires que les armuriers inventent à chaque instant, le seul but qu'elles atteignent à coup sûr, c'est la bourse du chasseur. Rien ne vaut la petite pyramide surmontée ou non d'une boule. Il est bon de l'avoir en platine, en argent ou en ivoire, parce qu'elle se détache mieux : simple affaire de goût et d'habitude. Les diamants ne valent pas grand'chose; je les ai essayés, comme du reste toutes les inventions modernes en fait d'armurerie, et je suis revenu à la mire en argent sur laquelle peut s'adapter la nuit un gros pois en émail blanc ou phosphorescent.

Comme système de fermeture pour carabine de fatigue, rien ne vaut le T anglais ou bien un *top lever* à triple verrou de tout premier ordre. Le *Hammerless* ne me semble pas encore assez sûr pour les pays perdus où on manque d'armuriers.

La crosse de pistolet est indispensable aux carabines, d'abord parce qu'elle les met mieux en main, et aussi parce qu'elle permet d'étoffer le bois d'une façon toute particulière. On a vu plus haut que je fais ajouter à mes crosses des cuirasses d'acier.

Après l'armement, l'équipement. Le mien était fort simple : une cartouchière de ceinture pour chaque genre de munitions (1), un ou deux sacs-cartouchières destinés à porter des munitions de réserve et quelques menus objets, des gourdes à eau d'un modèle spécial, quelques fusées pour enfumer les hyènes, des pièges pour les gros animaux, un jeu de mires lumineuses, un projecteur Trouvé, du phosphore, des feux de Bengale blancs, des couteaux et des haches, un télescope pliant, une lorgnette de nuit.

On connaît déjà mon costume, je n'y ai rien changé : c'est, dans la journée, un tricot de coton

---

(1) Je répète que la balle pleine et la balle expansive suffisent à toutes les chasses; avec des cartouches des deux sortes et un bon express, un chasseur peut abattre tous les animaux des deux hémisphères.

léger, sans manches, généralement marron foncé, une culotte courte de même couleur, un casque foncé, des chaussettes et des souliers (1). Mes chaussures de chasse sont en toile à voiles et à semelles de caoutchouc, de façon à ne faire aucun bruit; pour la marche, je me sers de souliers en cuir jaune et souple, avec de grosses semelles. Un ceinturon en cuir auquel est passée la cartouchière et portant une pochette pour la montre, une gaine pour le couteau, et voici la nomenclature terminée. Le cou, les bras et les jambes nus. Pendant la saison fraîche, le soir, ou sur les hauts plateaux, je mets une veste chaude qui peut servir également pour les affûts de nuit; mais, dans ce cas, je préfère généralement une pèlerine en molleton avec capuchon; ce vêtement a l'avantage de laisser les bras libres si on le rejette sur les épaules.

J'avais toujours avec moi, dans un des sacs-cartouchières, un carnet et un crayon, une pharmacie de poche, un nécessaire de pansement et du sérum antivenimeux du docteur Calmette pour les accidents, un mètre pour mesurer les animaux, un nécessaire de nettoyage complet pour les fusils, une pince à épines, une mire de rechange, une ou deux fusées, un briquet, du tabac et une pipe, une petite gourde avec un cordial quelconque, eau de mélisse, cognac, etc.; tout cela ne dépassant pas le volume d'une boîte de cinquante cigares.

(1) Je suis ennemi de la laine, sous n'importe quelle forme, dans les climats tropicaux.

L'autre sac était le magasin de réserve des munitions ; il en contenait un peu de chaque qualité, en proportion des besoins et des éventualités prévues.

Les gourdes à eau contenaient chacune quatre litres ; elles étaient en zinc, entourées d'une épaisse couche de feutre. Pour éviter que cette enveloppe se déchirât au contact des épines, elle était à son tour protégée par un filet tressé avec de la simple ficelle. Ces récipients, au nombre de deux, solidement pendus à chacune des deux extrémités d'un court bâton, se transportaient ainsi sur l'épaule et demandaient un homme spécial, le porteur d'eau, indispensable dans ces régions. Cette façon d'attacher les gourdes avait pour but d'éviter la chaleur du corps qui tiédissait le liquide, si on les mettait en bandoulière. Si on avait soin d'humecter le feutre chaque fois qu'on trouvait une mare, l'évaporation maintenait le contenu dans un état de fraîcheur très satisfaisant. Ces huit litres d'eau étaient souvent fort utiles, à cause des grands parcours qu'il nous arrivait de faire sans rencontrer de rivières, et, en cas d'accident ou d'insolation, on avait de quoi parer aux premières nécessités. Plus d'une fois on put faire cuire une patate ou préparer du thé avec le contenu de ces précieux réservoirs.

J'avais également au camp de petits barils en bois destinés au transport de l'eau et des outres en toile à voiles que je confectionnais moi-même ; mais tout cela ne pouvait s'utiliser que sur place et non en marchant, comme les gourdes à eau dont je viens de parler et qui sont de mon invention, comme d'ailleurs divers autres objets utiles dont l'expérience m'a inspiré l'idée et pour lesquels je n'ai pris aucun brevet (1).

Je parlerai en temps et lieu de l'utilisation des fusées, pièges, feux de Bengale, du phosphore, etc. Le télescope que j'ai emporté était très puissant et avait en même temps l'avantage de se replier en un très petit volume ; il m'a rendu partout de grands services, en me permettant de découvrir au loin un village ou des animaux. La jumelle de nuit, pour être bonne, doit être courte de vision et d'un champ très vaste ; l'angle doit en être très ouvert et la grande lentille avoir au moins huit fois le diamètre de la petite ; on verra plus loin combien cet instrument m'a été utile.

Tels étaient, à peu près, les objets qui formaient mon bagage de chasseur ; naturellement, je ne parle pas ici du matériel considérable qui accompagnait l'expédition et qui demanda, au début de nos marches, plus de 300 porteurs. L'inventaire en prendrait plus de 200 pages. Il y avait là de quoi suffire à tous les besoins de la vie de trois Européens pour plus de trois ans. Dans ce chapitre il n'a été question que de ce dont nous allons trouver un emploi journalier au cours des chasses que je me propose de raconter.

Je ne dois pas oublier dans cette énumération l'appareil photographique, dont j'ai fait un usage constant, et qui m'a permis de rapporter de mes voyages de précieux souvenirs.

(1) Pour un modèle de panier à vivres, voir *Du Cap au lac Nyassa*, p. 364.

C'est de la collection de mes photographies de chasse qu'ont été tirées les illustrations de ce livre.

Les deux appareils dont je me suis continuellement servi étaient une chambre à soufflet de Dalmeyer avec objectif de Ross 18-24 et un appareil à main du genre Kodak 9-12, tous deux employant des plaques rigides en celluloïd de l'épaisseur d'un carton bristol.

Ceci dit, et le lecteur ayant passé avec moi la revue de mon arsenal de guerre, filons sur Marseille, prenons-y l'*Ava*, paquebot des Messageries maritimes, et partons pour l'Afrique centrale *via* Tchinde, Zambèze.

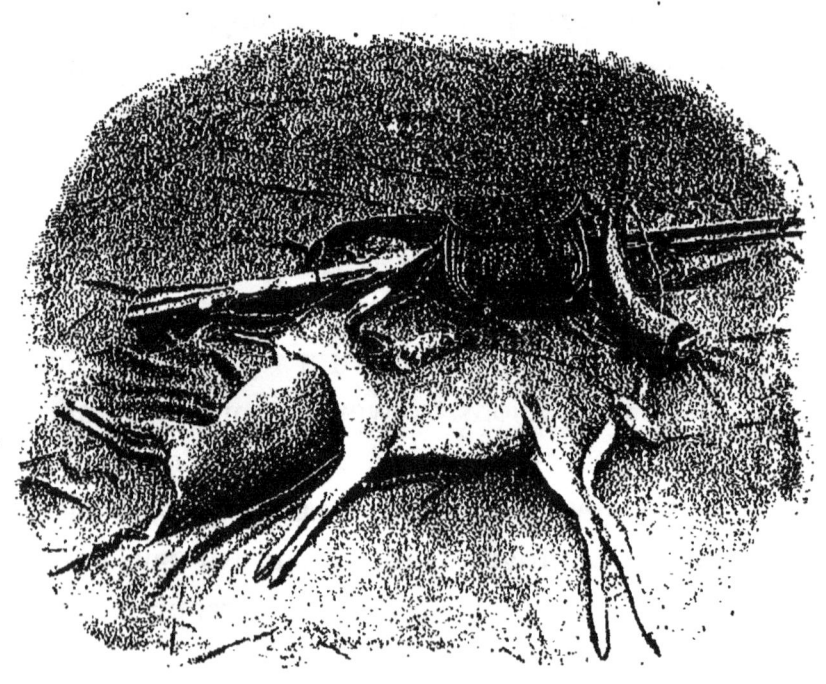

BLUEBUCKS.

CAMP D'HIVERNAGE A TCHIROMO.

CHAPITRE II

ARRIVÉE EN AFRIQUE. — PRÉPARATIFS DE CHASSE. — MES AUXILIAIRES. — MES PROCÉDÉS.

Hivernage à Tchiromo. — Retour de mes hommes. — Leur portrait, leurs aptitudes, leur dévouement. — Travail dans les bois. — Attributions de chacun. — Procédés méthodiques de chasse. — Études préalables aux nuits d'affût.

Le voyage que j'allais tenter commençait dans la région où s'était terminé le précédent, c'est-à-dire au lac Nyassa. En août 1894, mes camarades de Borely et Bertrand, deux vieux Africains, atteignirent avec moi le Zambèze et ces rives qui m'étaient déjà familières.

Nous avions cette fois un matériel énorme, une foule de serviteurs et des embarcations. Les leçons du passé avaient porté leurs fruits, et l'expérience acquise était venue présider si bien à nos préparatifs que, — pour extraordinaire que cela puisse sembler, — nous n'avions rien oublié d'indispensable — ni même de superflu. Les souffrances et les privations vous forment l'esprit; à chaque voyage que j'avais entrepris, j'étais revenu en Europe avec une liste bien exacte de ce que j'avais *oublié cette fois-là*. Après l'expédition de 1894-97, la liste est restée blanche. C'est dire le soin avec lequel tous les achats, tous les préparatifs avaient été faits, toutes les précautions prises. De Borely et Bertrand, qui n'étaient pas chasseurs, se partageaient l'administration de l'expédition. Le premier avait dans ses attributions le journal et la comptabilité; le second était chargé des provisions, du contenu et de l'arrangement des colis, de la nourriture des Européens; il s'occupait avec moi des soins à donner aux spécimens d'histoire naturelle et de la préparation des collections. De Borely a été séparé de nous pendant longtemps, parce qu'il a commandé un camp-dépôt qui nous servait de quartier général et autour duquel Bertrand et moi nous avons rayonné pendant près d'une année.

Nous arrivâmes vers la mi-septembre à Tchiromo, sur la rivière Chiré, affluent nord du Zambèze; la saison était trop avancée pour qu'on pût songer à rien entreprendre de sérieux cette année-là; la bonne saison prend fin en novembre pour céder la place aux grosses pluies; c'est l'époque où les herbes sont hautes et les marécages nombreux.

Il fallait donc se préparer à *hiverner*, comme on dit dans certains pays de l'Afrique, c'est-à-dire à passer à couvert la saison des pluies, qui correspond en réalité à l'été.

Tchiromo nous semblait un endroit convenable pour installer provisoirement notre camp. Trois mois après, nous dûmes l'abandonner, y ayant eu d'abord les sauterelles, qui ruinèrent le pays, puis un incendie qui faillit nous ruiner nous-mêmes, et enfin une inondation qui nous coûta presque la vie : toutes les joies réunies ! Aussi l'expédition se déplaça-t-elle vers l'ouest, visitant de nouveau le pays des Magandjas, entre le Zambèze et le Chiré, Makanga, Oundi et la Maravie de l'ouest, qui avaient été le théâtre de nos exploits précédents.

Pendant notre court séjour à Tchiromo, je m'étais mis à réorganiser mon personnel de chasseurs. J'avais envoyé des émissaires au pays de Msiambiri, Rodzani, Tchigallo, Tambarika, afin de les prévenir de mon retour et pour leur faire savoir que je comptais encore sur eux.

J'ai souvent parlé de ces braves gens dans *Mes grandes chasses*, mais je ne dirai jamais assez les services qu'ils m'ont rendus. Leur existence a été si intimement liée à la mienne, ils m'ont donné tant de marques d'attachement, que je ne peux les oublier au début de ces récits où leur part de dangers est tout au moins égale à la mienne et où nous allons être toujours ensemble, formant un tout homogène et travaillant à un but commun plutôt que des individus séparés obéissant à des impulsions diverses.

Au cours de ces sept années de chasses, pas un animal n'a trouvé la mort sans que mes chasseurs n'y aient contribué isolément ou en totalité; il n'y a pas eu une joie, pas un triomphe auxquels ils n'aient pris leur part; pas une misère qu'ils n'aient subie avec leur maître. Ils ne tuaient pas au fusil, c'est vrai; mais, après m'avoir enseigné le métier de pisteur, ils m'aidaient dans mes recherches. Et, dans mon état d'infériorité marquée, — on n'a qu'à comparer mes moyens à ceux des chasseurs de l'Afrique australe, Gordon, Cumming, Drummond, Selous et tant d'autres, qui chassaient avec des Bushmen, des chevaux de rechange et des chiens, souvent en pays facile, — c'est grâce à la perspicacité de mes chasseurs indigènes, c'est grâce à leur instinct inouï de la vie des bois, instinct dont ils m'ont communiqué quelques notions, c'est sans autres auxiliaires qu'eux, que je suis parvenu à inscrire au tableau presque autant d'animaux que les Nemrods d'autrefois.

Pays, famille, femmes, enfants, ils ont tout abandonné pour me suivre lorsque j'ai changé de région, et deux d'entre eux ont effectué avec moi la traversée entière du continent africain. Tous m'auraient accompagné jusqu'au bout si les frais du rapatriement ne m'avaient obligé à ne conserver que ces deux-là et à me séparer des autres quand ils pouvaient encore regagner leur pays sans trop de danger.

Au moment de mon retour, dont ils ignoraient la

date, mes anciens chasseurs étaient un peu éparpillés : l'un était allé chercher du travail à Blantyre, dans le Nyassaland ; l'autre habitait Tête sur le Zambèze ; un troisième servait comme garçon de cuisine à bord d'une des canonnières du bas fleuve.

Le premier qui arriva à Tchiromo fut Tchigallo, escorté par une députation de gens de son pays qui m'apportaient des cadeaux. Un autre jour, à mon réveil, ce fut Tambarika, puis enfin Msiambiri et Rodzani. Je ne puis dire le plaisir que j'eus à revoir ces braves gens. Eux aussi, d'ailleurs, avaient l'air fort satisfaits. Ils m'avouèrent que, depuis mon départ, « ils pleuraient les bois », comme on dit dans leur langue. La poudre étant interdite, ils n'avaient pu chasser, et, afin d'obtenir un peu de calicot pour se vêtir, ils avaient dû faire divers métiers en attendant que je revinsse, car tout le monde dans le pays avait toujours compté, à les en croire, sur le retour de *Tchandiou* (1).

Tchandiou était le nom qu'on m'avait, paraît-il, donné chez eux après mon départ. Il signifie « le pourvoyeur de vivres ». Tchandiou ! disait-on avec un air de regret et avec un soupir. Ce sobriquet me resta, remplaçant celui de *Niakoumbaroumé* (le chasseur), que j'avais auparavant.

Le seul de mes hommes auquel je n'avais point fait appel était Maonda : comme il était devenu fort paresseux dans les derniers temps et qu'il ne s'enten-

---

(1) *Ndiou* veut dire indistinctement viande, poisson, légume ou ragoût quelconque qu'on mange avec la *ucima* ou farine cuite, qui est le pain des noirs de cette région.

dait pas avec ses camarades, j'avais décidé de me passer de ses services.

Tambarika m'avait amené un tout jeune homme de ses compatriotes, fils d'un chasseur d'éléphants, qui avait la passion de la chasse à un degré extraordinaire et promettait de devenir digne membre de mon *quintetto*. Il a justifié plus tard ces prévisions et a été un excellent auxiliaire. Il s'appelait Kambombé; il cumulait, avec Msiambiri, les fonctions de chasseur et de valet de chambre; aussi touchait-il, comme lui, un supplément de salaire.

Msiambiri s'appelait de son vrai nom Matingambiri; on disait Msiambiri par abréviation. Né à Kariza-Mimba, sur le haut Zambèze, fils d'un chasseur d'éléphants renommé, il avait passé sa vie entière dans les bois. Lorsque je le connus, il était à Tête, employé comme chasseur d'éléphants par un mulâtre portugais nommé Appa. Je le pris à mon service d'abord comme chasseur, puis également comme domestique. D'une physionomie agréable, avec les dents taillées en scie, comme celles des Sengas, ses compatriotes, il était grand et mince; nerveux, incapable d'embonpoint. Sa vue et son odorat étaient extraordinaires, mais comme pisteur il n'était que de deuxième ordre. D'une gaieté continuelle, ayant toujours le mot pour rire, il amusait tout le monde au camp. Beaucoup plus de qualités que de défauts, très raisonnable et exact dans son service, tel était Msiambiri.

Originaire des bords du moyen Zambèze, Rodzani avait été, lui aussi, chasseur d'éléphants; il possédait une physionomie ouverte où je lisais ses impressions, un corps plutôt petit et trapu, un appétit insatiable, un caractère plutôt gai. Bon pisteur, très tenace et très patient, mais lent, il était doué d'une vue moins perçante que celle de Msiambiri, mais d'une oreille remarquable. Rodzani manquait parfois de volonté, mais il était dévoué au fond.

Tambarika, un pur Magandja, était d'un tempérament plus difficile. Fils d'un chef puissant, il avait commencé par être assez heureux. Plus tard, son père ayant été détrôné, il s'était résigné à chercher du travail; ayant passé sa jeunesse et presque sa vie dans les bois, il possédait la réputation fondée d'un tireur remarquable à l'arc; de là, son nom, qui signifie « celui qui tire droit ». Lorsqu'on commença chez lui à se servir de fusils, il devint tireur remarquable pour un noir, et il se passionna pour ce genre de chasse. Très intelligent, Tambarika était un véritable professeur d'histoire naturelle : pas un oiseau, pas un arbre, pas une plante, pas un insecte, dont il ne connût le nom. Comme pisteur, nous le trouvions non seulement remarquable, mais extraordinaire, ayant l'œil d'une perspicacité extrême et l'ouïe d'une inconcevable finesse; de nous tous c'était celui qui suivait une piste le plus vite. Maigre et sec, de taille moyenne, avec une bouche immense, il était assez gai, ce qui contrastait avec son air sombre. D'abord difficile à mener, il finit par devenir très obéissant.

Un qui ne « s'emballait » pas, comme on dit, et riait rarement, c'était Tchigallo, le plus calme de la bande;

il s'entendait bien avec ses camarades et faisait, en général, peu de bruit. Grand et fort, d'une physionomie plutôt agréable, il faisait preuve comme pisteur d'une bonne expérience des bois. Je ne sais ce qu'il préférait de la chasse ou de la vie des bois, mais il ne paraissait jamais plus heureux qu'au camp, auprès de son feu.

Kambombé avait une physionomie très agréable, des dents merveilleuses ; il était taciturne et riait rarement. Adolescent, quand je l'ai pris à mon service, il s'est transformé pendant les trois ans qu'il y est resté, et était devenu un solide gars, gros et grand, lorsqu'il m'a quitté. Aussi passionné pour la chasse que Tambarika, ce qui n'est pas peu dire, il promettait d'être bon pisteur. Comme domestique, il a mis dans son service beaucoup de bonne volonté.

Tels étaient les hommes que j'avais avec moi ; tous possédaient à un haut degré cet instinct de la vie des bois qui ne s'acquiert qu'à la longue, lorsqu'on y a grandi ; cette acuité des sens que l'on vantait autrefois chez les Peaux-Rouges ; ce don d'observation auquel rien n'échappe, pas plus l'abeille qui rentre dans un petit trou au haut d'un grand arbre que le poil arraché par une épine à la crinière d'un lion, pas plus le point noir presque imperceptible qui marque, au milieu des herbes, la pointe de la corne d'une antilope couchée à 80 mètres, que l'éclaboussure de sang tombée sur une feuille, ne fût-elle pas plus grosse qu'une tête d'épingle : l'oiseau qui passe en l'air, des traces microscopiques sur le sol, tout est vu, rien ne passe inaperçu.

J'ajouterai que mes hommes avaient pris l'habitude

d'être ensemble et avec moi ; il y avait ainsi entre nous une collaboration constante. De mon côté, j'avais fait mon profit des trois ans de leçons que j'avais prises : j'y avais mis toute l'attention, tout le soin, toute l'intelligence dont j'étais capable ; sans prétendre égaler les indigènes, j'étais assez bon pisteur : dans les bois, j'avais l'œil et l'oreille bien ouverts, assez pour pouvoir me débrouiller tout seul, comme cela m'est arrivé souvent. Mon personnel avait, de plus, beaucoup de confiance en moi. Sans être un tireur hors ligne, j'ai l'habitude du danger et beaucoup de calme ; c'est peut-être ce qui fait que je tire assez bien ; étant de sang-froid, j'ajuste toujours avec une grande attention.

J'employai une semaine à Tchiromo à m'exercer à la cible pour faire connaissance avec mes nouvelles armes et pour habituer mes hommes à manier le fusil qu'ils devaient porter. Leur rôle consistait à charger, à décharger et à me passer le fusil avec rapidité. Quoiqu'ils fussent destinés à être d'intelligents porte-fusils plutôt que des tireurs, je leur fis faire quelques exercices de tir de près, de 10 à 40 mètres, pour les familiariser avec les armes et éviter certaines fautes qu'ils avaient autrefois commises, comme de tirer sans épauler, comme de vouloir faire basculer un fusil à chiens non rebondissants sans mettre d'abord ces chiens au premier cran, etc., précautions qui peuvent sembler superflues, mais qui devaient porter leurs fruits au moment « où ça chaufferait ». Tous étaient d'ailleurs fort soigneux dans le maniement des armes et avaient un véritable culte pour ces engins de destruction.

Chaque fusil avait son porteur attitré : c'était Msiambiri pour l'express n° 1, Tambarika pour l'express n° 2, Kambombé pour le 303, Rodzani pour le winchester calibre 12, Tchigallo pour le calibre 8. Chaque porteur avait en outre les munitions destinées à son fusil, ainsi que quelques menus objets tels que télescope, sacoches, etc. Msiambiri était spécialement chargé du nettoyage des armes; tous les soirs sans exception, et partout où nous nous trouvions, celles-ci étaient soigneusement graissées.

En dehors de la chasse, chacun de mes hommes avait sa spécialité. Msiambiri et Kambombé me servaient, comme je l'ai dit, de domestiques; Rodzani était capitaine de camp, c'est-à-dire chargé de la surveillance des hommes, de la répartition et du découpage de la viande, etc. Tambarika dirigeait ce que j'appellerai la brigade des recherches : il avait pour mission d'aller reconnaître les terrains de chasse, de préparer les affûts, de visiter les mares, de me faire son rapport sur les traces, en un mot d'étudier à l'avance tout ce qui était nécessaire pour nous permettre de ne travailler qu'à coup sûr ou, tout au moins, avec connaissance des lieux. On verra plus loin combien ce service nous a été utile. Tchigallo était naturaliste préparateur et nous aidait, Bertrand et moi, à mettre nos spécimens en état de conservation.

Je n'étais pas arrivé sans peine à une organisation aussi complète. Il avait fallu du temps et de la patience pour faire bien comprendre à chacun de mes hommes ce que j'exigeais de lui : j'y avais mis deux années. Au moment de mon retour en Afrique, sauf les exercices préalables destinés à leur faire connaître les armes nouvelles que j'apportais, ils étaient absolument dressés.

Aussi ai-je pu appliquer, dans mes chasses, le procédé méthodique, dont je vais donner un exemple.

Arrivé dans un district que je ne connais pas, et voulant me renseigner exactement sur les animaux qui le fréquentent, je consacre un ou deux jours à le reconnaître. Aidé par mes auxiliaires, je ne tarde pas à savoir où est l'eau, combien de mares s'y trouvent, quels sont les animaux qui y boivent. Ce premier examen ne me satisfait-il pas ? je m'en vais ailleurs. Y a-t-il, au contraire, dans le pays, quelques-uns des animaux que je recherche, et qui sont, en principe, l'éléphant, le rhinocéros et le lion, j'ai bientôt fait de les avoir dénombrés. A la vérité, ceci ne s'applique pas à l'éléphant qui est un animal voyageur ; mais, en une semaine, je connais, sans les avoir vus, tous mes lions, tous mes rhinocéros ; je sais où ils passent, où ils boivent, où ils se nourrissent ; il ne reste plus qu'à les attendre ou à les rencontrer : affaire de patience, de persévérance ou de chance.

Voilà la seule façon qui permette de bien battre un pays, sans chiens et sans renseignements. Pour que cette manière d'opérer ait un plein succès, il faut prendre sa besogne à cœur en chasseur passionné, patient, pour lequel le temps et la peine ne sont rien, pourvu qu'il arrive à ses fins. Je dirai même qu'il faut, comme moi, être presque du métier et ne rien négliger de ce qui peut concourir à la réussite.

J'ai fait l'essai de chiens du pays ; on verra, au cours de mon récit, que je n'ai pas réussi, ce qui tient, je crois, à ce que leur race n'est pas la même que celle de l'Afrique du Sud. D'ailleurs, eussé-je trouvé de bons chiens de chasse, j'ai bien idée que la tsétsé leur eût été fatale.

Ayant acquis l'expérience que l'affût de nuit, si dangereux qu'il fût, était la seule façon d'avoir certains animaux, je n'ai pas hésité à sacrifier mon sommeil et j'ai passé chaque année près de 40 nuits dans des endroits fort peu agréables, en des postures souvent plus qu'incommodes, afin d'assurer le succès. Qu'on n'aille pas croire que chaque fois ma patience ait été récompensée ! Ah ! mais non ! Que de nuits j'ai passées ainsi pour rien, trouvant les heures interminables ! Sur 40 affûts, j'ai peut-être eu chaque année huit coups de fusil ! Mais, par exemple, ils me payaient largement de mes peines.

Le lecteur est au courant de mes armes, de la valeur de mes auxiliaires, de ma méthode, ainsi que de ma persévérance ; il est temps de lui faire faire également connaissance avec notre gibier.

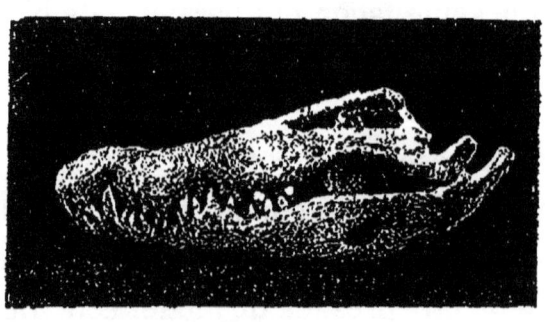

CRANE DE CROCODILE (0,^m 73).

UNE VUE SUR LE HAUT KAPOTCHÉ.

CHAPITRE III

ESSAIS DU FUSIL DE PETIT CALIBRE. — CHANGEMENT DE RÉGION. — COMMENCEMENT DES CHASSES.

Chasses aux environs de Tchiromo. — Éland, hippopotame et crocodile. — Campement dans le haut Kapotché. — Nature sauvage. — Les foulas. — Chasse au buffle. — Un mangeur d'hommes. — Sa mort.

Il n'y avait guère de gibier aux environs immédiats de notre camp de Tchiromo. En face, sur la rive gauche, se trouvait bien une plaine où l'on massacrait de malheureux buffles qui s'obstinaient à y rester. Tout en fumant leur pipe, les amateurs de sport de la localité allaient leur tirer dessus sans même descendre du hamac dans lequel ils étaient étendus et que portaient en poussant des cris des gens à veste blanche et à calotte rouge.

L'administration locale a fini par défendre ces tueries; mais il s'est trouvé des soi-disant sportsmen qui, dans leur matinée, mettaient à mort sept ou huit buffles sans même se donner la peine de les ramasser, laissant aux vautours le soin de consommer la viande. Aujourd'hui cette plaine est transformée en chasse réservée, et, dans dix ans, les éléphants y reviendront comme autrefois (1).

Pour trouver du grand gibier, il fallait s'éloigner de Tchiromo vers l'ouest, c'est-à-dire vers la limite anglo-portugaise : il y avait là quelques buffles et des antilopes. J'allai donc de ce côté afin d'essayer mon 303. Je couchai à Nant'ana, village situé à peu près à 10 kilomètres, et, le lendemain matin, une troupe de bubales me permit de faire, à ses dépens, quelques expériences de balistique très concluantes : l'effet de ce petit calibre me parut extraordinairement puissant ; la précision était parfaite ; le recul nul. Presque à chaque coup je tuai ma bête. Or, le bubale de Lichtenstein, dont la taille est celle d'un petit cheval, fait preuve d'une vitalité extraordinaire; aussi est-ce une des antilopes difficiles à tuer, au point qu'elle a été baptisée par les Boers *hartebeest,* c'est-à-dire « bête dure ». L'expérience m'a appris plus tard les inconvénients ou les avantages de certains des projectiles du 303,

---

(1) *Mes grandes chasses,* p. 318.

mais j'étais alors enchanté de ma nouvelle arme : c'était un succès. L'absence de fumée, qui était pour les indigènes une source intarissable d'étonnement, avait ce gros avantage que, en raison de la répercussion du coup par les échos, l'animal ne savait jamais où se trouvait exactement le chasseur, pour peu que celui-ci restât immobile.

Je tuai successivement en quelques jours des bubales, des zèbres, des nsoualas et un éland (1), ce dernier dans des circonstances qui montrent ce que vaut ma nouvelle carabine comme portée et précision.

Dans les environs de Nant'ana les élands étaient assez rares. Un matin, j'en aperçus un dans une plaine herbeuse, très loin, à 400 mètres. Il nous vit aussitôt et se mit à regarder fixement l'endroit où nous avions disparu dans les herbes, nous étant brusquement couchés, dès que nous nous étions vus découverts. Je résolus de tenter tout ce qui serait possible pour essayer mon nouveau fusil sur ce magnifique animal (2). Il fallait se rapprocher de lui; mais la chose n'était pas aisée en raison du manque de couverts aux alentours : il y avait cependant à environ 200 mètres sur notre droite un petit bouquet d'arbres, derrière lui. J'attendis un instant que, ses soupçons calmés, il recommençât à manger, et je me mis à décrire, en me traînant sur les mains, l'énorme circuit que j'avais à

---

(1) Pour la description de ces animaux, voir *Mes grandes chasses*, p. 25, 101, 107, 299.

(2) L'éland est la plus grande des antilopes : il atteint la corpulence d'un de nos grands bœufs avec la taille d'un cheval de cuirassier. Ne pas confondre l'*élan des Lapons*, un cervidé, avec l'*éland du Cap*, une antilope.

DEUX ENNEMIS : LE « 363 » ET UNE NSOUALA.

(Page 30)

faire. Il me fallut fort longtemps pour arriver dans le prolongement de la ligne formée par l'animal et le bouquet d'arbres. Cet écran m'ayant mis à l'abri de ses regards, j'arrivai rapidement au pied du massif. Mais, une fois là, impossible d'aller plus loin : les herbes étaient trop basses ; un pas de plus, et je perdais le fruit de mes peines. L'animal, de son côté, se déplaçait légèrement et, devinant le danger, regardait toujours du côté où il nous avait aperçus la première fois. Plus de 200 mètres me séparaient de lui, mais je ne pouvais hésiter davantage ; je me levai lentement le long du tronc d'un des arbres et, ajustant avec soin, je pressai la détente.

En recevant mon projectile, l'éland décocha une ruade, tourna à droite et s'enfuit à un galop précipité. J'étais sûr de l'avoir touché, mais il s'en allait si lestement que je ne le crus que très légèrement atteint ; le suivant toujours du regard, je le vis passer du galop au trot, puis, tout à coup, il roula dans les herbes, gigota un instant des quatre pieds et disparut. En arrivant à la course, quelques minutes après, nous le trouvâmes mort ; après avoir traversé le cœur la balle avait éclaté en en sortant et l'avait fortement détérioré. Extérieurement, un petit trou imperceptible marquait l'entrée du projectile.

Bien que satisfait de la précision, je ne regardai pas cette expérience comme concluante, car, touchés au cœur, tous les animaux sont irrévocablement condamnés, quels que soient le projectile et l'arme. Plus tard, la pratique m'apprit que l'éland est trop gros pour le 303, et que l'express 577 vaut beaucoup mieux pour en avoir raison, sans trop de peine ni de temps perdu. Pour anéantir un animal d'une forte corpulence et qui présente une masse de chair considérable, il faut un projectile qui donne un choc violent, et ce n'est pas le cas de la balle de petit calibre.....

A quelque temps de là, j'organisai une petite expédition en territoire portugais, autour du mont Tchipéroni, à cinq ou six jours dans le sud-est de notre camp. Il y avait dans cette région une brousse presque impénétrable et d'une épaisseur peu commune à ce moment de l'année ; nous y trouvâmes de nombreuses traces de gibier, entre autres de gnous, ce que je voyais pour la première fois au nord du Zambèze. Les éléphants avaient aussi fréquenté le district, mais les marques en étaient assez anciennes. Quelques rhinocéros également l'habitaient ; un jour même nous nous sommes trouvés fort près de l'un d'eux ; on l'entendait souffler et briser des racines, mais la végétation était d'une telle densité, les herbes si hautes et si serrées, que nous n'avons pu l'apercevoir après une poursuite de plusieurs heures. En fait de grands animaux, nous revînmes de notre voyage absolument bredouilles.

Décidément, les environs de notre camp n'étaient pas satisfaisants ; peut-être les premières pluies amèneraient-elles du gibier au nord-ouest de Tchiromo, et quinze jours seulement nous séparaient du moment où le ciel allait ouvrir ses cataractes pour une période

ÉLAND DANS UNE FORÊT ÉPINEUSE.

de quatre mois. En attendant, je me mis à chasser l'hippopotame sur les bords du Chiré. N'ayant gardé jusqu'alors que les dents de mes plus grands spécimens, j'avais besoin pour ma collection d'une belle tête entière. Je ne trouvai pas encore cette fois le trophée que je cherchais, bien qu'il y eût grand choix à cette époque : nombre d'hippopotames étaient réunis un peu au-dessous du confluent du Chiré avec le Ruo. Mais, ou bien ceux que j'abattis étaient trop jeunes, ou bien, chez les vieux, les dents étaient usées.

Pendant ces quelques jours passés au bord de la rivière, mes camarades s'amusaient souvent à tirer sur les crocodiles, et ils en tuèrent plusieurs. Un matin que nous étions à déjeuner, on hala à terre un de ces reptiles d'une bonne taille, tué un moment auparavant, et on vint nous dire qu'il avait un homme dans le ventre. Vérification faite, ses intestins en contenaient tout au moins une partie : on en retira un bras entier avec la main, un pied avec sa cheville, et quelques côtes ; tout cela était coupé net et à peine abîmé ; les chairs s'étaient boursouflées et la peau décolorée par l'effet des sucs digestifs, agissant à l'abri de la lumière. Je donnai l'ordre d'enterrer ces restes, mais personne ne voulut y toucher. Je fis alors tout rejeter dans la rivière, contenant et contenu. Les débris humains se mirent à flotter, et les matelots d'une canonnière qui arrivait en aval rendirent compte à leur officier qu'ils avaient vu le bras d'un blanc descendre au fil de l'eau. Cette nouvelle causa une grande agitation dans la contrée.

Le lendemain, on tua un autre crocodile qui contenait la tête et l'épaule de l'individu dont nous avions trouvé une partie la veille. Cette découverte me fit prendre l'habitude d'ouvrir mes crocodiles, ce que je n'avais jamais pensé à faire auparavant, et je découvris ainsi plusieurs fois des choses assez étranges, entre autres une demi-peau de chèvre roulée en boule, un pagne rouge, etc. Au lac Nyassa, deux ans plus tard, on sortit du ventre d'un crocodile gigantesque, de six mètres, un assortiment de vingt-quatre bracelets en cuivre et un gros paquet de cheveux crépus que le malheureux n'avait pu parvenir à digérer après avoir dévoré la dame du pays à qui appartenaient ces objets (1).

Le lecteur doit penser que voilà enfin « les horreurs qui commencent », comme dit une chanson très connue. Hélas! je le regrette, mais c'est tout ce que j'ai à dire sur Tchiromo, et la suite de notre séjour dans ces régions est tellement dénuée d'intérêt, au point de vue chasse, que je vais passer, sans autre transition, au mois de février de l'année suivante (1895), à 400 kilomètres du Chiré, en plein pays sauvage, au milieu de régions plus giboyeuses.

Comme au théâtre (pour les spectateurs), voici le lecteur transporté sans fatigue dans un décor tout à fait différent (2). Au lieu de Tchiromo, brûlé par le

(1) Sur les mœurs, le portrait et la chasse au crocodile, voir *Mes grandes chasses*, p. 70, 75, 234, 235. Contrairement à ce que je croyais naguère, ce que j'ai vu dans les grands lacs m'a montré que le maximum de la taille peut être porté à 7 mètres.

(2) L'expédition se trouvait alors dans le haut Kapotché (Maravie orientale).

RODZANI : Ce soir, pour changer, nous mangerons du zèbre.....

soleil, aux arbres dénudés et tordus par la sécheresse, c'est au milieu d'une frondaison abondante que nous voici, dans un tableau enchanteur; les pluies n'ont pas cessé depuis trois mois, l'herbe nouvelle est déjà haute de deux pieds; les arbres sont chargés, les uns de feuilles, les autres de fruits sauvages; les oiseaux chantent gaiement; le ciel apparaît pur, entre deux averses : nous sommes en été. C'est la meilleure saison pour les éléphants et les buffles, la pire pour les lions, celle où ils sont le plus à craindre. C'est aussi le moment où l'on patauge partout, où rien n'est jamais sec, où l'on vit dans l'humidité, où l'on passe son existence à se mouiller, à se sécher, et où, le soir, pour couronner la journée, on se couche dans des couvertures humides sous le crépitement des ondées. Tout incommodes qu'elles soient, les tentes sont considérées comme des abris délicieux. Pour faire sa cuisine, il faut récolter son bois à l'avance et le faire sécher avant de pouvoir l'utiliser.

Entre deux petites rivières qui glissent sur du sable fin, barricadé dans des abatis de branches et d'épines qui lui font comme une couronne, notre camp est placé sur un petit monticule. Il se compose de quatre tentes entourées d'une dizaine d'abris en chaume. De Borely étant à trois jours de marche avec le gros de l'expédition, je n'ai avec moi que Bertrand et une vingtaine d'hommes. Pas un village à vingt kilomètres à la ronde, pas le moindre sentier aux alentours : le calme de la nature.

Un matin il peut être sept heures), les hommes

devisent à voix basse autour de leurs feux; le soleil brille, succédant à la pluie qui nous a empêchés de partir reconnaître les environs, comme nous le faisons chaque jour, à l'aube, et sans bruit nous nous mettons en marche, nous divisant en deux groupes. Depuis deux jours, « ça sent l'éléphant »; nous avons trouvé avant-hier une piste du matin même, et hier une de la veille au soir. Le district est rempli d'un certain arbre, le *foula*, dont le fruit a l'aspect d'une amande sauvage; il est recouvert d'une pulpe douce et parfumée dont les éléphants sont friands (1). Mais ils ne peuvent secouer les foulas, qui sont des végétaux gigantesques, et ils doivent attendre patiemment que leurs fruits tombent; ils sont venus visiter le pays, ils ont fait le tour des arbres, et comme il n'y avait rien à terre, ils ont dû se dire : « Nous repasserons dans huit jours. » C'est ce que nous attendons. Tambarika file du côté du nord avec cinq ou six hommes, afin de chercher des pistes; nous partons vers le sud; à trois heures de l'après-midi, nous nous retrouvons au camp sans résultat de part ni d'autre. Comme il faut de la viande au cuisinier et que nous avons vu des traces de buffles pas bien loin, nous décidons de risquer un coup de fusil, quoiqu'il faille éviter le plus possible de faire du bruit dans un pays à éléphants, car une détonation, même lointaine, suffit souvent pour les mettre en fuite.

(1) Un autre fruit dont les éléphants se nourrissent est le *matondo*, fourni par l'arbre appelé *mtondo*. Extérieurement, ce fruit ressemble assez à un citron; il est formé d'une pulpe sucrée et contient deux noyaux; il mûrit en décembre et janvier.

Nous voici donc à la poursuite des buffles ; au bout d'une demi-heure, nous les apercevons broutant paisiblement sur un mamelon que nous contournons, et, nous approchant à cent mètres, nous pouvons bientôt voir tout le troupeau. Il y a là une quinzaine d'animaux, dont seulement trois gros mâles ; un d'eux surtout est énorme ; il se promène lentement ; sur son dos nombre d'oiseaux insectivores crient, volettent et font du bruit (1). Il est étrange que ces oiseaux ne nous aient pas déjà dénoncés ; d'habitude ils s'enfuient avec des cris et indiquent le danger à l'animal. Comme le gros buffle que je convoite est mal placé et trop loin, je décide de me contenter de celui qui me paraît le plus facile à atteindre, et je lui loge une balle dans l'épaule avec l'espoir de l'abattre sur place ; mais le troupeau entier s'enfuit ; nous suivons la piste du blessé, mais en n'avançant qu'avec méfiance, car le pays est couvert d'une végétation très dense. Nous apercevons bientôt notre bête couchée sur la piste et sur le point d'expirer. Afin de ne pas faire de bruit inutilement, nous l'assommons avec un morceau de bois. Les cornes de ce buffle étaient magnifiques. Quel dommage que j'aie dû épargner son aîné qui en avait de bien plus belles encore !

A six heures et demie, la viande était rendue au camp par quartiers, et nous commencions à faire du beltong (2). Vers onze heures du soir, les lions nous offrent un magnifique concert ; ils s'éloignent peu.

---

(1) Sur ces oiseaux insectivores, voir *Mes grandes chasses*, p. 163.
(2) *Mes grandes chasses*, p. 125.

après. Tout le monde sommeille, quand quelqu'un crie : *Litoumbouï, litoumbouï!* Ce sont les grosses fourmis carnivores (1) qui envahissent notre camp en rangs serrés, attirées par les débris de viande et par le sang répandu à terre; chacun se lève, ravive les feux et, avec des brandons incandescents, repousse l'invasion; pour ne pas me déranger, je fais amonceler de la braise allumée autour des quatre pieds en fer de mon lit de camp, et je me rendors tranquillement. Les litoumbouïs reviennent à la charge une fois et, étant de nouveau repoussées avec pertes, se le tiennent pour dit.

Le lendemain, la journée se passe sans incident; la brigade des recherches revient accompagnée de deux indigènes qui ont à me parler de la part du chef d'un village des environs; il paraît qu'un lion a attrapé une vieille femme chez eux il y a deux jours; la nuit dernière, il est encore venu rôder aux alentours. Comme on sait que j'ai promis une prime lorsqu'on me renseignerait exactement sur la présence des animaux que je cherche, on est venu me prévenir. Nous nous mettons en route aussitôt et, après une marche soutenue de quatre heures, nous arrivons au village. C'est ce que les indigènes appellent « tout près » (*pafoupi*)! La nuit tombe, et je ne sais trop ce qu'on pourra faire dans ces ténèbres; le mieux est donc d'attendre le jour, en recommandant aux gens de ne pas sortir de chez eux cette nuit; peut-être demain,

---

(1) *Mes grandes chasses*, p. 315. Elles ont été appelées noires à tort : elles sont plutôt brunes.

pourrons-nous suivre une piste fraîche ; il est d'ailleurs trop tard maintenant pour organiser un affût. A peu de distance d'ici, il y a un autre village où l'on danse jusqu'à une heure du matin au son des tam-tams, et je suppose que le mangeur d'hommes sera un peu gêné par le bruit. J'ai eu le soin d'apporter non-seulement de quoi manger, mais encore mon lit ; je me couche donc tranquille, sans toutefois me déshabiller.

A quatre heures et demie du matin, du village même où l'on dansait, j'entends partir des cris nombreux, un brouhaha de voix. Je me précipite aussitôt dehors, mon fusil à la main, suivi par mes hommes. A ce moment, une femme éplorée vient se jeter à mes pieds, se tordant les mains et criant que le lion a pris son fils.

Dans l'obscurité que sillonne le va-et-vient lumineux de torches de paille, nous courons au village. Renseignements pris, le lion a enlevé le pauvre garçon au moment où, entr'ouvrant la porte d'une case, il passait dehors le haut du corps pour prendre du bois à brûler qui était resté sur le seuil.

Les indigènes sont tous les mêmes : un accident à l'un d'eux ne sert jamais de leçon aux autres ; combien de fois n'ai-je pas vu des noirs se baigner à l'endroit même où un camarade avait été emporté par un crocodile quelques jours auparavant !

On comprend que, après les cris poussés par les gens du village, le lion n'a pas dû rester au milieu d'eux ; d'ailleurs, à la lueur des torches, il est impossible de trouver aucune trace. Il faut attendre. Nous

nous asseyons avec les indigènes auprès d'un grand feu, assourdis par les cris et les lamentations des femmes. Le jour ne peut tarder à paraître. J'invite les indigènes à s'abstenir de venir en nombre; dix hommes seulement m'accompagneront en gardant le plus profond silence. Dès qu'il fait assez clair pour suivre une piste, nous allons près de la case où l'enfant a été enlevé; mais les piétinements des gens ont effacé toutes les traces. Sur la petite véranda qui entoure la case se voit néanmoins l'empreinte des griffes d'une des pattes du félin; au bout d'un instant, nous trouvons la piste derrière la case, ce qui prouve qu'il l'a contournée. A côté d'elle sont des marques laissées par un des pieds de l'enfant : il a dû saisir celui-ci par le haut du corps. Quelques gouttes de sang commencent ensuite à se montrer; l'animal a suivi une des rues du village qui mènent à la rivière, passant, avec son fardeau, devant plus de vingt huttes; les habitants n'ont dû être réveillés par les cris qu'après son passage. Nous arrivons ainsi au bord de l'eau, où l'animal a fait halte, déposant sa proie à côté de lui : une petite mare de sang l'indique. Il a ensuite traversé la rivière, qui a un pied d'eau ; il a descendu le courant pendant quatre ou cinq mètres et est entré dans les roseaux qui la bordent. Avant de m'y engager à sa suite, j'envoie Tambarika regarder, à la lisière extrême de cette broussaille épaisse, s'il y a des traces de sortie. Un sifflement bien connu nous prévient qu'il y en a; nous prenons donc le sentier pour arriver plus vite. Après un parcours dans les herbes, où une nouvelle flaque rouge indique encore un arrêt, nous voici dans une petite plaine, toujours à la suite du malfaiteur nocturne; un bois vient après, où nous trouvons des caillots de sang et la ceinture de perles que le pauvre petit portait autour des reins, puis un morceau de son pagne arraché par un buisson. Une grosse mare de sang montre l'endroit où la bête a commencé à déchirer sa victime; mais il y a déjà plus d'une heure de cela. Enfin, sur la lisière opposée du bois, nous nous engageons dans les hautes herbes, quand un grondement nous arrête net. Tous nous écoutons. L'ennemi est là! Va-t-il charger?... On n'entend plus rien... J'arme mes chiens avec soin, je fais tenir à portée de ma main mes six coups de chevrotine; je réfléchis bien si tout est prêt, et j'entre dans les herbes, le doigt sur la gâchette, l'œil fixé devant moi, l'oreille tendue, sans faire avec mes pieds le moindre bruit... A dix mètres devant nous, nous entendons un froissement dans les herbes dont nous voyons les têtes s'agiter, mais rien de plus. Nous continuons à avancer lentement. Ah! voici un arbre sur la droite! Vite un signe à Kambombé, qui grimpe comme un singe. En deux enjambées il est à la fourche et regarde... « L'enfant est ici, dit-il d'une voix étouffée, mais pas de lion... » Puis, tournant la tête à gauche : « Le voilà!... vite, par ici... » Guidé par son geste, je cours sur ma droite; puis, une réflexion me venant, je fais signe d'approcher aux gens du village qui nous suivent, et, d'un mouvement de bras, je leur indique de contourner les herbes à gauche ; j'envoie Rodzani leur dire de faire du bruit afin de rabattre le lion de mon côté, et moi, je me poste à une clairière, immobile, toutes mes facultés tendues sur ce carré de broussailles d'où je compte voir sortir la bête que j'attends.

Kambombé, de son arbre, me renseigne à voix basse : « Il s'en va... non, il revient par ici... il s'arrête et regarde du côté des hommes... il hérisse sa crinière... Tenez ! il vient de votre côté... au pas... il va passer à la termitière... Ah ! si vous étiez ici !... Comme je le vois bien !... Il regarde derrière... Le voilà ! le voilà !... Reculez un peu, reculez !... »

. . . .

On comprend avec quelle anxiété j'écoute ces paroles. Suivant l'avis qui m'est donné, je recule de deux pas ; mes hommes sont derrière moi, leurs armes prêtes : « Ne tirez qu'en cas de nécessité », leur dis-je. « Ne vous pressez pas », me murmure Tambarika.

Les herbes frôlées s'inclinent en avant, puis s'écartent, et le lion sort à huit mètres de moi, au pas, regardant derrière lui, préoccupé par le bruit des voix. En tournant la tête, il m'aperçoit, immobile, montre les dents et renâcle sans se détourner de son chemin ; sa queue, au même moment, se dresse ; il aplatit ses oreilles : il va charger. A cet instant, l'ayant suivi du fusil et visant la nuque, je presse la gâchette... Ses quatre pieds s'affaissent sous lui, il s'abat raide mort, sans un mouvement...

J'avais compté sur la précision de mon 303, et

La queue droite, les oreilles aplaties, le lion allait charger.....

(Page 42)

c'est avec une balle creuse que j'ai fait ce coup magnifique. Je l'ai souvent répété depuis avec le même succès. Si on frappe l'animal là où le crâne commence et où le cou finit, bien au milieu de son épaisseur, il tombe foudroyé. Quand on tire d'aussi près qu'en cette circonstance, il faut se rappeler que toutes ces carabines portent haut, le Metford plus que toute autre; on doit donc viser bien au-dessous du point que l'on veut atteindre. Au delà de 120 mètres, le relèvement ne se produit plus.

Ma victime était une fort vieille bête, d'une taille moyenne, d'une maigreur rare. Voici les mesures prises sur elle immédiatement après sa mort (1) : longueur totale, $2^m,745$ ($9^p 1$); hauteur au garrot, $0^m,875$ ($2^p 11$); avant-bras, $0^m,43$ ($1^p 5$).

L'enfant que le lion voulait dévorer pouvait avoir quatorze ans; il avait été tué presque en même temps que saisi. Les félins n'emportent jamais une proie qui se débat, à moins d'y être forcés par la surprise; mais notre lion avait eu tout le temps nécessaire pour tuer sa victime; la mère entendant un cri avait deviné la terrible vérité, mais telle était son épouvante qu'elle n'a pas trouvé la force de crier tout de suite; lorsqu'elle est sortie de la case, il était trop tard; au moment où elle a ameuté le voisinage, l'enfant devait être déjà à moitié chemin de la rivière.

Nous avons rapporté ensemble au hameau les

---

(1) Ces mesures sont données avec leur équivalent exact en pieds et pouces, parce que les records de mensurations sont établis en mesures anglaises.

corps des deux acteurs de ce drame nocturne. Celui de l'enfant montrait des morsures profondes qui lui avaient déchiqueté le cou et l'épaule droite; l'une de ses cuisses était entamée jusqu'à l'os. Quant au lion, lorsqu'il est entré dans le village, les pieds attachés à une perche portée par huit hommes, toute la population a voulu se ruer dessus avec des fusils, des flèches et des sagaies. On a l'habitude, en pareil cas, de maltraiter le cadavre de la bête à coups de fusil et de couteau jusqu'à ce que sa peau ressemble à une écumoire.

Comme cette façon de préparer mes trophées de chasse ne faisait pas du tout mon affaire, je m'interposai et expliquai aux indigènes que je leur avais tué le lion et que je demandais à prendre sa peau intacte avec les griffes et la tête, qu'ensuite je leur abandonnerais le reste. J'ajoutai, sans attendre réponse, que j'allais faire dépouiller l'animal et que le premier qui y toucherait ferait connaissance avec ma canne. Toute la population s'assit en cercle, attendant patiemment que Tchigallo, aidé de Rodzani et Msiambiri, eût achevé d'enlever la peau; on se précipita ensuite sur le cadavre, on le cribla de projectiles, on le larda de coups de sagaie, et on traîna dans tous les villages voisins cette carcasse sans pieds et sans tête qui ressemblait vaguement à un bœuf préparé pour la boucherie. Plus tard, au milieu des lamentations des femmes, des danses de funérailles et des clameurs, on brûla les restes du lion sur un énorme brasier, et nous étions à moitié route de notre campement que nous entendions encore les cris et les tam-tams, tandis qu'à la nuit tombante, la lueur du bûcher éclairant l'horizon nous apprenait que l'expiation était achevée.

Le soir, rentré au camp, et regardant le ciel constellé d'étoiles, si serein, si calme, je pensais encore à cette pauvre négresse de là-bas, si torturée dans son cœur de mère, et je me demandais combien il y a ainsi chaque jour dans l'univers de douleurs ignorées.

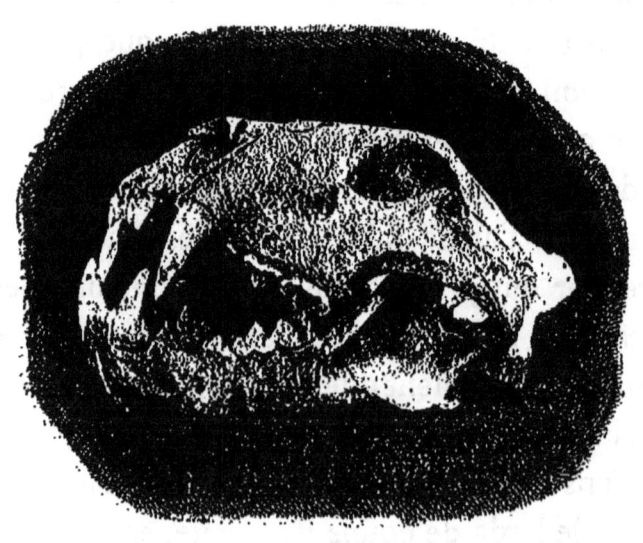

CRANE DE LION.

LA PANTHÈRE DU CAMP DE NIAROUGOUÉ.

CHAPITRE IV

ÉLÉPHANTS ET LIONS. — SAISON DES PLUIES. — CHASSES AUX ÉLÉPHANTS.

Mœurs de l'éléphant. — Lions affamés. — Léopard tué. — Matériel et costume de chasse à l'éléphant pendant les pluies. — Poursuite et mort de deux éléphants. — Arrivée de renforts. — Dépeçage d'un éléphant. — Tonnes de viande. — Recette pour préparer le pied d'éléphant. — Forme, dimensions et poids des défenses. — Pluies continuelles. — Retour au camp primitif. — Chasse au bubale. — Départ et construction d'un nouveau camp retranché.

Je m'attendais à ce que, pendant notre absence du camp, les éléphants eussent fait une tournée dans le district; fort heureusement, ils n'étaient pas encore revenus. Dans ces pays, où ils sont traqués de tous les côtés, ces animaux décrivent d'immenses circuits sans jamais s'arrêter plus de quelques heures dans un endroit; au bout d'un temps qui varie entre huit ou quinze jours, ils reviennent généralement là où ils n'ont pas été inquiétés. Quand on a trouvé une région qu'ils fréquentent et où poussent leurs végétaux favoris, il y a donc beaucoup de chance pour les y rencontrer, à condition d'attendre patiemment, sans bruit, et en se promenant le moins possible inutilement, car les traces de l'homme sentent pendant plusieurs jours, et les éléphants discernent fort bien si elles sont fraîches ou anciennes. De là notre méthode de ne parcourir qu'une ligne droite chaque jour, coupant le pays dans sa longueur, de façon à voir si des pistes d'éléphants le traversaient dans un sens ou dans l'autre.

A notre rentrée au camp, j'appris qu'un léopard était venu rôder autour et qu'il avait même réussi à emporter un morceau de viande. Les lions s'étaient bornés à arpenter les environs pendant une partie de la nuit, malgré la pluie qui tombait avec violence.

La saison des pluies est le moment le plus terrible pour ces grands carnassiers; c'est pour eux la période de la faim et des misères. La présence d'eau partout a éparpillé les animaux dont ils se nourrissent : antilopes, sangliers et buffles; malgré tous leurs efforts, ils ne mangent pas tous les jours, ils jeûnent même souvent pendant une semaine, la nature leur ayant donné la faculté de pouvoir supporter longtemps le manque de nourriture. Mais il y a une limite à tout, et c'est lorsqu'ils sont affolés par la privation qu'ils se rapprochent des villages, mangent les chiens et les poules et, à défaut, attaquent les habitants. Seulement il est rare que les animaux jeunes et vigoureux en viennent là; ce sont les vieux surtout qui se font mangeurs d'hommes, parce qu'ils n'ont plus la force de poursuivre et de tuer un animal puissant; autrement, si tous les lions affamés attaquaient l'homme, nous aurions couru les plus grands dangers : nous en entendions chaque soir une dizaine autour du camp; rien ne leur eût été plus facile que de nous attendre en plein jour derrière un fourré quand, sans défiance, nous cherchions nos pistes d'éléphants dans les hautes herbes. Nos porteurs aussi eussent été fort exposés quand ils s'en allaient, sans autre arme qu'un sabre d'abatis ou une hache, soit ramasser du bois, soit puiser de l'eau, ou même simplement se promener au dehors.

Je suis persuadé que nos allées et venues dans leur voisinage ont, au contraire, souvent dérangé nos dangereux voisins et qu'ils se sont éloignés dans une autre direction sans que nous les ayons aperçus; seulement, le soir, la faim, les ténèbres et l'odeur de la viande les attiraient autour du camp, et je ne sais jusqu'à quel point un homme eût été en sécurité en en sortant à ce moment-là. Au dedans, à condition d'entretenir les feux, nous étions bien tranquilles derrière notre mur épais d'abatis de branches, à l'extérieur duquel étaient amoncelés deux mètres d'épines de toutes les tailles, et Dieu sait quel choix et quelle profusion en offre la brousse africaine.

D'instinct, les lions craignent beaucoup les épines,

qui, une fois entrées dans leurs pattes molles, y déterminent une inflammation et du pus, ce qui les met hors d'état de vaquer à leurs affaires.

On trouvera étrange qu'avec tant de lions autour de moi je n'aie pas essayé d'en tuer; mais, pendant la saison des pluies, c'est chose très difficile. Dans la journée, on ne les voit jamais, ou peut-être une fois par an, et la nuit il pleut presque toujours. Ce n'est rien encore de se mouiller, mais la pluie, crépitant sur les feuilles, empêche de rien entendre; la besogne est déjà assez dangereuse, puisqu'on est aveugle, sans encore la compliquer en devenant sourd. Et puis, le lion est très méfiant : dix-neuf fois sur vingt, il refusera l'appât, ou bien s'il se décide à le prendre, il le fera tellement vite que votre chèvre ou votre morceau de viande sera enlevé avant que vous ayez eu le temps d'épauler. Notez qu'il vous voit fort bien alors que vous ne vous doutez pas de sa présence, et il vous surveille quelquefois pendant une heure, à votre insu.

L'expérience et de nombreuses tentatives non couronnées de succès m'ont appris que, indépendamment du danger couru, on perd son temps sans aucune chance de réussite à attendre le lion à l'affût pendant la saison des pluies.

J'ai bien essayé, avec le projecteur électrique, de tirer par-dessus la palissade du camp, mais les lions voyaient tout ce que je faisais et se tenaient en dehors du rayon lumineux. J'ai aussi, en travers du sentier qu'ils suivaient, installé des fusils armés, qu'une ficelle tendue devait faire partir au moment où ils la toucheraient; à plusieurs reprises j'en ai blessé ainsi, jamais je n'en ai tué un.

On verra plus loin comment, au contraire, j'ai procédé pendant la saison sèche, et de quel succès mes tentatives ont été plusieurs fois couronnées.

Notre léopard, donc, enhardi par la faim, et beaucoup moins méfiant que ses gros frères, revint le soir même et sauta sur un arbre afin de mieux nous voir; seulement, il fut assez maladroit pour faire cette gymnastique exactement en face de moi; comme j'avais mon winchester à portée de la main, il reçut immédiatement un coup de chevrotines à six mètres, et il tomba comme une masse en dehors du camp, juste contre la palissade. Nous l'avons entendu gémir une ou deux fois; puis plus rien. Le lendemain, sauf une mare de sang, nous n'avons jamais pu retrouver ni le léopard ni ses traces; pour moi, il n'y a aucun doute que les lions l'aient emporté et dévoré. Nous avons suivi leur piste pendant un moment pour en avoir le cœur net; mais, en cette saison, suivre une piste de lions dans les hautes herbes, c'est suivre le sillage d'un oiseau dans l'air.

Une journée se passe encore sans résultat; la pluie n'a pas cessé, et on est fort misérable au camp. Nous ne faisons que bâiller ou lire de vieux journaux; les hommes, pelotonnés autour de leurs feux, fument ou causent à voix basse. Nous avons fait notre tournée de reconnaissance, comme de coutume, et nous n'avons rien vu.

A neuf heures du soir, un bruit bien connu frappe notre oreille : c'est le barrit d'un éléphant; il se répète une fois encore peu après, et le reste de la nuit est tranquille, sauf, bien entendu, les allées et venues de nos visiteurs nocturnes : lions, hyènes, etc.

Avant le point du jour, on prépare les charges pour la chasse à l'éléphant. Ce sont deux paquets légers comprenant de la farine de sorgho et beltong pour trois jours, une marmite, du sel et les pagnes de nuit pour huit hommes; pour moi, une casserole, du thé, du sucre, du lait en boîte et du riz, un hamac, une couverture et un appareil photographique à main. Avec ce petit bagage supplémentaire, nous sommes prêts à suivre les éléphants très loin; nous pouvons passer deux ou trois nuits dehors.

Quand il pleut pendant mes chasses ou mes marches dans la brousse, j'ai l'habitude de me déshabiller complètement; je mets ma culotte et mon tricot dans un petit sac imperméable, et je porte un pagne comme les noirs; je ne garde que mon casque et mes souliers. Je n'affirme pas que dans cet accoutrement j'aie l'air fort élégant, mais j'ai reconnu que pendant les pluies il n'y a rien de plus pratique. Aussitôt que la pluie s'arrête, la peau sèche, et on n'a pas l'inconvénient de garder sur soi des effets mouillés, ce qui donne la fièvre et des rhumatismes. Le temps se rassérène-t-il? Je remets mes effets bien secs, et je continue. C'est en allant tout nus sous la pluie que les noirs n'en souffrent pas : le meilleur waterproof que l'on ait encore inventé est sans contredit la peau humaine. Quant aux herbes et aux épines, c'est surtout les jambes et les bras qui s'en ressentent, et j'y suis habitué. J'aurais bien voulu pouvoir marcher pieds nus, comme les noirs; c'eût été un énorme avantage pour un chasseur; malheureusement, cela m'a été impossible : l'insensibilité de la plante ne s'acquiert qu'en marchant ainsi depuis l'âge le plus tendre. J'ai bien essayé, autrefois, mais j'ai dû y renoncer.

Je ne veux pas insinuer par ce que je viens de dire qu'on doive se promener avec un casque et des souliers pour tout costume sur les promenades élégantes des villes coloniales; mais, dans la brousse africaine, c'est différent, surtout à un moment de l'année où, dans ces mêmes villes coloniales, les braves colons se tiennent bien à l'abri et renvoient à la belle saison les excursions en plein air et leurs expéditions quelconques. La grosse saison des pluies est très pénible en pleine jungle, et il faut vraiment avoir la passion de la chasse comme moi pour supporter les misères qui en sont la conséquence. Avec Bertrand, nous avons toujours conservé notre gaieté; je dois à ce brave compagnon (qui ne mena cette existence pénible que par amitié pour moi, car il n'était pas chasseur) une bonne part de la vie heureuse que j'ai menée pendant les années dont ces chasses occupent une grande partie.

J'en reviens maintenant au matin du départ.

Dès qu'il fait jour, nous quittons le camp, mes hommes et moi, accompagnés par les porteurs supplémentaires, qui doivent nous suivre à distance. Nous nous dirigeons du côté où les éléphants se sont fait entendre la veille au soir, et, environ une heure après, la piste fraîche de cinq éléphants est découverte. Nous la suivons. Dans la troupe, selon toute apparence, il n'y a que des femelles; elles vont sans se presser, et en file indienne, ce qui indique qu'elles ne mangent pas. Il est probable qu'elles s'arrêteront un peu plus tard, à moins qu'elles n'aient pris leur nourriture la nuit dernière et qu'elles ne soient actuellement en voyage; dans ce cas, elles peuvent nous mener loin. La pluie cesse vers huit heures; le soleil se montre, séchant bientôt les herbes, et la chaleur commence. J'ai déjà dit que nous sommes en plein été; le soleil est au zénith à ce moment de l'année, et, lorsqu'il darde ses rayons, on les trouve très chauds, circonstance fort heureuse, car les éléphants sentent la chaleur plus que nous : si elle continue, il est probable qu'ils ralentiront leur allure; peut-être s'arrêteront-ils tout à fait.

Vers midi, en effet, — nous sommes alors fort loin du camp, — les voici qui, de temps à autre, se mettent à l'ombre pour ramasser des foulas. Ils ont sur nous une avance d'environ un kilomètre. Mais le vent vient brusquement à changer. Ah! pourvu que toute notre peine ne soit pas perdue! Nous nous éloignons aussitôt vers la droite, de façon à ne pas nous faire sentir. Fort heureusement, nous en sommes quittes pour la peur. En cette saison, les éléphants vont moins vite et moins loin, mais en revanche le vent change continuellement (1), et quelquefois au moment où vous voyez votre gibier.

Vers une heure de l'après-midi, la chaleur commence à être intense, mais le ciel est noir vers le nord : nous allons bientôt avoir de la pluie. Il faut se dépêcher. Nous voyons bientôt les éléphants devant nous s'en allant à petits pas à travers les arbres; on distingue leurs grandes croupes grises et, de temps à autre, leurs oreilles. Encore un changement de vent, mais il ne nous gêne pas. Nous nous hâtons. Je suis à trente mètres derrière les animaux; je les examine. Mes hommes font de même en se portant à droite et à gauche. Nous reconnaissons qu'il n'y a là que des femelles, toutes avec défenses; l'une d'elles, qui paraît la plus grande et la plus vieille, est un peu en arrière. A un moment, elle s'arrête pour se frotter le dos contre le tronc d'un foula. Je me dirige vers elle en me dissimulant derrière des buissons, car les herbes n'ont qu'un pied de haut. D'un dernier coup d'œil je me rends compte de la situation. Un peu plus loin que ma vieille, et sur la même ligne qu'elle, s'en trouve une autre. Une troisième, également arrêtée sur ma gauche, montre sa croupe. Mon plan est de tirer d'abord celle qui se frotte, puis l'une des deux autres, selon les circonstances.

J'arme mon express n° 1, je m'approche à dix mètres environ de la première, et feu! feu!... deux coups au

---

(1) D'août à novembre, dans ces régions, le vent est très régulier, venant du sud-est; pendant le reste de l'année, il souffle alternativement, pendant une journée, des quatre points cardinaux.

cœur. Celle qui est à ma gauche fait demi-tour et s'arrête ; je lui tire également deux balles avec mon n° 2, pendant qu'on recharge le n° 1 ; reprenant celui-ci et courant en avant, je tire encore sur un des éléphants.

Après une seconde d'hésitation, toute la troupe part à la course. La première bête sur laquelle j'ai fait feu semble ne pas s'en apercevoir : elle a filé en tête ; l'autre, après un détour à gauche, a rejoint la troupe. Nous reprenons la piste. Je suis certain de la première et presque de la seconde ; quant à la troisième, je crois ne l'avoir blessée que légèrement à l'épaule.

Au bout de quelques minutes de poursuite, nous trouvons d'abord un peu de sang sur la piste ; puis, de plus en plus. Nous commençons à explorer les environs du regard, sachant que, si c'est aux poumons que le coup a porté, les éléphants sont certainement sur pied. On voit bien aux alentours, le pays étant assez découvert : il n'y a rien. Tout à coup, derrière un buisson, nous discernons une masse grise ; c'est la première femelle qui est tombée : elle est morte. Les deux balles étaient bien au cœur. Continuons notre chemin. Au moment de descendre dans un petit vallon, voici un éléphant, sans doute ma deuxième bête, debout face à gauche, auprès d'un bouquet d'arbres. En même temps l'orage éclate, la pluie tombe avec violence. Ma victime, que je ne vois qu'à travers un rideau de gouttes d'eau, souffre visiblement, son flanc se gonfle avec exagération, puis se creuse : elle est touchée aux poumons. Nous la contournons de façon qu'elle ne nous voie pas approcher, mais elle semble plus préoccupée de ses souffrances que de nous, et, au moment où je vais tirer, elle s'effondre dans l'herbe, respirant encore ; je m'approche et lui donne le coup de grâce derrière l'oreille. Autour d'elle il y a une grande mare de sang que la pluie entraîne en un ruisseau rouge vers le fond du vallon.

Il est deux heures et quart. Une trentaine de kilomètres nous séparent du camp ; j'y envoie des hommes avec un mot à Bertrand pour qu'il amène tout le monde ici. Quand ce sont de grands animaux que l'on tue, au lieu de les transporter au camp, ce qui demanderait trop de porteurs, on transporte au contraire le camp auprès d'eux. En cette saison, cela n'a aucun inconvénient, car on trouve de l'eau partout; mais pendant la sécheresse, c'est souvent fort difficile.

En coupant au plus court, mon personnel pourra arriver ici demain vers onze heures. En attendant, nous nous reposons un peu ; nous cherchons ensuite un emplacement pour la nuit. Je choisis un endroit au fond du vallon sous des arbres et à proximité d'un ruisseau, à environ 50 mètres du dernier éléphant tombé. Nous y faisons une clôture en abatis d'épines. Cette besogne terminée, je vais mesurer mes éléphants (1) et les photographier.

Mes hommes voudraient bien prendre un peu de viande, mais je m'y oppose, car ce serait attirer pendant la nuit tous les carnassiers du voisinage que

---

(1) On trouvera à la fin de ce volume un tableau comparatif des mensurations de quelques éléphants.

d'entamer nos animaux, tandis que, le sang ayant été lavé, il y a beaucoup de chance pour qu'ils ne soient pas sentis. Nous nous contentons donc de beltong et passons une nuit tranquille, ce dont nous avons grand besoin.

Le lendemain, Bertrand étant arrivé à l'heure prévue avec tout les porteurs, la besogne du dépeçage commence ; la moitié des hommes, les chasseurs, domestiques et cuisiniers y sont employés, tandis que l'autre moitié agrandit le camp pour le soir.

Voici comment les chasseurs indigènes dépècent un éléphant : comme il est couché sur le côté, et que les couteaux entament difficilement la peau du corps, on commence par détacher l'oreille à l'endroit où elle est le plus tendre ; ceci fait, on enlève graduellement avec des couteaux la peau du cou et du ventre jusqu'à ce qu'on ait mis celui-ci à découvert ; puis on désarticule les membres supérieurs de devant et de derrière. Huit hommes s'attelant à ces gigantesques gigots les traînent à quelques mètres sur l'herbe. Puis on coupe longitudinalement la peau du ventre qu'on enlève du niveau de l'extrémité inférieure des côtes jusqu'à l'épine dorsale. On brise les côtes à la main en les ouvrant avec force (1). Les intestins étant à découvert, on les sort de la cavité abdominale, à quoi on n'arrive pas sans peine, vu leur poids et leur volume. Le spectacle est étrange : on croirait voir des enfants aux prises avec un énorme

(1) L'éléphant a les os tendres et spongieux ; un vieux dicton indigène dit que « la hache ne chante pas quand l'éléphant meurt ».

édredon d'un blanc laiteux. Comme le foie, le cœur et les poumons sont déjà enlevés, le corps de l'animal présente une immense cavité, généralement pleine de sang; pour travailler plus à l'aise, les hommes entrent une dizaine là dedans, et, tout barbouillés de sang, y baignant jusqu'aux genoux, ils continuent leur besogne. On détache la tête; puis, le sang ayant été précieusement recueilli dans un boyau, on réunit ses efforts pour retourner la carcasse; on recommence la même besogne du côté qui était précédemment dessous, Une fois toutes les parties détachées, on procède à la confection du beltong.

En travaillant de onze heures à huit heures, tout ce que l'on put faire ce jour-là fut de rentrer les deux éléphants au camp et d'y empiler la viande tant bien que mal en une véritable montagne. Le soir, les hyènes nous donnèrent des concerts avec leurs hurlements lugubres et nettoyèrent si bien l'endroit où les animaux avaient été découpés qu'on ne pouvait plus le reconnaître que par les herbes piétinées. De lions, pas l'ombre d'un. Cela doit provenir de ce que cette région est moins giboyeuse que celle d'où nous venions. Quant aux hyènes, leur nez est tellement fin qu'à plusieurs kilomètres il les prévient de la présence d'un débris animal quelconque; elles arrivent tout droit en poussant par intervalles leur cri désagréable.

Comme il y a un village à trois heures d'ici, j'envoie prévenir le chef que je désire quelques porteurs. Bientôt cinquante hommes répondent à l'appel. Ils sont accompagnés de quelques femmes qui viennent

DÉPEÇAGE D'UN ÉLÉPHANT. (Page 38)

nous vendre, contre de la viande, des produits du pays que j'ai demandés : patates douces, espèces d'épinards, maïs vert, poules, œufs, bananes, etc. J'envoie de la venaison à de Borely, en notre quartier général, sous la conduite d'un de mes hommes, et, comme le soleil ne se montre qu'accidentellement, je fais boucaner la viande pendant la journée et la nuit, de façon à pouvoir, dès le lendemain, nous transporter à notre point de départ avec le reste des porteurs supplémentaires.

Il faut en moyenne de quarante à cinquante hommes, selon qu'il s'agit d'une femelle ou d'un mâle, pour porter un éléphant ainsi découpé, viande et os compris. Une fois les os enlevés et la viande séchée, cela se réduit à la moitié environ, soit respectivement de vingt à vingt-cinq porteurs. On peut estimer le poids approximatif de l'animal vivant à deux mille kilos pour un mâle et seize cents pour une femelle, au minimum. De tous les animaux, l'éléphant est celui dont la chair est la plus légère après dessiccation, sans doute parce qu'il entre plus d'eau dans sa composition ; en effet, elle perd plus de la moitié de son poids en séchant, tandis que celle du buffle, du zèbre, diminue à peine du tiers.

Quant à sa qualité, elle est trop dure et filandreuse pour un Européen. Le cœur est un morceau plus tendre et fort nourrissant. La trompe demande quinze heures de cuisson, et le pied, trente ; mais ce sont des mets succulents, surtout ce dernier : on ne peut rien trouver d'approchant dans nos menus européens. Dussé-je faire de la peine à nos Vatels parisiens, j'affirme qu'un morceau de pied d'éléphant, bien préparé par une femme de chasseur d'éléphants, est un morceau hors pair. Il nous est arrivé, à Bertrand et à moi, de manger pendant quatre ou cinq jours de suite de ce *mouendo oua nzôou* et de nous régaler. Nous avons donc quelques compensations, comme on voit, au fond de l'Afrique centrale. Voici d'ailleurs la recette, que j'offre aux ménagères :

RECETTE POUR PRÉPARER LE PIED D'ÉLÉPHANT.

Prenez un pied d'éléphant, jeune de préférence et bien frais ; enlevez la chair blanche qui enveloppe les os et découpez-la en lanières d'un doigt d'épaisseur, qui rappellent des bâtons de pâte de guimauve. Mettez ces lanières appétissantes à sécher au soleil pendant deux jours et recueillez dans une écuelle la graisse pure qui s'en échappe sous forme d'une huile limpide. Pour faire le plat dit *mouendo oua nzôou*, prenez une de ces lanières, coupez-la en petits morceaux et mettez-la dans un poêlon avec un peu d'eau ; placez le tout sur un feu doux et renouvelez l'eau plusieurs fois. Lorsque la gelée sera formée, ajoutez-y l'huile recueillie dans laquelle vous aurez fait roussir quelques oignons, un peu de thym, etc., ou une plante aromatique équivalente, avec un ou deux piments très forts. Faites cuire vingt heures à petit feu en renouvelant toujours l'eau par petites doses et servez chaud (avec de la farine de manioc ou du biscuit râpé, à part).

NOTA. — Ce plat se conserve plusieurs jours ; il suffit de le faire réchauffer.

Les défenses que j'ai obtenues de la grande femelle pesaient huit kilos environ chacune, et les autres cinq, ce qui est un poids moyen. Les défenses des femelles sont en général de forme mince et effilée, tandis que celles des mâles sont proportionnellement courtes et grosses.

Je reprends maintenant mon récit au moment où nous quittons notre campement des éléphants. Nous en partons de très bonne heure, ne laissant aux hyènes que les os bien nettoyés de nos gigantesques pachydermes. Tandis que la colonne des porteurs, avec Bertrand, coupe au plus court, je fais un grand crochet afin de ne pas avoir le vent dans le dos si, par hasard, nous rencontrons du gibier. Le temps est couvert; il tombe une pluie fine qui obscurcit l'air, formant un léger brouillard qui nous empêche de voir à distance. Nous ne devons pas être bien loin du camp lorsqu'une masse fauve passe lentement entre les buissons; notre premier mot a été : Un lion! Mais, malgré la bruine, un instant d'examen nous a fixés sur l'animal : c'est une hyène attardée. Le reste de la journée se passe à couvert. La brigade des recherches bat les alentours sans découvrir de piste fraîche. Le lendemain, nous décidons de nous transporter plus loin. Pendant qu'on plie bagage, je vais tâcher de tuer une antilope, car nous n'aimons pas beaucoup la chair de l'éléphant, Bertrand et moi. Je découvre des bubales, et j'en tue un dans des conditions assez curieuses : je l'avais blessé d'abord ; après une longue course, il s'arrêta exactement derrière un gros arbre, et, comme je ne pouvais le tourner sans le faire fuir de nouveau, j'essayai de tirer la bête à travers le tronc avec une balle *solid* du 303. Le projectile traversa ce tronc, qui avait 55 centimètres de diamètre, et brisa le garrot du bubale qui tomba mort. C'est l'histoire du fusil Lebel que j'ai vu essayer pour la première fois au Dahomey : les Dahoméens s'embusquaient derrière des palmiers; le même projectile traversait palmier et Dahoméen...

Nous transportons le bubale entier au camp, où on l'a bientôt découpé et mis sur les charges. Le soir, nous couchons au village près duquel j'ai tué le lion, et le surlendemain nous campons au pied des collines que l'on voit des alentours, à cinq minutes du fleuve Kapotché, dont nous parcourons le bassin depuis assez longtemps.

Nous construisons un camp retranché dans le genre de celui que nous venons de quitter, et nous le dissimulons avec soin, car, dans cette région, il n'y a pas seulement des animaux, mais aussi les pillards de Mpéséni, les fameux Mafsitis (1) et il faut se mettre en garde contre toute tentative de leur part. J'ai donné à ce camp, autour duquel j'ai rayonné pendant quelque temps, le nom du *Niarougoué*, c'est-à-dire de la panthère, à cause des visites que nous y avons reçues de ce félin.

(1) *Mes grandes chasses*, p. 135, 137, 152.

TERMITIÈRE.

BUBALE DE LICHTENSTEIN. (Page 62)

LE RHINOCÉROS TUÉ DANS LA JUNGLE ÉPAISSE. (Voir page 72.)

CHAPITRE V

EN PLEINE JUNGLE. — A LA POURSUITE DES GRANDS ANIMAUX.

La région du Kapotché. — Excellent pays de chasse. — Hivernage de l'expédition. — Le camp du Niarougoué. — Fortification passagère. — Saison propice aux grands pachydermes. — Le fourmilier. — Superstitions à l'égard de cet animal. — Chasse au rhinocéros. — Inconvénients d'une végétation épaisse. — Une épouse fidèle. — Chute d'une panthère au milieu du camp. — Chasse aux éléphants. — Trois éléphants tués. — Poursuite de buffles. — Rencontre avec des lions. — Recherche d'un buffle blessé dans les hautes herbes et danger de cette entreprise. — Affût à la panthère et mort de celle-ci. — Une matinée avec des lions. — Coup manqué. — Dans la jungle épaisse avec un lion agonisant. — Dernière chasse. — Rencontre avec des Mafsitis.

Aujourd'hui toute cette partie de la Maravie a beaucoup changé à cause de l'invasion européenne;

mais, à l'époque où nous reporte mon récit (1895), il était peu de pays en Afrique qui offrissent au chasseur autant de ressources que le haut Kapotché, le nord d'Oundi et la contrée environnante. Entre le haut Tchiritsé et le Kapotché, tous deux affluents extrêmes de la Louyia, se trouvaient encore la Louyia elle-même et le Loangoué. Ces quatre deltas étaient aussi déserts que la terre avant la création de l'homme, et on pouvait y marcher huit jours, dans toutes les directions, sans rencontrer un village; autrefois, il y en avait eu quelques-uns, mais les Mafsitis les avaient détruits.

Le territoire était bien arrosé par les quatre rivières que j'ai citées et par leurs nombreux sous-affluents; on y trouvait des couverts, des marécages chers aux éléphants, ainsi que les taillis gigantesques, les morceaux de forêt et les plaines herbeuses que recherchent ces animaux. Plat en certains endroits, montagneux dans d'autres, tour à tour sylvestre et découvert, uni ou accidenté, le sol convenait à toutes les espèces, et elles l'occupaient largement. N'y étant guère inquiétés, les grands pachydermes y devenaient moins nomades; en un mot, c'était un excellent pays de chasse, pour qui savait l'exploiter sagement. Il avait, en revanche, de gros inconvénients pour nous : c'était la densité de la végétation, la hauteur des herbes, la difficulté que l'homme éprouvait à se mouvoir dans ces taillis presque inextricables ou ces marécages, fort accessibles à un éléphant et à un rhinocéros, mais où le chasseur n'avançait qu'avec peine et fatigue. Sa position devenait, en outre, extrêmement périlleuse en cas de danger.

J'ajouterai que la pluie continuait à tomber avec abondance, et que, les premiers jours de notre arrivée au camp du Niarougoué, nous n'avons pas pu sortir de nos tentes.

Le gros de l'expédition, sous le commandement de de Borely, hivernait pendant ce temps au nord de Makanga; les porteurs avaient été momentanément congédiés, notre camarade restant avec quelques hommes et serviteurs. Si l'on peut décider quatre ou cinq chasseurs à courir huit ou dix heures par jour sous la pluie, il n'en est pas de même de 400 porteurs ayant une charge sur la tête; la colonne n'avance pas, et tous les bagages sont abîmés. Le mieux est donc d'attendre la fin de la grosse saison des pluies, ce qui arrive généralement au commencement de mai. Je mettais le temps à profit en chassant.

Le lecteur veut-il maintenant venir inspecter notre installation, qui est d'ailleurs celle de tous mes campements de chasse?

Notre retranchement est parfaitement dissimulé du dehors, et ceux qui passent auprès de la forêt, s'il en passe, ne se doutent pas qu'il y a là une quarantaine d'hommes aussi confortablement installés que le permettent les circonstances. Au milieu, un espace vide d'une vingtaine de mètres à découvert; à une extrémité, ma tente, celle de Bertrand et celle des bagages, spécimens et beltong; tout autour, à l'intérieur de la palissade d'abatis et d'épines, les abris en chaume des hommes, leurs feux, le bois à brûler, les boucans, etc. En dehors du camp, un endroit nivelé et balayé, dans une clairière, pour les dépeçages, afin de ne pas salir l'intérieur. On y étend et on y expose les peaux au soleil, quand celui-ci veut bien se montrer. En ce cas, on installe également dehors de nombreux chevalets à beltong où les lanières de viande sont mises à sécher; le soir, on les rentre à l'intérieur de la palissade, et on les remet en place le matin. Ceci a pour but de ne pas encombrer dans la journée l'endroit que nous occupons et d'en éloigner les mouches que la viande attire; il n'y a aucun danger à laisser celle-ci dehors pendant le jour; les vautours osent rarement y toucher lorsqu'il y a des hommes auprès; quant aux carnassiers, ils sont tapis dans leurs retraites.

Il m'est arrivé plus d'une fois de rentrer au camp, sans bruit, par la grosse chaleur, et de trouver les gardiens du camp (il y en avait toujours deux ou trois) complètement endormis avec vingt chevalets chargés de viande à côté d'eux. Mais ici, au campement de Niarougoué, nous n'avons pas à craindre seulement les bêtes : nous devons nous méfier également des Mafsitis; aussi laissons-nous toujours au moins six hommes armés de carabines Martini. En cas d'alerte, il n'ont qu'à fermer la *porte* de la palissade. Comme les balles peuvent sortir de l'enceinte sans que les casse-tête et les sagaies puissent y entrer, il n'y a rien à craindre à l'intérieur. La porte dont je viens de parler est fort simple et tout à fait protectrice : on interrompt la clôture par une ouverture que limitent deux poteaux plantés en terre, on coupe ensuite une grande branche d'arbre épineux, munie de piquants aussi longs et épais que le petit doigt; on la traîne devant l'entrée; de l'intérieur, on engage le tronc de la branche entre les deux poteaux, on le tire à soi avec force et on l'attache en dedans; les épines se tassent à la porte, et cet endroit devient le plus inaccessible de la fortification.

A deux cents mètres de la lisière de notre bout de forêt coule le Kapotché où nous prenons l'eau à boire. La rivière est très haute en cette saison; les roseaux et les herbes aquatiques qui encombrent ses abords immédiats y attirent des quantités de moustiques; c'est pourquoi nous nous tenons à distance.

Si cette saison est propice à la poursuite de l'éléphant, du rhinocéros et du buffle, on ne voit jamais en revanche les autres animaux, cachés qu'ils sont par l'épaisseur de la végétation, prévenus qu'ils sont de votre approche par le bruit de votre marche dans les herbes. Aussi avais-je alors toutes les peines du monde à me procurer une antilope ou un sanglier, tandis que, à la saison sèche, où tout est brûlé, on en a tant que l'on veut, pour peu, naturellement, qu'on se donne la peine de les chercher.

La première chasse au Kapotché mérite d'être mentionnée.

Un matin sombre, par un temps pluvieux, nous apercevons, dans un endroit découvert, un animal que la plupart d'entre nous n'ont jamais vu; on ne le distingue pas bien, et, comme il tourne le dos, nous nous livrons à toutes sortes de conjectures. Je vois deux grandes oreilles de lapin très mobiles, un dos rond, une queue charnue. Serait-ce par hasard un kanguroo? Ne voulant pas faire un mouvement qui risquerait de le mettre en fuite, je le tire de dos, dans la direction du cœur, et il tombe sur le côté. Tambarika le reconnaît immédiatement pour un fourmilier, pendant que ses camarades et moi examinons avec étonnement cet étrange animal. Une peau blanche, au poil brun noirâtre, rare et long, un museau effilé dans le genre du groin du porc, avec une ouverture au bout, mais sans bouche, une langue d'un mètre de long, comme une lanière de fouet, des oreilles de lapin, des ongles énormes aux pattes, une queue puissante, grosse, courte, presque dépourvue de poils, la corpulence d'un porc adulte, tel est le portrait peu attrayant du fourmilier. Au camp, on accueille l'édenté avec des exclamations de toutes sortes, tandis que les anciens déclarent que cet animal porte malheur : il est d'usage, quand on en rencontre un, de rentrer chez soi et de ne pas donner suite à son voyage. Je suis bien certain maintenant que, quoi qu'il arrive, c'est ce malheureux fourmilier qui va en être cause. En effet, nos tentatives infructueuses pour rejoindre les éléphants, les indispositions, le mauvais temps même, tout lui sera attribué pendant la durée de notre séjour en cet endroit.

Cela n'empêche pas mes hommes de le manger et de le déclarer excellent. J'y ai goûté et suis de leur avis : il est difficile de trouver chair plus délicate.

Le fourmilier est un animal essentiellement nocturne : on l'aperçoit par conséquent rarement, et on connaît mal ses mœurs; de là, les superstitions à son égard. Peu d'indigènes l'ont vu, parmi ceux qui fréquentent les bois. Ne croyez pas, en effet, que tous les noirs aient l'habitude de la brousse; la majorité d'entre eux se composent, dans ces pays, de cultivateurs. Ils ne connaissent les noms que des rares animaux qu'ils ont rencontrés en suivant les sentiers qui relient leur village aux villages voisins; les chasseurs sont l'exception dans la population. Un grand nombre de mes porteurs ne savaient même pas le nom indigène de toutes les antilopes que j'envoyais au camp. En France, tout paysan est au courant des mœurs des lièvres et des perdreaux; en Afrique, où la grande faune se tient dans les broussailles, loin de la population, il faut non seulement avoir des armes, mais encore faire, pour la capturer et la connaître, des recherches nombreuses en même temps que posséder des connaissances spéciales. Il n'y a guère qu'un chasseur par village, et encore; ainsi sur les 30 porteurs que j'ai au camp, il y en a juste quatre qui soient capables de suivre une piste. D'ailleurs, chasseurs ou non, tous aiment l'existence que nous menons ici.

La fin de mars arrive sans incident notable, mais avril est bien rempli. Le 6, nous passons notre matinée à suivre deux rhinocéros qui ont fait pendant la nuit de nombreuses pérégrinations dans les hautes herbes. Leur poursuite est très fatigante, car on n'y voit pas à quatre mètres devant soi et on ne sait jamais à quel instant on va rencontrer ces animaux rageurs.

Nous arrivons fort près du but sans avoir été chargés, malgré des sautes de vent presque continuelles; mais il est dit que nous ne finirons pas ainsi notre journée, car, au beau milieu d'un fourré épais, nous entendons, à quelques mètres, un reniflement, puis un cornage que nous connaissons bien, et, au milieu des branches brisées, des arbustes renversés et des herbes abattues, paraît une masse qui fond dans notre direction avec la vitesse d'une locomotive.

Nous n'avons que le temps de sauter de côté, et l'animal passe, mais si vite que je ne puis viser, mal appuyé que je suis contre un arbre, et il disparaît dans les herbes. Au bout de quelques secondes nous l'entendons qui revient sur ses pas, cherchant de nouveau cet air vicié, cette odeur de l'ennemi, qui a provoqué sa colère. Il renifle, cherche, tourne, retourne, semblable à un gigantesque chien d'arrêt, avec cette différence que les rôles sont renversés : le gibier qu'il cherche, c'est nous. Cette maudite végétation est si dense qu'il n'y a rien à faire qu'à attendre. Impossible de tirer. Je vois les têtes des herbes osciller, les arbustes se pencher... je peux donc deviner la position de l'animal, mais celui-ci reste invisible. Cependant sa colère augmente; il continue à renifler et fait un bruit assez semblable au grognement d'un porc, mais en grand, dans une note plus profonde... Il s'approche pourtant.... D'où vient donc le vent?... Pas moyen de s'en rendre compte; la terre est humide, il n'y a pas de poussière (1)... Le temps presse pourtant... Ah! voici une deuxième charge dans notre direction!... Cette fois, j'aperçois mon animal un instant avant qu'il soit sur nous; il ne va plus aussi vite, quoiqu'il aille au grand trot. Nous avons sauté de côté, et chacun s'est caché... Placé derrière un arbre, je le vois venir admirablement, et je décide d'attendre son passage; il ralentit en arrivant devant nous, flairant sans doute nos traces fraîches, et j'en profite pour lui envoyer deux balles qui le font pirouetter dans une direction opposée à la nôtre; avant d'avoir disparu à travers la fumée, il reçoit encore un coup d'express dans la croupe.

Mais ce n'est pas fini, car au même moment, tout près de nous, une autre charge s'annonce : celle du rhinocéros n° 2, que nous avions oublié : c'est madame sans doute. Il ou elle passe au galop, en cornant avec force, à cinq ou six mètres de nous, mais pas dans notre direction. Gare à une nouvelle attaque! Il est terrible de se trouver dans une végétation si épaisse qu'elle empêche d'être prévenu du danger autrement que par l'oreille. Je fais monter Rodzani sur un arbre pour qu'il inspecte les environs, et il aperçoit le dernier rhinocéros fort loin déjà; il affirme que c'est le mâle qui s'en va et que ce doit être la femelle que nous avons tirée. Nous n'avons pas tardé à voir

---

(1) Quand il y a de la poussière, on en ramasse une poignée, et, en la lançant en l'air, on voit dans quelle direction la pousse le vent.

qu'il est dans l'erreur. Le sang, ce précieux indice pour le chasseur, nous a jalonné la piste de celui que je crois avoir touché sérieusement ; à cent mètres, il a dû se coucher, mais, par un dernier effort, il s'est relevé pour aller tomber un peu plus loin. Il s'est abattu sur le ventre, les quatre jambes affaissées sous lui. Les rhinocéros s'affalent souvent ainsi. Cela tient sans doute à ce qu'ils ne meurent pas sur le coup, mais continuent à marcher jusqu'à ce que leurs membres refusent de les porter davantage.

C'est bien le mâle que nous avons tué. Voici ses dimensions : hauteur au garrot, 1^m,55 (5^p,2) ; longueur du bout du nez à celui de la queue, 3^m,35 (11^p,1) ; diamètre du pied de devant, 0^m,205 (0^p,8) ; cornes : de devant, 0^m,67 (2^p,3) ; de derrière, 0^m,43 (1^p,5 1/2). Voici celles de la femelle (car madame n'a pas tardé à rejoindre son époux dans un monde meilleur) : garrot, 1^m,605 (5^p,4) ; longueur totale, 3^m,37 (11^p,2) ; diamètre du pied, 0^m,21 (0^p,8 1/2) ; cornes : de devant, 0^m,51 (1^p,8 1/2) ; de derrière, 0^m,37 (1^p,3). On remarquera que la femelle est plus grande que le mâle ; cette particularité se produit souvent.

Revenons au mari. Après avoir mesuré et photographié son cadavre, je laisse deux hommes auprès de lui et me dispose à rentrer au camp afin d'envoyer du monde. Sur mon chemin, je traverse la plaine où la femelle a chargé après mes deux coups de fusil. Des traces fraîches à terre nous montrent qu'elle a passé là, et tout à coup un reniflement nous apprend qu'elle y est encore, attendant depuis une heure le retour de son compagnon... Comme il y a à côté de nous un espace dénudé de sept ou huit mètres où le terrain rocailleux n'a pas permis aux herbes de s'étendre et sans un arbre où on puisse s'abriter, je cours m'y placer afin d'avoir, si possible, plus de champ devant moi que lors de la rencontre précédente; je prends mon calibre 8 pour faire plaisir à mes hommes qui m'ont reproché tout à l'heure de ne pas en faire usage, et je me poste au milieu des herbes, immobile, du côté opposé à celui où j'ai entendu le reniflement caractéristique de la veuve infortunée.

La bête est inquiète, mais elle n'a pas pris notre vent; je l'entends qui marche, puis aussitôt après je l'aperçois : elle vient vers nous, mais comme un animal qui suit son chemin; elle va sortir à droite, traverser l'espace libre et rentrer très probablement sur notre gauche; elle est au pas, et, au moment où elle se trouve en face de moi, à sept ou huit mètres, je lâche mon petit coup de canon. Mes hommes étaient persuadés qu'elle resterait sur le carreau; Msiambiri avait même parié à Rodzani un pot de *moa* (bière du pays) qu'avec le gros fusil le rhinocéros tomberait sur place. Il perd, car la bête commence, au reçu de mon projectile, par se jeter sur nous à fond de train, ce qui nous éparpille aussitôt dans les herbes; mais elle s'affaisse bientôt et meurt presque à l'endroit où nous nous trouvions. Grande discussion sur les termes du pari; Msiambiri, toujours farceur, prétend maintenant qu'il avait simplement parié que la bête n'irait pas aussi loin que l'autre. Ne nous attardons pas à discuter, procédons de nouveau aux mensurations, et rentrons au camp. Le soir, la viande n'est pas rendue avant dix heures et demie.

C'est ici que la panthère (1) rentre en scène. A onze heures à peu près, tout le monde dort, lorsqu'elle saute sur la palissade. Le pied lui manque; elle tombe sur un abri de chaume où elle glisse, et, cherchant à se cramponner, elle dégringole avec la toiture en plein dans le camp. Ce fracas nous éveille tous en sursaut. En voyant, à la lueur des feux, cet animal qui tombe au milieu d'eux, mes gens croient à une attaque et se mettent à pousser des cris divers. L'apparition n'a que la durée d'un éclair; la panthère saute sur le chaume et repart par où elle était venue avant qu'on ait su de quoi il s'agissait. L'accueil fait à sa visite nocturne a dû assez l'effrayer pour qu'elle ne revienne pas, ce soir tout au moins. Je me recouche donc tranquillement.

Vers le matin, on l'entend rugir; à en juger par ses traces sur la terre mouillée, qui feraient croire au passage d'une troupe de vingt-cinq panthères, elle a dû tourner toute la nuit aux alentours. Elle va devenir notre compagne pendant une grande partie de notre séjour ici, jusqu'au jour où je lui aurai préparé un tour de ma façon.

Le 7 se passe sans incident; le 8, nous suivons infructueusement une piste de deux éléphants mâles, mais ils ont trop d'avance sur nous. Le 9, nous rencontrons

---

(1) Panthère, d'après Cuvier ; léopard, d'après Linné. C'est le même animal. Voir *Mes grandes chasses*, p. 94, 95, 96.

LE CAMP SE TRANSPORTE AUPRÈS DE L'ÉLÉPHANT MORT.

les traces de huit éléphants, dont deux grands mâles, et nous les rattrapons après deux heures de marche seulement. Je tue un gros mâle; quant à l'autre, je le blesse, ainsi qu'une femelle; mais je les perds tous deux au bout d'une journée de poursuite; cependant, comme le mâle me semble condamné, j'envoie quatre homme à sa poursuite. Après une nuit passée dehors, ils reviennent sans résultat (1). Le camp se transporte près de l'éléphant mort, y passe deux nuits et rentre ensuite avec la viande boucanée. Le 13, je tue une vieille femelle qui charge Rodzani à deux reprises; je lui tire cinq balles dans la région du cœur, elle ne paraît pas s'en porter plus mal; elle s'en va tout doucement, saignant à peine. Nous la suivons à distance, nous attendant d'un moment à l'autre à la voir s'abattre. Comme elle a l'heureuse inspiration de se rapprocher du camp, il se trouve que c'est autant de fait pour nous. Enfin, au bout de plus d'une demi-heure, elle se décide à tomber, succombant à une hémorragie interne; son abdomen était plein de sang, et elle avait fait ainsi près de cinq kilomètres!

Le 17, rencontre d'une troupe de buffles derrière laquelle j'aperçois trois lions magnifiques; ils disparaissent avant que j'aie pu tirer; nous les suivons pendant un moment, mais nous y renonçons bientôt et reprenons alors la suite des buffles. Je rejoins ceux-ci et j'en abats deux un peu au hasard, c'est-à-dire sans avoir eu le temps de les choisir pour la beauté

(1) Le 26, je retrouve cet éléphant mort et j'y découvre trois de mes balles; je prends ses défenses, pesant 16 kilos environ.

de leurs cornes : mais la végétation est si épaisse que l'on ne voit pas de buffles ; on entrevoit vaguement dans les herbes des fractions de buffles un peu partout. Je blesse un troisième animal, et, comme il quitte la troupe, nous lui donnons la chasse. C'est travail dangereux dans cette brousse compacte que de poursuivre un buffle blessé, et nous avons besoin de tout notre sang-froid, de toute notre présence d'esprit.

Kambombé et le porteur d'eau (1) se chargent de veiller du haut des arbres autour et en avant ; quant à nous, nous utilisons plus leurs yeux que les nôtres. Nous suivons la piste ensanglantée ; à chaque pas, nous interrogeons du regard nos vedettes.

Avec un rhinocéros ou un éléphant, on est prévenu ; l'un renifle violemment ; l'autre ébranle l'air par un coup de trompette éclatant ou pousse des grognements de douleur. Le buffle, lui, reste là, silencieux et immobile, si immobile que vous le confondriez avec un arbre renversé ou tout autre objet similaire. Il retient son souffle et tend l'oreille pour percevoir votre arrivée. Vous entend-il ? il continue à ne pas bouger... C'est seulement quand vous êtes à sa portée qu'il se jette sur vous, trop tard, en général, pour que vous puissiez l'éviter. Telle est, du moins, son attitude dans la brousse épaisse. En terrain découvert ou à peu près, il est obligé de commencer à charger de plus loin, et vous avez le temps,

---

(1) C'est celui qui nous accompagne d'habitude portant les gourdes ; pendant les pluies, il transporte la nourriture, l'appareil photographique, le sac à effets, etc.

avec du sang-froid, de l'arrêter dans sa course ; seulement pour le tirer avec quelque chance de succès, il faut attendre qu'il soit très près et qu'il baisse la tête pour vous donner son coup de corne.

Aussi risque-t-on plus à être chargé par un buffle que par un rhinocéros ; celui-ci, sans doute, est un adversaire plus dangereux, mais les buffles étant plus nombreux, il est naturel que les accidents soient plus fréquents avec eux. Les charges du lion et de l'éléphant sont, sans contredit, extrêmement redoutables, elles aussi ; on s'en tire une fois ou deux peut-être, mais un beau jour on ne s'en tire pas et l'on termine sa carrière et ses exploits.

Revenons à notre buffle : du haut des arbres, nos éclaireurs l'ont signalé comme placé tête à gauche, et nous essayons de le contourner sans bruit ; mais il nous entend et se retourne lentement, toujours d'après ce qu'on nous dit, puis il reste derechef immobile, face à notre nouvelle direction. Du côté où il regarde, je laisse un homme avec instruction de ne pas bouger, mais de casser de temps à autre une petite branche pour faire croire à l'animal que nous avançons par là, tandis que nous reprenons sans bruit, avec les autres, la piste à laquelle il tourne actuellement le dos. Ce stratagème réussit, car, pendant qu'il écoute l'homme qui casse des branches, je le découvre et lui casse à mon tour la tête avec une balle à l'oreille. Ce buffle portait la plus belle paire de cornes que j'aie jamais vue ; malheureusement la pointe de l'une d'elles était cassée. Elles ne mesuraient pas moins de 1^m,06 entre les courbes (3ᵖ,6). Les hauteurs au garrot des trois buffles étaient : 1ᵐ,52, 1ᵐ,59, 1ᵐ,56 (5ᵖ, 5ᵖ,3, 5ᵖ,2) : ce sont des animaux formidables.

J'en fais transporter deux au camp, laissant le troisième sur place dans l'espoir d'attirer les lions pendant la nuit; mon intention est de mettre de la viande pendant un ou deux jours, s'ils reviennent, de façon à leur donner confiance et à pouvoir ensuite me mettre à l'affût, car la lune est dans son plein.

Pendant ce temps, la panthère ne nous a pas abandonnés; elle rôde tous les soirs autour du camp avec une persistance remarquable, cherchant à pénétrer soit d'un côté, soit de l'autre, rugissant continuellement et nous obligeant à des gardes de nuit, car la faim rend ces animaux excessivement audacieux. Les lions nous rendent bien visite au commencement de la nuit, mais, finissant par reconnaître qu'ils n'ont aucun avantage à rester, ils vont chercher leur nourriture ailleurs et nous laissent en paix; les hyènes passent également, se bornant à nous dire bonsoir; la panthère seule est tenace. Aussi le moment me semble-t-il arrivé de lui jouer le petit tour dont j'ai parlé. Comme elle saute sur tous les arbres qui environnent la palissade afin de voir ce que nous faisons, je fais mettre tous les jours à son intention un morceau de viande dans la fourche d'un ptérocarpe bien placé en pleine lumière des feux. J'aurais pu empoisonner l'appât avec de la strychnine, dont je possède une ample provision; mais je veux sa mort par des moyens plus nobles. L'animal se méfie d'abord et

VIEUX BUFFLE DANS UN BOIS DE « MITSAGNAS ».

(Page 78)

laisse sa viande, ou il ne la prend que le matin. Il s'enhardit peu à peu et l'enlève alors qu'on est encore éveillé et en train de causer; il finit par la décrocher dès que la nuit tombe. Quand enfin je crois le fruit mûr et prêt à être cueilli, je ne me contente plus de faire poser simplement la viande; je la fais attacher solidement ou plutôt clouer par la peau; j'installe mon projecteur électrique dont j'essaye le jet sur l'arbre situé à peine à dix mètres du centre du camp, et, tandis qu'on cause comme d'habitude, j'attends, commodément assis, en fumant ma pipe: tout à coup, sans savoir comment elle a bien pu y venir, je vois la panthère sur la branche et je fais diriger le projecteur sur elle, ce qui la met en pleine lumière; sans autrement se préoccuper de notre présence qu'en jetant un regard de notre côté de temps à autre, elle est occupée à arracher sa proie. Je lui mets une balle dans le cou, et elle tombe comme une masse. A l'aide du projecteur, nous l'apercevons à terre, et, nous étant assurés qu'elle est bien morte, nous la rentrons dans le camp, où Tchigallo la dépèce immédiatement (1). C'est le cas, ce me semble, de citer cette morale de La Fontaine :

> Patience et longueur de temps,
> Font plus que force ni que rage,

surtout dans le métier de chasseur.

---

(1) Il faut dépouiller les carnassiers sans tarder, la décomposition arrivant en quelques heures. C'est une des plus belles panthères que j'aie tuées; sa peau mesure 2 m. 23 (7 p. 5).

La mort de la panthère eut lieu la veille de celle des trois buffles; aussi pûmes-nous dormir tranquilles dans la nuit qui suivit. J'ai été troublé cependant par l'idée que probablement les hyènes profiteraient du buffle que j'avais laissé et qu'elles se gorgeraient de viande à mes frais; peut-être, d'ailleurs, si les lions sont venus, n'ont-ils pas osé toucher à l'animal, craignant un piège. A tout hasard, le matin au petit jour, nous avançons sans le moindre bruit sur la terre mouillée, nous rendant à l'endroit où j'ai laissé le cadavre : c'est à une vingtaine de minutes du camp. Il fait sombre, le ciel est noir; il tombe une pluie très fine, tandis qu'une bise fraîche et humide nous fouette la figure. Nous arrivons sous le vent et à travers les hautes herbes près de l'endroit; sans trop nous approcher, nous montons sur une termitière pour regarder.. Hier, nous avions laissé le buffle au milieu d'un espace dénudé. Il n'y est plus!... Il n'y a pourtant pas erreur; c'est bien ici que nous l'avons laissé... Tandis que nous regardons, l'idée des lions nous passe à tous par la tête; il n'y a qu'eux qui soient capables de nous avoir joué pareil tour. Assurons-nous-en et avançons sur la lisière des hautes herbes. Grâce au vent, qui fait un petit bruissement continu, nous n'avons pas signalé notre présence. Tambarika, qui est le plus souple de nous tous, marche à 3 ou 4 mètres en avant des autres... Nous nous penchons... Ah! voilà bien le buffle, il est à moitié dans les herbes, entouré de formes fauves... Mais sont-ce des lions ou des hyènes? Chacun interroge du regard... Ce sont des lions : il n'y a pas de doute, car voici une, deux, trois hyènes qui se tiennent à distance, leurs grandes oreilles toutes droites, les regards fixés sur le buffle ; elles attendent que les lions s'en aillent pour approcher à leur tour ; leur couleur jaune sale est tellement semblable à celle du terrain qu'aucun de nous ne les avait vues, bien que nous n'en soyons qu'à vingt mètres. Quant aux lions, ils sont fort occupés, ce qui nous permet de nous approcher d'eux, dans ces grandes herbes, sans nous faire entendre et sans les déranger. Nous tenons conseil rapidement à voix basse, et voici ce que nous décidons : Tchigallo et Rodzani vont contourner les herbes derrière les lions et marcheront droit sur eux sans précaution, en causant ; les entendant s'avancer, les fauves quitteront la carcasse et viendront de notre côté. Je n'ai qu'une peur, c'est de ne pas y voir assez à ce moment, car le temps est très sombre et la pluie augmente. Néanmoins il faut se hâter : que le vent tourne, qu'un de ces animaux nous flaire, et ils disparaissent dans les herbes. Tambarika et Msiambiri, en cas de charge, se tiendront prêts, le fusil armé, comme d'habitude ; quant à moi, ma décision dépendra des circonstances. Si par hasard les lions nous viennent dessus sans nous voir, nous confondant, dans notre immobilité, avec les arbres environnants, il ne faudra pas laisser la proximité s'exagérer ; il est convenu que je donnerai des ordres, le moment venu, mais je recommande de ne pas tirer dans la direction de nos camarades ; les armes sont prêtes, j'ai préparé mon 303, et nous suivons des yeux nos compagnons qui vont nous servir de rabatteurs...

Il n'y a pas à dire, c'est ce moment d'expectative face au danger qui est terrible, non qu'il y ait péril imminent, car les lions, en nous voyant, auront plus peur que nous, mais le coup de fusil que je vais tirer va décider de la chance ; qui sait s'il ne coûtera pas la vie à quelqu'un de nous?

Tchigallo et Rodzani sont arrivés derrière les fauves, mettant ceux-ci, par conséquent, entre eux et nous ; au signe que je leur fais, ils s'engagent dans les herbes, sans précaution, échangeant quelques mots... Au même instant, trois lions bondissent dans l'espace dénudé et, se retournant, font face à la direction du bruit..... Pendant les deux ou trois secondes qui s'écoulent, je les examine rapidement : derrière, c'est-à-dire le plus rapproché de nous, un lionceau ou une lionne ; en avant, une lionne ; au milieu, un lion à crinière foncée, hérissée, montrant les dents ; tous trois grondant comme tous les lions qu'on dérange..... Après un coup d'œil du côté des intrus, les voici qui pirouettent et viennent vers nous, non pas directement, mais de façon à nous laisser à gauche. « Ne bougez pas ! » murmuré-je à mes hommes... Je laisse passer la lionne et, visant le lion au cou, je tire..... Sans retirer mon arme de l'épaule, et grâce à l'absence de fumée, je vois qu'il ne tombe pas ; aussitôt je lâche le deuxième coup en visant à l'omoplate, et je saute de côté en prenant un autre fusil chargé ; le lion rugit de douleur et disparaît dans les herbes avec sa famille...

Je n'étais pas content du tout : d'abord je l'avais manqué au cou à cause de son trot, puis je ne savais pas exactement où je l'avais touché la seconde fois. Du moins, son rugissement me prouvait qu'il était blessé. Je m'attendais à une charge en le voyant sauter en avant la queue droite. (J'ai déjà dit que l'absence de fumée et la répercussion du bruit par les échos trompent les animaux sur la position du tireur; dans ce cas, le mouvement le plus naturel à la bête est de se jeter en avant.)

Mes hommes montent aussitôt dans les arbres et explorent les alentours; n'apercevant rien, nous prenons la piste; il y a d'abord peu de sang, puis beaucoup. J'hésite fort à rentrer dans cette végétation épaisse. Tout à coup, vingt-cinq mètres plus loin, Kambombé, du haut d'un arbre, nous crie : « Le voilà !... Il va mourir, approchez-vous tout doucement... Il regarde par là-bas ! » indiquant notre direction. J'avoue que j'aurais mieux aimé être ailleurs que dans les hautes herbes par un temps sombre, à côté d'un lion à l'agonie; je connaissais ces grondements puissants, je les avais déjà entendus une fois près de Tête, et je ne m'étais tiré de cette vilaine rencontre que par un miracle (1). Aussi est-ce avec des précautions infinies, les yeux écarquillés et les oreilles tendues, que je m'avance le premier... A un certain moment, les herbes ne dépassant pas la hauteur de la taille, je vois à quelques mètres un spectacle que je n'oublierai

---

(1) *Mes grandes chasses*, p. 300, 301, 302, 303.

jamais : le lion est sur son séant, la tête basse, me tournant le dos ; il perd l'équilibre, se relève péniblement et retombe encore avec un bruit rauque de rage, de colère ou de souffrance. Ses vastes flancs se gonflent et s'aplatissent, tandis qu'il renouvelle ses efforts... Je ne suis pas resté longtemps en contemplation, et ce que je décris là est la rapide vision que j'ai eue pendant que j'ajustais soigneusement le cou... Je presse la détente, et, sans cesser d'épauler, je continue à viser, gardant le deuxième coup pour le cas où il me chargerait... Mais le premier a achevé ses souffrances (1).

Je suis persuadé que si, par malheur, nous étions arrivés sans précaution de l'autre côté et que la bête nous eût vus, elle eût fait un effort suprême et nous eût chargés : c'était la mort pour le premier de nous qu'elle rencontrait (2).

Il faut être excessivement prudent dans les hautes herbes avec un lion blessé, et, quand il n'y a pas d'arbre pour servir d'observatoire, mieux vaut s'abstenir et perdre la bête que de la suivre dans de pareilles circonstances, puisque l'on ne sait alors ce que l'on fait ni où l'on va. La poursuite est déjà fort périlleuse en terrain semi-découvert, car on ne se figure pas com-

---

(1) La photographie ci-jointe : « Recherche d'un lion blessé dans la brousse », a été prise par M. de Borély dans une circonstance semblable, un an plus tard ; j'avais reconstitué la scène sur les lieux mêmes où quelques instants auparavant j'avais achevé un lion blessé.

(2) Ce lion était très beau, quoique d'une taille ordinaire ; il mesurait 0^m,81 au garrot (2^p,8), 2^m,87 de longueur (9^p,6), et le crâne 0^m,35 sur 0^m,20 (1^p,2 sur 0^p,8), et était dans la force de l'âge ; sa crinière était mélangée de poils plus foncés.

RECHERCHE D'UN LION BLESSÉ DANS LA BROUSSE ÉPAISSE.

bien un lion accroupi peut se cacher facilement lorsqu'il le désire; le moindre buisson lui permet de se masquer, et, quand on l'aperçoit, il est trop tard. On a bien la ressource de le tirer « au vol », ce que l'on fait souvent d'instinct, involontairement, et sans épauler, sous le coup du soubresaut; mais ceci n'est plus du tir, mais du hasard, et, dans ces rencontres, il ne faut jamais s'en rapporter au hasard.

Quand on a une meute, c'est différent, car les chiens vous signalent d'abord la présence de la bête, puis, en tournant autour d'elle, ils occupent assez son attention pour vous permettre de vous approcher et de tirer. On verra plus loin que je n'ai jamais réussi à m'entourer de ces précieux auxiliaires; sans cela, dans certaines régions que j'ai visitées, où les lions abondaient, j'aurais obtenu des résultats incroyables.

Ce lion et un ou deux buffles furent les dernières pièces que je rapportai au camp du Niarougoué.

Deux ou trois jours avant d'en partir, nous nous rencontrâmes nez à nez avec une bande d'une centaine de Mafsitis (gens de Mpéséni) allant faire probablement une de leurs expéditions de razzia et de pillage. Nous voyant tous bien armés et l'air très indifférents, ils déposèrent à terre leurs boucliers, leurs casse-tête et leurs sagaies, puis, s'étant avancés vers moi en un groupe serré, claquèrent ensemble trois fois leurs mains l'une contre l'autre, ce qui est la façon dont les indigènes saluent leur chef. Je m'assis au pied d'un arbre avec tous ces brigands coiffés de plumes en cercle autour de moi. On causa un instant de la pluie et du beau temps, puis on se sépara en souhaitant de part et d'autre de ne jamais se revoir.

LE RHINOCÉROS N° 2. (Voir page 73.)

PRÉPARATIFS DE DÉPEÇAGE (rhinocéros).

CHAPITRE VI

UNE BATTUE AVEC LES INDIGÈNES. — RÉGION INEXPLORÉE. — GÉANTS SUR LE DÉCLIN.

Une battue au lion. — Le fusil entre les mains des indigènes. — Grêle de balles. — Blessés. — Précautions à prendre avec les armes à feu. — Période de rencontres avec des lions. — L'expédition se déplace. — Pays à rhinocéros. — Poursuite de ces animaux. — Cornes usées. — Beauté et lois de la nature.

Au moment où nous nous préparons à quitter Makanga avec toute l'expédition, le roi du pays, auquel j'ai déjà fait mes adieux, m'envoie dire qu'un lion commet de nombreuse déprédations dans des villages environnants, et que, si je veux essayer de le tuer, il me fournira immédiatement tout le personnel nécessaire à une battue. Comme, après tout, cela ne me fait qu'un jour ou deux de retard, tout en m'offrant une chance d'ajouter un nouveau trophée à ma collection, je laisse partir l'expédition en recommandant à mes camarades de ne pas se presser et de m'attendre en un endroit et à une date donnés, si je ne les ai pas rejoints en cours de route.

Je me rends au village de Kamsikiri, sur le Ponfi, où le lion m'a été signalé. J'y arrive le soir. Le chef m'apprend qu'il a reçu des ordres et qu'il y a une centaine d'hommes prêts à partir avec moi le matin. Le lieu de retraite du fauve est situé à peu de distance du village, et les indigènes ont fait deux battues sans parvenir à l'apercevoir dans les lits épais de roseaux où il se cache. Il a déjà sur la conscience deux femmes, un homme et quelques chiens; il continue cette nuit-là la série de ses exploits : profitant de ce qu'il fait noir comme dans un four, il défonce la toiture basse d'une case-étable et, après avoir tué les cinq chèvres qui s'y trouvent, il en dévore une sur place, ne pouvant l'emporter; tout cela sans le moindre bruit. Les chèvres portent toutes des traces d'une morsure sur le cou : ou sur le garrot rien de plus; il est évident que le lion a fait cela en se jouant.

Au matin, je vois que, sur 80 hommes, 72 sont pourvus de fusils (1)! Mon premier mouvement est de

---

(1) Ces armes sont pour la plupart d'anciens fusils de guerre à baguette et à capsule, de différents modèles, dont on faisait autrefois un commerce considérable dans ces régions.

ne pas les accompagner, car je connais ce genre de battues-là; ce n'était pas la première à laquelle j'eusse assisté, mais ç'a été et ce sera sûrement la dernière. J'eus beau demander aux hommes de laisser leurs fusils au village, ils me répondirent, naturellement, qu'ils en avaient besoin pour se défendre en cas de danger. Cette raison, qui semble fort juste au premier abord, ne vaut rien quand on réfléchit à l'usage que les noirs sont capables de faire de leurs armes : dans le cas où un lion aux abois leur fait face, leur premier mouvement est de jeter leur fusil ou de tourner les talons; ou bien, si certains font feu, c'est en hâte, sans épauler; aussi manquent-ils « à coup sûr ». L'idée ne leur vient même pas, comme à nous, de se servir de la crosse; alors autant vaudrait n'avoir entre les mains qu'un mirliton ou une pipe. A cause même de l'infériorité qui résulte de leur manque de préparation, ces gens ont certes bien du mérite à attaquer, à moitié nus et pour ainsi dire sans armes, un animal redoutable; mais une sagaie ferait dix fois mieux leur affaire : ils sont tous habitués à la manier; l'instinct de la défense personnelle faisant le reste, le lion serait criblé de coups de sagaie bien dirigés. C'est ce qui se passe dans les régions où la poudre est rare; mais, au pays de Makanga, où, en vue d'une guerre, il n'est pas un homme qui n'ait son fusil, on ne manquerait pas une si belle occasion de s'en servir; il ne faut donc pas espérer aujourd'hui qu'ils consentiront à substituer la sagaie au fusil.

Mon premier mouvement, dis-je, est de refuser mon

concours à cette bande mal disciplinée, mais comment lui faire comprendre pourquoi ? D'ailleurs, je parviendrai peut-être à régler la battue, en expliquant à mes gens, par une théorie démonstrative faite sur place, que je désire les former en un fer à cheval, dont j'occuperai ce qui serait la pince ; si la présence du lion vient à être reconnue au centre, on rabattra les branches du fer à cheval pour fermer l'ouverture et on s'écartera de moi, de façon à offrir à l'animal une issue au milieu de laquelle je me tiendrai seul. Je recommande, en outre, de ne tirer qu'en cas de légitime défense et surtout si on n'a pas de monde devant soi. Ceci bien entendu, nous nous rendons à l'endroit où la bête est supposée se tenir ; nous y reconnaissons des traces, en effet ; puis on se déploie en silence, comme il a été convenu, autour du lit de roseaux. Une dizaine de tam-tams que le chef a cru bon d'ajouter, et qui, disséminés sur la ligne, se tiennent prudemment derrière les rabatteurs, commencent alors à tambouriner à coups redoublés. La chasse au tambour ! Voilà qui est nouveau ! Pourvu que le lion en soit aussi agacé que moi...

Les dix premières minutes se passent sans incident ; mais bientôt des gens sur la gauche poussent des exclamations, et nous comprenons que le fauve a été signalé. On crie qu'il marche dans le même sens que nous ; alors je fais arrêter mon monde un instant, et, quittant mon poste, je me porte en courant en dehors de la ligne des indigènes, à l'ouverture du fer à cheval, afin d'apercevoir l'animal, s'il continue à avancer. Je fais serrer les ailes. Disséminés au milieu des rabatteurs, mes hommes leur font exécuter mes ordres. Tambarika seul me suit. Jusqu'à présent tout va bien. Continuons..... A un certain endroit, les roseaux sont surplombés par des lianes tombant de grands arbres chargés de feuillage, ce qui fait que tout le monde se trouve plongé au milieu d'une végétation épaisse : nous voici dans une demi-obscurité. C'est à ce moment que le lion essaye de rompre la ligne à droite ; aussitôt, des coups de fusil partent de ce côté ; puis on annonce qu'il traverse, et la gauche tire aussi ; bientôt le brouhaha devient indescriptible. Le nuage de fumée qui s'est formé reste suspendu comme un rideau et empêche de rien voir ; les cris et les détonations empêchent d'entendre ; un rugissement du lion augmente le désarroi général ; la mêlée est complète : on se croirait sur un champ de bataille.

A cet instant, mon vieux fonds de gaieté française prend le dessus, et je cède à un accès d'hilarité folle en pensant à tous ces idiots qui ne s'entendent plus et qui ne savent même plus ce qu'ils font. Mais c'est bientôt fini de rire, car les projectiles sifflent au-dessus de ma tête, à côté de moi, partout ; un lingot de fer passant avec un bruit sec à peu de distance de mon oreille, vient frapper un tronc d'arbre derrière lequel je cherche aussitôt un abri, ainsi que Tambarika. Pendant dix minutes les tam-tams, enragés, battent la charge ; les 72 fusils se vident, se bourrent et se vident de nouveau ; deux balles arrivent encore sur mon abri, d'autres passent avec des bzzz... prolongés. Mais les cris cessent, les tambours s'arrêtent, remplacés par de violentes clameurs, la fumée se dissipe enfin, et je comprends que la chasse est abandonnée. Mes hommes viennent me raconter ce qui s'est passé : le lion s'est présenté tour à tour sur plusieurs points de la ligne, cherchant un passage; les coups de feu lui ont fait rebrousser chemin. Profitant subitement d'une brèche qui s'est ouverte dans la barrière humaine il s'est échappé en deux bonds, par l'endroit où nous sommes entrés. Il n'a pas été touché, du moins en apparence. Il n'en est pas de même des indigènes : onze sont blessés, dont deux grièvement. C'est extraordinairement peu, si l'on songe que 80 hommes ont formé un cercle de 50 mètres, vers le centre duquel ils ont tiraillé pendant un quart d'heure de tous les points de la circonférence; heureusement ils visaient trop haut. Mes chasseurs, eux, n'ont rien ou presque rien, s'étant jetés à plat ventre dès que la fusillade a commencé. Cependant Tchigallo a les cheveux roussis par un coup tiré à bout portant à quelques centimètres de sa tête, et Rodzani a reçu une éraflure à la jambe.

Quant au lion, il court encore, et nous n'avons pas trouvé une goutte de sang sur la piste; fût-il venu sous mon nez, je ne l'aurais probablement pas plus vu que je ne voyais mes voisins; la fumée m'en aurait empêché.

Tels sont les avantages, — nombreux, comme on voit! — d'une battue faite par des indigènes armés de fusils. Risquer sa peau pour la bonne cause, je n'y vois aucun inconvénient, mais mourir bêtement d'une balle égarée, tomber victime d'un fusil nègre qui se trompe, ce serait trop ridicule.

J'ai manié continuellement des armes à feu, jour et nuit, sans le moindre accident, grâce aux grandes précautions que je prenais et aux habitudes que j'avais données à ceux qui m'accompagnaient.

Je ne leur permettais pas, pendant les marches, de laisser les chiens d'un fusil armés, ce qui était une menace perpétuelle pour la vie de leurs voisins ; de même, j'exigeais que le fusil fût toujours placé sur l'épaule dans la position normale, c'est-à-dire la crosse en avant. Je ne saurais assez m'élever contre l'habitude qu'ont prise les indigènes et que tolèrent des Européens de porter le fusil avec la crosse en arrière, sous prétexte que l'arme est ainsi mieux équilibrée. Non seulement la transpiration de la main rouille les canons, mais si, par malheur, les chiens sont armés, il suffit d'accrocher une branche, pendant la marche, pour que le coup parte. Et alors, gare à ceux qui sont devant ! N'a-t-on pas déjà assez d'ennemis en Afrique : fièvre, maladie, anémie, animaux, sans avoir encore à redouter la maladresse d'un serviteur ?

Revenons à notre lion. Il était sans doute beaucoup trop « brûlé » pour que nous eussions des chances de le cerner à nouveau ; il aurait fallu pour cela que les fusils restassent au village et que la sagaie fût la seule arme désormais permise. Mais cela n'était pas possible. Renonçant donc à l'entreprise, je laissai les indigènes se débrouiller tout seuls. Depuis cette aventure, chaque fois que j'ai eu à traquer un mangeur d'hommes, j'ai posé les conditions suivantes : pas de fusils, mais des casse-tête, des sagaies et des flèches, avec des tambours autant qu'on en voulait. J'ai déjà dit que les noirs n'attaquent jamais le lion des bois, celui qui vit d'une façon normale : quand ils le rencontrent, ils lui cèdent la place. Il est d'usage chez eux, au contraire, de détruire coûte que coûte ceux qui s'attaquent aux habitants (1). Je leur laissai ce soin et rattrapai mon expédition trois jours après.

Cette période a été particulièrement fertile en aventures avec des lions. Dans le courant d'avril, en effet, j'avais eu avec eux plusieurs des rencontres racontées au chapitre précédent; à la fin du même mois, un lion nous a blessé un homme et détruit force bagages, vêtements, ustensiles (2). C'est au commencement de mai qu'a eu lieu la jolie battue que je viens de raconter, laquelle a failli prendre les proportions d'un jeu de massacre. Enfin, dans le courant de mai, j'ai passé, certaine nuit, par une série de péripéties que je relaterai plus loin. Par contre, on reste quelquefois quatre ou cinq mois dans des régions où les lions sont nombreux sans jamais en rencontrer un, tout en battant la brousse du matin au soir et bien qu'on les entende chaque nuit : affaire de hasard.

L'expédition continue ses études et son explo-

---

(1) *Mes grandes chasses*, p. 207, 208.
(2) On trouvera le récit de cette aventure dans ma *Traversée de l'Afrique du Zambèse au Congo français*.

ration dans l'ouest du Kapotché ; cette région, presque dépourvue d'eau pendant la saison sèche, est par conséquent peu fréquentée par la faune; notre passage y est de courte durée. Nous allons ensuite dans le sud-ouest, à travers une contrée très montagneuse où le gibier est rare, et nous passons près d'Oundi, de triste mémoire, à environ cinq jours de marche du mont Mbazi (1). J'y rencontre les traces de nombreux rhinocéros et j'y campe quelques jours pour tenter la chance. En fait d'autres animaux, il n'y a guère que quelques antilopes rouannes. Ce pays est très accidenté, par conséquent très fatigant; ce ne sont que ravines, lits de rivières à pic, mamelons, collines, montagnes à contourner ou à escalader : on croirait chasser le chamois ou l'ours, plutôt que le rhinocéros. Pourtant ces animaux affectionnent ces lieux sauvages et tranquilles, et, s'ils ne s'aventurent pas sur les grandes montagnes, ils fréquentent tout au moins les collines dont le sol pierreux leur sied également, qu'il soit peu herbeux ou bien couvert d'une épaisse végétation.

Pendant plusieurs jours, nous suivons, sans le moindre résultat, des pistes de rhinocéros, faites pendant la nuit; à cause du temps couvert et de la pluie, ces animaux continuent leur marche le matin, décrivant d'interminables circonvolutions et d'incessants détours. En raison de ses mœurs vagabondes et de ses perpétuelles allées et venues, le rhinocéros a été

---

(1) *Mes grandes chasses,* p. 134, 135 et suivantes.

baptisé par les indigènes du nom de *pembéré*, qui vient du verbe *koupembèra*, tourner.

Ayant remarqué que plusieurs pistes s'achèvent à peu près régulièrement dans la direction d'une rangée d'éminences très boisées situées à deux heures au nord de notre camp, nous allons passer une nuit sur ces collines afin de nous trouver sur les lieux au petit jour : dès le matin donc, nous nous mettons en chasse. Bientôt voici des empreintes fraîches. Nous les suivons pendant une demi-heure, puis nous les quittons pour en suivre d'autres que nous voyons en chemin et qui proviennent d'une bête un peu plus grosse que la nôtre. Heureuse inspiration! car au bout d'un instant nous découvrons les fumées fraîches et *intactes* d'un rhinocéros (1); il ne peut donc être loin, l'habitude de cet animal étant de ne jamais quitter les endroits où il a déposé des excréments sans y retourner peu de temps après pour les éparpiller dans tous les sens avec sa corne. Pourquoi agit-il ainsi? Est-ce par instinct de la conservation et parce qu'il pressent que ces traces laissées derrière lui dénonceront sa présence? Je n'en sais rien; toujours est-il qu'il ne manque jamais de procéder à cette petite opération. Parfois il ne la fait pas au moment même; il se promène aux alentours, mais il revient invariablement à l'endroit où il a laissé un souvenir et ne le quitte que lorsqu'il en a pulvérisé les derniers

---

(1) Ces fumées ressemblent absolument au crottin du cheval, mais en beaucoup plus grand, comme d'ailleurs celles de l'hippopotame et de l'éléphant.

restes (1). En somme, le rhinocéros devait n'être pas loin, et je jugeai prudent de me tenir sur mes gardes. Je crois, en effet, que cet animal est le seul qui coure sur l'homme sans être provoqué. D'après certains chasseurs, il n'a « que l'air de courir sur vous », disent-ils : ce n'est pas à vous qu'il en a; il cherche simplement à se sauver dans n'importe quelle direction, sous l'impression de la frayeur causée par votre odeur. C'est jouer quelque peu sur les mots, personne n'ayant jamais analysé les sensations d'un rhinocéros au moment psychologique où il se met à charger. Quoi qu'il en soit, j'ai constaté plusieurs fois que, lorsque ce pachyderme vous a senti, il bat la brousse comme un chien d'arrêt tout autour de vous cherchant vos traces, et qu'il revient sur vous dès qu'il les a trouvées ou qu'il vous flaire. Pendant notre séjour au camp du Niarougoué, un rhinocéros nous a chargés deux fois consécutives. Quelquefois aussi l'animal s'en va sans charger, c'est également vrai, mais c'est seulement l'exception (2).

Nous aurons à revenir sur les mœurs de cet étrange animal, ainsi que sur celles des autres habitants des forêts ; mais j'en ai dit assez pour que l'on comprenne pourquoi, en voyant à terre des fumées de rhinocéros intactes, nous avons considéré la rencontre comme imminente. Bien nous prit d'être sur nos gardes, car cinq minutes ne s'étaient pas écoulées qu'un renifle-

(1) Les indigènes disent que l'animal est si méchant qu'il s'en prend même à ses fumées.
(2) C'était aussi l'opinion de sir Samuel Baker, *The Nile Tributaries of Abyssinia*, petite édition, p. 440.

ment bien connu se faisait entendre; mais impossible de savoir exactement d'où il venait. Kambombé grimpe sur un arbre pour nous éclairer. Il n'a pas plus tôt jeté ses regards autour de lui et fixé quelque chose, que sa figure prend l'expression nerveuse que je connais, et il se laisse dégringoler en hâte en disant : « Vite, vite ! par ici ! »

Le rhinocéros arrive derrière nous ! Par un hasard providentiel, il ne nous a pas encore sentis, alors que nous croyions avoir le vent dans la figure ! Hâtons-nous de changer de place et d'appuyer de sept ou huit mètres à gauche. L'endroit n'est pas trop couvert; peu d'arbres, mais une foule d'arbustes touffus, assez semblables à des lauriers-roses, sont serrés les uns contre les autres. Ils nous arrivent à la ceinture, tandis que quelques-uns d'entre eux, plus grands, nous masquent la vue çà et là; à dix mètres à la ronde, ces buissons épais forment rideau, et (c'est là une des particularités de la brousse africaine) on ne voit rien au delà.

Très favorable pour traquer une antilope, ce genre de végétation est peu commode avec un rhinocéros dont la taille est élevée, c'est vrai, mais qui porte la tête basse et dont les parties vitales sont à 0^m,80 de terre.

Les fumées se trouvent sur notre gauche dans un petit espace vide : par conséquent entre nous et leur propriétaire; mon intention est de ne pas tirer immédiatement sur celui-ci lorsqu'il va paraître : je tiens à regarder attentivement comment il va procéder, car je suppose bien que la raison pour laquelle il revient va l'occuper, et qu'il nous donnera ainsi un petit échantillon de ses mœurs. Le vent est maintenant en notre faveur. J'ajouterai que le sol est pierreux et légèrement en pente vers le côté d'où vient l'animal. Je prépare deux balles pleines dans le 303, pour le cas où j'aurais à tirer à la tête; l'express n° 1 (balles pleines) servira pour le corps. Ceci fait, nous attendons, dissimulés derrière un buisson.

Le rhinocéros ne nous a pas sentis, car sans doute il aurait chargé; le reniflement que nous avons entendu ne se renouvelle pas, mais il nous a rendu un fier service en nous prévenant : quoique la vue des fumées nous eût déjà fait présage son retour, il était bon d'en connaître le moment. L'animal met longtemps à paraître; il mange tranquillement et s'approche peu à peu. Bientôt son échine apparaît à une dizaine de mètres... On ne peut se douter de l'émotion agréable qu'éprouve le chasseur à voir ainsi un animal dangereux s'approcher sans défiance, surtout lorsque cet animal est le plus grand qui existe après l'éléphant!... Je ne vois pas la tête; pourtant, à un certain moment, elle se lève d'un air méfiant et reste immobile; puis la bête renifle, reprend son chemin et répète son reniflement d'une façon suivie : elle a senti notre passage! Mais jusqu'à présent elle n'a pas notre vent! Pourvu qu'elle ne s'enfuie pas! Pourvu qu'elle ne s'agite pas trop et que je puisse tirer à coup sûr! L'idée me vient d'aller au-devant d'elle pour hâter le dénouement; mais mes hommes me retiennent, car voici le rhinocéros qui reprend son chemin et approche. Jamais je n'ai vu l'affreuse bête aussi bien que ce jour-là : elle gratte la terre de son pied droit, et, avec deux ou trois coups de corne donnés lentement avec la régularité d'une pioche, elle met à nu des racines terreuses que sa lèvre préhensible arrache et que ses dents broient; ses oreilles remuent avec sa mâchoire, tandis que sa petite queue frappe à droite et à gauche avec l'intention, évidemment déplacée, de chasser les mouches. Sur son dos, son cou et ses flancs, une dizaine d'oiseaux insectivores, dont on entend les cris, volettent, courent et s'accrochent, semblables à des pics. Ils sont à la recherche des nombreux insectes que recèle la peau épaisse du pachyderme.

La présence de ces oiseaux est ce qui peut m'arriver de plus fâcheux; que l'un d'entre eux, en effet, s'envole ou qu'un autre arrive, et nous serons découverts : ses cris, annonçant un danger, occasionneront la fuite de ses camarades, et peut-être celle du rhinocéros. Aussi, sans plus tarder, renonçant à l'espoir de voir la façon dont il va éparpiller ses fumées, je lève lentement mon express et je tire au cœur tandis que les oiseaux s'envolent au bruit de la détonation, répercuté par les échos des vallées... Avec un long hennissement, presque un sifflement de douleur, la tête basse, faisant voler les cailloux, le rhinocéros monte au grandissime galop, droit au vent, la pente de la colline, sans que j'aie le temps de placer ma deuxième balle, gêné que je suis par les buissons; durant quelques secondes encore, nous l'entendons, hennissant et soufflant, briser dans sa course les arbustes qu'il rencontre, tandis qu'il s'éloigne et que le sol pierreux résonne sous ses sabots. Comme d'habitude, nous avons déjà pris sa piste, et je constate que, malgré tous mes soins, j'ai dû manquer le cœur, car le sang, assez abondant, est en écume : donc il vient des poumons. La nuit arrive sans que nous ayons rejoint notre blessé. Nous campons à l'endroit même où s'arrête la poursuite, près d'une mare d'eau de pluie, et nous décidons de continuer nos recherches le lendemain matin. La nuit se passe avec le confort que peuvent donner la casserole, la couverture et la poignée de riz, inséparables des longues chasses à l'éléphant, et, comme il n'y a pas de lions à craindre et qu'il est tard quand nous abandonnons la chasse, nous nous bornons à nous coucher au beau milieu de la brousse, sous un arbre, en allumant des feux que nous entretenons toute la nuit. C'est la façon la plus usitée de coucher dans ces régions lorsqu'on est en voyage; les campements à palissade ne s'établissent qu'en pays dangereux où l'on craint une surprise, si on a à redouter les fauves, ou si on doit séjourner assez pour qu'on se donne la peine de s'installer (1).

Le lendemain, l'aube nous retrouve sur la piste du rhinocéros, et ce n'est que vers neuf heures que nous découvrons son cadavre au bord d'une mare. Il a dû mourir la veille au soir, à peu près au moment où nous

---

(1) Quatre ou cinq jours au moins.

avons été forcés de nous arrêter. Ses cornes étant usées et sa taille très ordinaire, je n'étais qu'à moitié enchanté d'une conquête qui m'avait coûté tant de fatigue.

Dans la force de l'âge, les rhinocéros, portent des cornes en parfait état parce qu'elles poussent plus vite qu'elles ne s'usent; quand la vieillesse commence, la croissance de cet appendice paraît s'arrêter, et il se raccourcit alors parce qu'il s'use avec le temps. J'ai tué une fois une vieille femelle fort grande dont les cornes étaient complètement usées et ne dépassaient pas quelques centimètres. C'est un désappointement assez vif pour un chasseur quand il s'aperçoit qu'il n'aura rien à garder de sa bête.

Fort heureusement, cette déconvenue ne m'est pas souvent arrivée, et un des plus beaux spécimens que je possède dans ma collection provient précisément de la région où a eu lieu cette dernière chasse. J'ai passé là une quinzaine de jours et j'ai abattu en tout quatre rhinocéros, dont deux fort remarquables comme taille et portant des cornes de $0^m,695$ et $0^m,38$ (1), $0^m,75$ et $0^m,39$. En fait d'autre gibier, rien que deux ou trois antilopes rouannes, un sanglier et un oréotrague.

Ce pays m'a fait une impression profonde; il apparaît dans mes souvenirs comme une région de géants.

---

(1) Le rhinocéros *bicornis*, la seule variété qui se trouve en Afrique, porte, comme son nom l'indique, deux cornes sur le nez, placées l'une derrière l'autre. Le premier chiffre se rapporte à la corne de devant; le second, à celle de derrière.

UNE CHASSE DANS LE PAYS D'OUANDI.
Blessé au petit jour, le rhinocéros ne fut retrouvé qu'au coucher du soleil, à onze kilomètres plus loin.

imposante dans sa beauté et sa solitude. On ne saurait dépeindre la grandeur de certains paysages de ces contrées : figurez-vous, au pied de quelques montagnes colossales, des roches grises de toutes tailles, éparses sur un immense plan incliné; entre elles, des végétaux qui se développent à leur fantaisie, et, au milieu de cette nature sauvage, loin du reste du monde, des rhinocéros foulant ces lieux tranquilles, de leur pas lourd, comme le faisaient, il y a quelques milliers d'années, leurs ancêtres disparus !

Et, par lui-même, le rhinocéros n'est-il pas déjà presque fabuleux? Sa laideur, sa rareté toujours croissante, ses mœurs silencieuses, son insociabilité, tout contribue à faire de lui un animal mystérieux et étrange, plus digne de figurer dans la mythologie des monstres, dans les contes scandinaves ou les fables bouddhistes, que dans la réalité.

En contemplant cette nature calme, grandiose, avec ses géants biscornus, que de fois me suis-je cru transporté dans la légende ou bien dans les temps préhistoriques où l'habitant des cavernes donnait la chasse aux mastodontes pour se nourrir lui et les siens ! et je pensais que bientôt il ne sera plus donné à un chasseur, fût-il le plus riche et le plus courageux du monde, de se trouver face à face avec ces léviathans, d'inscrire leurs noms au tableau de ses hécatombes.

A la fin de notre dix-neuvième siècle, ils deviennent de plus en plus rares, ces coins de la terre où l'homme n'a pas encore manifesté sa présence et où la nature est abandonnée à elle-même. Les générations de l'avenir ne retrouveront plus qu'à l'état de fossiles les traces de ces gigantesques animaux qu'une loi inconnue fait disparaître peu à peu de la surface du globe, donnant désormais la préférence à des races plus petites et mieux appropriées au manque d'espace et à l'invasion toujours croissante de l'humanité à l'étroit.

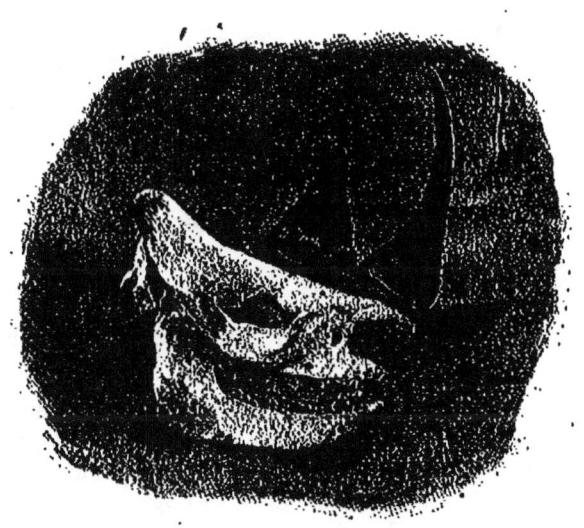

CRANE DE RHINOCÉROS BICORNIS.

LA ROCHE TROUÉE (coin de nature sauvage).

CHAPITRE VII

LES SAISONS ET LES CHASSES. — UNE ALERTE MATINALE. — DANS LES GRANDES HERBES.

Renseignements indigènes. — Absence d'éléphants dans le pays d'Oundi. — Chez Mpéséni. — Bruits nocturnes — Hyènes. — Éléphants traversant une rivière. — Proximité inquiétante. — Essai du 303. — Fureur et charge d'une femelle. — Son agonie. — Capture d'un jeune éléphant. — Le coup à la tête. — Dernière chasse fructueuse à l'éléphant en 1895. — Dans les hautes herbes. — Variétés de hautes herbes. — Mort du petit éléphant. — Difficulté d'élever des animaux en camp volant. — Changement de pays.

Quand, en arrivant dans un village, vous demandez à un indigène s'il y a de la chasse à proximité, cette question n'est jamais comprise dans le sens où vous la posez. On vous répond invariablement : « Il y a dans

les bois des kobs, des koudous, des élands, des phacochères, des guibs, des antilopes noires, etc. »
— Merci, je sais cela; mais, aux environs, près d'ici enfin, y a-t-il quelque chose (*nyama*)? — « Près d'ici, oui, il y en a, du côté de... » Et on vous indique généralement vingt kilomètres au minimum, avec un geste large.

N'essayez pas d'insister : on ne vous en dirait pas davantage. Cela tient et à l'ignorance des indigènes sur la chasse, ignorance à laquelle j'ai déjà fait allusion, et aussi à l'intention qu'ils ont de vous être agréables sans être à même de le faire. J'ai en conséquence renoncé à leur demander des informations.

Dans beaucoup de villages où nous précédait notre renommée de chasseurs, on entamait ce sujet même si nous n'y touchions pas; on pensait flatter notre amour-propre, en nous annonçant beaucoup de *nyamas* aux environs. Je commençais aussitôt, sans leur laisser le temps de finir, l'énumération sacramentelle à laquelle mes hommes se joignaient à l'unisson : « Il y a des kobs, des koudous, des élands, des phacochères, des guibs, des antilopes noires... dans les bois », et, sans faire attention à notre air narquois, on répondait presque toujours : *Indé! indé!* (oui, en effet) en se regardant comme pour dire : « Ils le savent déjà. »

Inutile donc de chercher à se renseigner à cette source. Pourtant, comme il est désirable de savoir à quoi s'en tenir, je commençais par demander s'il y avait un chasseur dans le pays; je le faisais aussitôt appeler, ainsi que ceux des villages environnants, si on m'en indiquait, et, selon leurs renseignements, ou je les emmenais avec moi comme guides, ou je les renvoyais avec un petit cadeau.

Comme guides, ils touchaient un bon payement, si leur rapport était exact; s'ils l'avaient puisé dans leur imagination, ils ne recevaient que la nourriture..... sans compter les quolibets dont les hommes de l'expédition les gratifiaient en voyant qu'on les avait dérangés pour rien.

Quand on est étranger dans une région, tous les indigènes peuvent vous servir de guide d'un point à un autre; les chasseurs seuls peuvent vous montrer les endroits fréquentés par votre gibier ou susceptibles de l'être.

Dans la région d'Oundi, nous avons été assez mal partagés, en ce qui concerne la chasse : les animaux y étaient autrefois fort nombreux partout, mais aujourd'hui, au fur et à mesure que l'on se rapproche du Zambèze, leurs traces disparaissent. Ce pays a été exploité par des milliers d'indigènes que les négociants de Tête, en quête d'ivoire, lançaient chaque année dans toutes les directions; le résultat de cette guerre à outrance a été d'éloigner pour toujours les éléphants de cette zone dangereuse; aussi, sauf quelques rhinocéros et une douzaine d'antilopes, notre voyage a-t-il été peu fructueux (1).

Je mènerai donc le lecteur à la fin de la saison des

---

(1) *Mes grandes chasses*, p. 275.

pluies, c'est-à-dire en juin, au retour de ce voyage; nous nous retrouvons dans le haut Kapotché, à quelques jours au nord de notre ancien camp du Niarougoué, sur le territoire du chef Mpéséni. Comme la saison sèche approche, les éléphants vont être moins nombreux et moins faciles à suivre; la chasse va également changer tout à fait de caractère.

Les saisons, dans ces régions, c'est-à-dire au sud de l'équateur, se divisent, pour le chasseur, en trois périodes bien distinctes :

Décembre, janvier, février et mars : pluies et hautes herbes. Perdus dans l'épaisseur de la végétation, les animaux sont invisibles. L'eau est abondante : partout des ruisseaux, des rivières, des mares d'eau de pluie, des marécages. Les antilopes se voient très rarement; les gros animaux ne voyagent guère, les éléphants s'attardent dans les régions marécageuses. C'est le moment de poursuivre l'éléphant, le rhinocéros et le buffle, de préférence aux autres hôtes des bois.

Avril, mai, juin et juillet : petites pluies et hautes herbes plus ou moins desséchées. Impossible de marcher dans la brousse sans y faire du bruit par le froissement contre les végétaux. En dépit de toutes les précautions, on dénonce sa présence; de plus, ne se doutant pas de la position des animaux, on s'expose à se faire sentir. Les éléphants commencent à voyager; les rhinocéros rentrent dès l'aube sous couvert, les antilopes sont invisibles. C'est la période de chasse la plus désagréable et la moins fructueuse; les mares d'eau de pluie ont disparu, ainsi que les marécages; les rivières commencent à diminuer.

Août, septembre, octobre et novembre : sécheresse. Le feu nettoie la plus grande partie du pays, brûle les herbes, ne laissant subsister partout que les arbres, les arbustes et les buissons, entourés d'un tapis de cendre qui se change en novembre en un tapis vert (1). Les animaux se voient bien; les grosses bêtes recherchent les endroits boisés, impénétrables à la lumière, que le feu a épargnés; les antilopes se groupent dans les districts où se trouvent les abreuvoirs. L'eau se fait de plus en plus rare, surtout vers la fin de novembre, et l'on chasse à l'affût avec succès. Pendant la journée, l'absence de feuilles et d'ombre rend la chaleur accablante. C'est l'époque où l'on poursuit l'antilope.

Ayant donc fait pendant les pluies la chasse à l'éléphant et au rhinocéros, je me préparais, pendant la saison sèche, à collectionner de préférence des antilopes et de petits animaux pour le Muséum. Selon le moment choisi pour telle ou telle chasse, on peut, comme on voit, réussir ou échouer totalement. On peut dire que pendant la saison sèche la chasse à l'éléphant n'est qu'accidentelle. Elle est excessivement pénible : l'animal ne voyage que la nuit et le matin de bonne heure. C'est pendant les heures chaudes, c'est-à-dire quand il se repose, qu'il faut accomplir le même chemin pour le rattraper. On verra

---

(1) *Mes grandes chasses*, p. 122, 202, 237, 241.

que nous avons eu quelques occasions de ce genre, mais je n'anticipe pas et je reviens chez Mpéséni, à la fin de la saison des pluies, au moment où le pays est couvert d'herbe, non plus verte, mais mi-sèche et bruissante, et où je n'ai pas grand espoir de réussite en fait de pachydermes.

Après un échange de cadeaux et de compliments avec Samba Mropa, un des ministres du roi Mpéséni, dont la résidence est voisine, je campe sur les bords d'une petite rivière, le Ntsatso, qui se jette dans la Louyia. Une période de la plus noire bredouille commence notre séjour dans cette région; mes hommes me mangent toutes mes sardines, car je suis bien obligé de leur donner quelque chose pour remplacer la viande absente; je ferai grâce au lecteur de ces quelques jours de mauvaise chance (1). Mauvaise chance inexplicable, car la région est déserte et tranquille; à la vérité, la saison des *foulas* et des *matondos* est passée, mais il reste le *migbalamgboua* ou palmier éventail (*hyphœnæ*), chargé de fruits que l'éléphant aime beaucoup. En tout et pour tout, nous prenons au lacet quelques pintades, ce qui aide à faire bouillir

(1) A la suite de la publication des *Grandes Chasses*, quelques amis m'ont reproché de n'avoir mentionné que mes succès, en passant sous silence les échecs et les déconvenues que j'ai forcément dû éprouver. Je dois avouer que je l'ai fait à dessein, car c'eût été trop long d'énumérer toutes les bonnes occasions que... j'ai manquées. A ce sujet, on peut établir la règle suivante : vu les difficultés multiples du métier, un bon chasseur, si soigneux, si adroit qu'il soit, si bien secondé qu'il puisse être, doit compter un animal de perdu sur deux poursuivis; je prends là le minimum, car combien blessent ou manquent trois ou quatre animaux avant d'en abattre un! Ce serait donc une fameuse besogne de décrire toutes les chasses, les marches ou les contremarches qui ont abouti à une « veste » !

la marmite, et nous pêchons quelque peu dans la Louyia qui se trouve à 400 mètres à peine de notre campement.

Un matin, il peut être trois heures et demie, et il fait un clair de lune resplendissant, quand, dans la direction de cette rivière, retentissent des barrits d'éléphants répétés. Quand ils prennent leurs ébats au bord de l'eau et qu'ils se croient en sécurité, ces pachydermes expriment leur joie par des cris que l'on ne peut mieux comparer qu'à des coups de trompette de cavalerie. Réveillés en sursaut, nous nous équipons à la hâte, et nous nous rendons à travers les hautes herbes du côté d'où les cris semblent venir; malheureusement, arrivés au bord de la Louyia, nous nous apercevons que les éléphants sont du côté opposé; on ne peut les voir à cause de la végétation et de l'escarpement du bord, mais on les entend distinctement. La rivière est là très profonde; sa largeur dépasse cent mètres; que faire? — Se jeter à la nage, allez-vous me dire. — Impossible. D'abord, nous avons des fusils auxquels l'eau ne convient pas, et puis les rivières africaines sont toutes fréquentées par ces animaux voraces, silencieux, à l'aspect peu engageant, qu'on nomme des crocodiles. Il est même sage de ne pas s'arrêter sur la rive sablonneuse en contemplant le firmament, car on pourrait être tiré de sa rêverie d'une façon fort désagréable. Aussi, sans nous attarder dans cet endroit, remontons-nous et avisons-nous au moyen de traverser. Il n'y a pas de pirogue, mais il existe, à quelque distance en amont, un gué par lequel nous avons passé, la veille ou l'avant-veille, à la recherche de gibier. Nous y courons sans tarder, comme bien vous pensez, et au point du jour nous voici à l'endroit où se trouvaient les éléphants. Un fracas, un crépitement de branches brisées nous apprennent qu'ils sont encore dans le voisinage, mais plus bas, en aval. Ils remuent bruyamment dans les roseaux qui bordent la rivière; le vent remontant la vallée, nous nous tenons toujours en amont des éléphants et nous les suivons pendant un instant; mais ils gagnent sur nous, car une grande mare nous force à faire un détour, et, au moment où nous arrivons sur la berge, nous les apercevons qui sont au beau milieu de la rivière en train de la traverser à plus de 150 mètres de notre position! Il ne servirait à rien de tirer; d'ailleurs, à un certain moment, les éléphants s'enfoncent complètement dans l'eau et marchent sur le fond, ne laissant dehors que leur trompe.

Spectacle excessivement curieux, celui que nous offrent ces trompes, à la queue leu leu, semblables à de gros serpents dont les têtes seules émergeraient, toutes tournées du même côté. Les énormes animaux marchent ainsi lentement en laissant un sillage dans le courant. Au bout de quelques minutes, le fond se relevant, ils remontent et, gravissant la rive, reparaissent l'un après l'autre, noirs et ruisselants. J'en compte sept, dont deux mâles âgés et un jeune; celui-ci ne s'est lancé dans la rivière que lorsque les autres ont atterri, et sa mère l'a soutenu avec sa trompe pendant qu'il nageait devant elle.

Nous restons où nous sommes, attendant de voir quelle direction vont prendre les éléphants; s'ils remontent, nous les aurons perdus, car dans dix minutes ils auront flairé le campement; s'ils descendent, il nous restera la ressource de les suivre jusqu'à ce que nous ayons trouvé un gué. Mais, loin de se presser, ils semblent prendre plaisir à s'attarder dans les roseaux humides, à cette heure matinale.

Avisant alors un endroit un peu resserré en aval, où les énormes pierres qui encombrent le lit de la rivière sont un peu plus rapprochées, nous livrant à une gymnastique assez pénible pour sauter de l'une à l'autre et prenant un bain partiel, nous arrivons à traverser nous-mêmes et rejoignons au grand trot la piste de nos éléphants. Nous nous sommes tellement pressés que nous nous trouvons dans les roseaux au beau milieu d'eux, sans toutefois les voir. Ces roseaux, hauts de trois mètres environ, sont pourvus de feuilles pointues qui déchirent la peau, et nous avons grand'-peine à nous y frayer un passage; tout autour de nous ce ne sont que lianes ou roseaux desséchés, enchevêtrés, où pendent les délicieux *tchitédzés* ou haricots-orties (*mucuna pruriens*), que l'on ne peut frôler sans s'en souvenir. Impossible d'y voir à trois pas devant soi; le bruit fait par les éléphants indique bien qu'ils sont tout près, mais je ne soupçonnais guère qu'ils m'entouraient quand tout à coup, derrière moi, à droite, presque à portée de la main, un énorme serpent gris vient se rouler autour des roseaux, les arrache et les emporte avec leurs racines pleines de sable et de terre... Je distingue en même temps la tête d'un éléphant tranquillement occupé à déjeuner!... Jamais je n'en avais vu en vie d'aussi près et si distinctement..... J'aperçois son œil brun, les poils de sa lèvre inférieure et ses défenses qui étaient blanches, polies et fort respectables. « C'est le mâle, me dit Tambarika à l'oreille, dépêchons-nous ! il va nous sentir ! »... Je pense de mon côté, au même instant, qu'il n'y a pas à hésiter : il faut tirer à la tête ; d'ailleurs, si je recule d'un pas, je ne le vois plus. En une demi-seconde, pendant que l'éléphant engloutit, comme une fournée de macaroni, la brassée de roseaux qu'il vient d'arracher, je substitue deux balles *solid* aux « hollow » qui étaient dans mon 303, et, ayant armé le calibre 8, je le fais tenir à portée de la main... Au moment d'épauler, je dis aux hommes : « Après le coup, par où file-t-on ? — Par ici, répondent-ils en montrant la Louyia, et puis à droite ! — Très bien ! »... Voici l'œil... voici l'ouverture de l'oreille... c'est bien là, au milieu... feu !!!.....

Un coup de trompette sur la gauche et la pétarade des roseaux brisés nous annoncent une charge, pendant qu'à toutes jambes nous gagnons le bord de la rivière où le terrain est plus découvert... A peine y sommes-nous arrivés et avons-nous tourné à droite qu'un éléphant paraît sur nos talons ; entraîné par son élan, il saute dans l'eau, où il patauge en continuant à pousser des cris, les oreilles droites, la trompe roulée. Il cherche notre vent que notre brusque crochet à droite lui a fait perdre. Nous nous sommes instinctivement jetés dans les roseaux dès qu'il s'est avancé dans la rivière afin de n'être pas découverts. Mais nous ne sommes qu'imparfaitement dissimulés..... Nous voyons alors que c'est la femelle qui nous a chargés, sans doute pour protéger son petit qu'elle croyait en danger. Elle est à une proximité effrayante, et elle nous verra si nous bougeons!... Elle va, elle vient... elle regarde... oh! elle va nous voir!..... Danger pour danger, mieux vaut tirer dessus. Comme j'ai encore mon calibre 8 à la main (je l'ai pris aussitôt après avoir fait feu), je lui envoie une balle qui manque le cœur, la blesse à l'épaule et augmente sa rage; elle se tourne franchement de notre côté et fait face à la fumée..... Cette fois, elle nous voit... Si elle charge, impossible de fuir dans les roseaux enchevêtrés... « Feu encore, mille tonnerres! »... Et ma balle, passant sous sa trompe roulée, lui entre en pleine poitrine, à la base du cou..... Elle se détourne, étourdie....... je vois qu'elle est touchée à mort... Jamais je n'ai pu contempler de si près dans tous ses détails l'agonie d'un éléphant. Pauvre bête!... elle est à huit mètres de nous, en plein soleil, sur le bord de l'eau qui se teinte de rouge, et nous regardons, silencieux, pendant que la vie quitte cette énorme enveloppe : son flanc est haletant, le sang coule de sa poitrine et de son épaule; sa bouche s'ouvre et se ferme, sa lèvre clapote, des larmes coulent de ses yeux, ses membres tremblent; la trompe pendante, la tête basse, elle se balance à droite, à gauche, puis s'abat lourdement sur le côté, ébranlant le sol et éclaboussant de tous côtés... C'est fini!...

Un spectacle pareil est suffisant pour donner des remords au chasseur le plus endurci. Il me semble que j'ai commis là une mauvaise action. Je me suis souvent dit, en voyant souffrir ces admirables animaux, que je devrais pendre pour toujours mon fusil au râtelier!...

Mais cette fois, tout au moins, c'est la bête qui nous a provoqués; si je n'avais eu qu'un fusil à un canon, nous étions certainement perdus; je n'avais pas le temps d'en changer; le moindre mouvement eût trahi notre position. Aussitôt le premier coup parti, ne s'était-elle pas disposée à charger sur la fumée? Mes deux balles se sont heureusement suivies à deux ou trois secondes d'intervalle; sans cela, l'animal eût été sur nous en deux enjambées, et il eût foulé un d'entre nous aux pieds pendant que les autres se seraient jetés dans les roseaux.

Je ne sais vraiment ce qui est le plus terrible dans de pareils moments : fuir, au risque d'appeler sur vous la fureur de l'animal qui vous cherche, ou bien rester coi, avec de fortes chances d'être découvert et de ne pas échapper au sort qui vous attend.

Il faut toujours se méfier, dans un troupeau d'éléphants, des femelles qui nourrissent, surtout des femelles sans défenses (1), car elles chargent presque toujours, quelquefois sans autre provocation qu'un cri ou la détonation d'un fusil. J'y avais bien pensé un instant au moment où nous étions entrés dans les

---

(1) *Mes grandes chasses*, p. 290.

La femelle, poussant des cris de fureur, se tourna vers nous et roula sa trompe...
Il n'y avait pas une minute à perdre...

roseaux, mais la vue soudaine de notre vieux mâle m'avait surpris, et, en grand danger d'être senti, forcé d'agir immédiatement, j'avais oublié qu'il y avait peut-être la femelle à quelques pas de nous ; c'était le cas, puisqu'elle était entrée la dernière dans le fourré.

Dès que la femelle est tombée, nous pensons à aller voir le résultat de mon premier coup ou plutôt de mes deux premiers coups, car je les ai tirés tous deux sur la tête du mâle ; mais l'idée nous vient aussitôt que, quoique les éléphants se soient enfuis depuis longtemps, le petit ne voudra peut-être pas quitter sa mère : il va donc revenir ; nous devons aviser avant tout au moyen de nous en emparer. Les palmiers à éventail ne sont pas loin, leurs feuilles vont fournir une corde de première qualité ; j'envoie donc tous les hommes en couper, en recommandant de passer par le bord de l'eau afin de ne pas déranger le jeune éléphant, s'il est dans les roseaux. A peine mes gens sont-ils partis que j'entends un animal qui marche et brise les roseaux derrière moi, puis sur ma gauche : c'est lui ! Il arrive sur la rive et s'arrête devant le corps de sa mère.

Son apparence est assez étrange ; sa peau paraît beaucoup trop grande pour lui : elle fait des plis partout ; on dirait qu'il a endossé l'habit de son frère aîné et son pantalon trop large. Ses oreilles paraissent, je ne sais pourquoi, plus grandes que de raison, et sa petite trompe ne s'arrête pas un instant, faisant mille contorsions ; sur les côtés de sa bouche deux pointes blanches, grosses comme le doigt, indiquent les futures défenses; ses yeux sont clairs. Il y a un je ne sais quoi de comique, de gai, de vraiment espiègle dans l'expression de sa physionomie. Sa taille, que j'ai mesurée plus tard, est de 1^m,18.

Sans comprendre pourquoi sa mère est ainsi couchée sur le sable, il vient à côté d'elle, entre dans l'eau, en ressort et se livre à des gamineries, comme de lancer de tous côtés de l'eau, du sable mouillé et des graviers. Deux ou trois crocodiles, attirés par le sang, apparaissent près de la rive. Pourvu que le jeune étourdi ne s'aventure pas de nouveau dans l'eau et qu'il ne soit pas victime de quelque mauvais tour! Si je me montrais? Mais comment prendrait-il ma présence? S'il veut fuir, je ne sais vraiment comment l'en empêcher. Sur ces entrefaites, mes hommes reparaissent enfin, et, après s'être arrêtés un instant pour contempler à distance les ébats de l'orphelin, ils se mettent à faire une corde, cachés par une broussaille. Il faut en finir. J'imite le cri de l'épervier, signal d'appel convenu entre nous, et un d'eux arrive en rasant les roseaux; le jeune éléphant l'a parfaitement regardé; mais, ne pouvant le sentir, il n'a pas l'air de se soucier autrement de sa présence. Voyant cela, au lieu de continuer à me dissimuler, je sors de ma cachette et je me promène sur le sable en restant sous le vent; je m'assieds même afin de ne pas l'effrayer par mes mouvements, et, à un certain moment, il me regarde, lève la trompe, comme pour prendre le vent et s'approche de quelques pas, les oreilles ouvertes; puis, changeant d'idée, il me tourne le dos et continue à s'amuser.

La corde finit par arriver, et les essais de capture commencent. Tout jeune qu'il est, le tendre nourrisson nous culbute sans peine avec sa tête; quant à ses pieds, ils ne sont pas plus légers que ceux d'un cheval, et il faut les éviter avec soin. Mais je crois qu'au fond il veut s'amuser plutôt que s'enfuir, et qu'il y met de la bonne grâce; nous finissons par lui passer au cou et autour des pieds de devant un lien solide avec lequel nous l'amarrons à un arbre. J'envoie aussitôt au camp chercher du lait concentré, ainsi que du personnel de renfort.

Qu'est-il advenu, cependant, du premier éléphant? Retournant dans le fourré, nous nous avançons avec précaution vers l'endroit où ont commencé les hostilités. Au milieu des roseaux couchés, ma victime gît étendue sur le côté droit, ayant à la tempe deux minuscules trous bien nettement découpés comme par un emporte-pièce : deux petits filets de sang en découlent. Elle est énorme, et ses défenses sont très belles (24 kilos environ chacune).

Je n'ai pas eu souvent pareille occasion de tirer à la tête avec succès. Combien de fois n'ai-je pas tenté ce coup par la suite sans autre résultat que de faire saigner l'animal ou de l'exaspérer encore davantage! Il y a une étude assez intéressante à faire sur la question du coup à la tête, et je me promets d'y revenir dans un des chapitres suivants.

Cette chasse à l'éléphant a été la dernière de la

saison des pluies de l'année 1895 : la dernière qui ait réussi, s'entend. A quelques jours de là, en effet, nous devions nous retrouver presque nez à.... trompe avec les éléphants, dans des circonstances que je vais relater brièvement.

Assez tard dans la matinée, à deux ou trois bonnes lieues en amont du camp, nous prenons une piste et nous ne rejoignons notre gibier que vers quatre heures de l'après-midi, après avoir fait derrière lui une étape forcée de 35 kilomètres. Le pays où nous a conduits le hasard de la poursuite diffère de celui où nous avons campé; c'est une succession d'immenses plaines couvertes comme toujours de hautes herbes et où on arrive par une pente insensible; sur leur lisière, voici des fumées que les hommes tâtent du pied : elles sont encore chaudes... attention! les éléphants ne peuvent être loin... Nous sommes dans des herbes hautes de plus de huit pieds où les éléphants (ils sont 10 ou 12) ont tracé des sentiers parallèles. Impossible de voir : nous marchons dans ces herbes absolument comme des aveugles. Le vent est mauvais, en ce sens qu'il vient par le côté. A un certain moment, nous entendons, d'abord vaguement, puis très clairement et à proximité, un grondement puissant, puis un autre, ressemblant assez au bruit que fait une chaudière qui commence à entrer en pression. Les indigènes croient que c'est le ventre des éléphants qui fait ce bruit; je n'en sais rien, je me borne à constater ce que j'entends. Ce grondement est intermittent, c'est comme un ronflement puissant. Est-ce le langage qu'emploient les éléphants pour communiquer entre eux ? Je ne puis le dire, mais c'est tout près de l'animal seulement qu'on l'entend. Donc, nous nous trouvons littéralement entre leurs jambes. Je monte sur les épaules de Rodzani, et à peine ai-je les yeux au niveau des herbes que je m'écrie : « Filons ! sapristi ! nous sommes trop près ! Ils nous ont sentis ! »... En effet, il y a des éléphants en mouvement de tous côtés, à quelques mètres de nous ; je n'ai vu que leurs échines au ras des herbes, rien de plus, mais j'ai compris que l'alarme était donnée. Nous nous retirons juste à temps pour n'être pas foulés aux pieds par le troupeau qui fuit... A notre insu, nous avions des éléphants sur notre droite, et ceux-ci nous ont sentis, au moment même où je sortais la tête.

Voilà donc un troupeau de douze colosses dans les herbes avec nous, à côté de nous, et nous n'en avons même pas vû un, sauf les quelques échines que j'ai aperçues ! Allez donc nier que la nature protège les animaux de toutes les tailles ! Dans la brousse de la forêt africaine, l'éléphant est aussi bien caché que la souris dans notre gazon. Que de fois me suis-je trouvé à cinq mètres d'un de ces pachydermes, en forêt épaisse, sans le voir, tant il se confondait avec les troncs, les lianes, le feuillage et les alentours, grâce à sa couleur et à cause de son immobilité !

Autre chose encore a dû contribuer à éveiller les soupçons des éléphants : nous nous trouvions dans des herbes qui, à partir du mois de mai, sont excessivement bruissantes : on ne peut y marcher sans trahir sa présence. Nous étions très près des éléphants ; ceux-ci devaient être à l'arrêt, et leur oreille, si imparfaite soit-elle, a dû percevoir le froissement des tiges sèches. Les indigènes appellent ces herbes *tchigonankondo,* c'est-à-dire « où dorment les guerriers », quand ils ont peur d'être surpris par l'ennemi.

Ne croyez pas que l'expression « plaine herbeuse » désigne des étendues plates, couvertes d'une seule espèce d'herbes : vous feriez injure à la richesse de ces contrées. La qualité des herbes est très variée, et les chasseurs sont bien obligés de connaître ces diverses sortes, car elles ont toutes des particularités plus ou moins gênantes. Ainsi le *nsandjé*, tout comme le *tchigonankondo,* fait un bruit qui s'entend fort loin ; mais c'est une herbe moins longue et qui dépasse rarement la taille ; c'est dans le nsandjé que la date d'une piste d'éléphant est le plus difficile à fixer. Le *nioumbo*, avec lequel on fait le chaume des toitures (1), est très haut, mais peu bruissant ; le *kadiambidzi* (2), à la tige longue et fine, pousse par petits bouquets hauts de deux pieds, qui laissent entre eux des intervalles où se voit la terre ; la *tsékéra* ou *tchipéta*, énorme paille, grosse comme un porte-plume, haute de huit pieds, croît dans les lieux humides. Elle est tout à fait réfractaire au feu. La *sont'é*, courte, large, coupante et souple, est fort appréciée par les buffles. Le *rouba*, petite herbe rare et rougeâtre, vient dans les

---

(1) De là le nom indigène des cases : *nioumba*, chaumière.
(2) « Que mangent les zèbres. »

forêts sablonneuses. Le *nsidzi* laisse adhérents à la peau ou aux vêtements une multitude de petits dards barbus qu'il faut arracher un par un et qui piquent comme des aiguilles. Le *lincotchè* est recherché des pintades. Que d'autres encore que la pratique finit par faire connaître à l'homme des bois!

Revenons à notre petit éléphant.

Au bout de quatre ou cinq jours passés au camp, il était complètement apprivoisé; seulement il lui fallait en moyenne huit boîtes de lait concentré par jour, et ma provision ne tarda pas à être épuisée; j'en envoyai chercher d'autres au quartier général. En attendant leur arrivée, c'est-à-dire pendant une dizaine de jours, j'essayai de faire acheter une ou deux vaches chez Mpéséni. Je ne les eus que trop tard. Après avoir essayé de la pâtée, qui ne lui réussit pas, puis des herbes hachées, qui lui convinrent encore moins, je lui donnai du Liebig, du biscuit, de la farine, que sais-je? tout ce que je pouvais lui faire avaler; mais il lui manquait le lait de sa mère, et il dépérissait à vue d'œil. Il avait déjà une inflammation d'intestins au moment même de la capture, et tous mes soins ne valaient pas, pour le guérir, les précautions de l'instinct maternel. A mon très grand regret, il mourut une nuit, après avoir vécu avec nous une douzaine de jours. Il commençait déjà à comprendre fort bien lorsque les hommes l'appelaient *ndjovo* (éléphant).

Combien de fois, Bertrand et moi, n'avons-nous pas donné tous nos soins, toute notre attention, à élever des animaux? Jamais nous n'avons réussi : sauf les singes, tous sont morts : j'ai eu ainsi des zèbres des bubales, des reedbucks, des blue-bucks, des lions, des civettes, des chats sauvages, etc. Inutile! il arrive toujours quelque chose qui leur est fatal, parce qu'on ne peut pas les soigner comme ils devraient l'être : il faut leur éviter la marche, la fatigue, les transports, et, en expédition, on ne saurait prendre tant de précautions......

Dès que le beltong fut sec, le camp de la Louyia fut abandonné. Il fallait chercher, jusqu'à la saison des feux, un pays moins touffu. Je décidai de me rendre au nord du Makanga, dans des bois de *mitsagnas* (*mopanés*), où l'herbe est courte (c'est le rouba dont j'ai parlé plus haut) et où le gibier se tient volontiers le matin et le soir. Cette excursion avait pour but de me permettre de récolter, pour le Muséum, certains rongeurs qu'on ne trouve que dans ce genre de forêts, et de nous aider à attendre la saison sèche.

BERTRAND ET LE JEUNE « NDJOVO ».

CHIENS INDIGÈNES.

CHAPITRE VIII

CHIENS INDIGÈNES A LA CHASSE AU LION. — LE LOUP AFRICAIN. — LES CHIENS D'EUROPE. — CHACALS ET HYÈNES.

Essais de dressage de chiens du pays. — Services qu'ils ont rendus dans l'Afrique australe. — Inutilité du cheval dans ces régions. — Effet d'un lion blessé sur ma meute. — Fin de la meute. — Le loup africain est l'ennemi du lion. — Ruse du loup avec les crocodiles. — Sa façon de chasser. — Inutilité du chien d'Europe. — Chacals et hyènes.

Vers le milieu de 1895, je me préoccupais déjà de chercher dans le pays des chiens assez intelligents et courageux pour me servir d'auxiliaires. Dans ce but, j'avais offert, pour les chiens dits de chasse, des prix fantastiques afin d'engager les indigènes à m'amener ceux d'entre ces animaux qui montreraient les dispositions requises. De tout temps, les indigènes de Makanga, de Magandja et autres contrées de cette région ont utilisé le chien pour chasser l'agouti : quelques-uns, même, le phacochère ou sanglier africain.

L'agouti, qui est de la taille d'un lapin, habite les étendues herbeuses; au moment des premiers feux, on se sert de chiens pour le déloger et on le crible de flèches. Les agoutis étant fort nombreux, ce sport est très aimé des indigènes qui, d'ailleurs, sont avec raison très friands de la chair du *tchensi*, comme ils appellent cet animal.

Le chien indigène est petit; il a les oreilles droites et le museau pointu du type kabyle; il poursuit l'agouti avec plaisir, mais c'est pour lui un amusement plutôt qu'un travail. La chasse au phacochère consiste, au contraire, à le forcer à la course et à se cramponner à ses oreilles : bien rares, les chiens qui en sont capables. Bien rares aussi ceux qui savent dépister à peu près les antilopes. C'est pour ces deux dernières catégories que j'avais offert la forte somme. On m'en amena plusieurs que je n'achetai qu'après essai, bien entendu, et, à l'époque où commence ce chapitre, je me trouvais à la tête d'une meute de quatre chiens qui étaient incontestablement ce qu'il y avait de mieux dans le pays.

Ils étaient loin de réaliser les qualités de ceux qu'on trouve dans l'Afrique australe, mais je comptais, à force de patience, arriver à leur faire rendre quelques services; ils étaient excellents pour suivre une piste d'antilope, surtout si la bête était blessée, mais nous n'avions pas besoin d'eux pour cela. D'autre part, ils faisaient du bruit, reniflaient et annonçaient notre approche; mes hommes et moi, nous suivions la piste tout aussi vite qu'eux, et sans tous ces inconvénients! Ce que je voulais arriver à leur faire faire était de battre la brousse sans bruit et de nous signaler la présence des animaux dangereux; s'ils n'étaient pas capables de les découvrir, j'espérais, du moins, qu'ils nous aideraient à les retrouver une fois blessés. J'employai beaucoup de temps et de patience à les dresser, en attendant que l'occasion se présentât de leur faire connaître le gibier que je les destinais à chasser de préférence.

Cinq chasseurs et quatre chiens constituent un équipage de chasse convenable. Hélas! on va voir que j'étais loin d'avoir réalisé mon rêve : mes chiens n'étaient bons que pour orner le camp, ils ne pouvaient marcher deux heures sans tirer des langues extra-longues, et il fallait emporter de l'eau exprès pour les réconforter en route. Si, du moins, ils m'avaient rendu des services! Mais, hélas! quelle triste conduite a eue ma meute et quelle fin misérable, bien méritée d'ailleurs! J'aurai à y revenir plus tard, plusieurs mois s'étant passés avant que j'aie pu me convaincre de l'inutilité de mes peines, avant de me démontrer que le chien de l'Afrique centrale ne ressemble en rien à son congénère du Sud.

De celui-ci, Gordon Cumming, Selous, Kirby et tant d'autres, ont obtenu des services inestimables dans l'Afrique australe; Cumming l'aurait employé même pour la chasse à l'éléphant; Selous lui doit bon nombre de lions ; Kirby prétend n'avoir pas abattu un léopard sans l'aide de sa meute. De plus, ces chasseurs étaient toujours à cheval dans ces pays de plaines, ce qui réduisait considérablement pour eux les distances et les fatigues. Quant à moi, je ne pouvais avoir de cheval pour diverses raisons : à cause du caractère accidenté du sol : qui est semé de fossés, de crevasses, de trous d'hyènes, de terriers de fourmiliers, de tanières de phacochères ; puis l'épaisseur de la végétation eût empêché une allure vive, et aussi les branches basses, les racines à fleur de terre, etc.; enfin l'abondance de la mouche tsétsé (1). Pour ne pas exposer inutilement les chiens à la piqûre de ce terrible insecte, j'évitais de les emmener avec moi dans les endroits infestés, mais j'aurais voulu tout au moins pouvoir compter sur leur concours le cas échéant, pour les recherches importantes et périlleuses ; je les aurais alors envoyé prendre au camp.

J'étais en possession de mes chiens depuis près de trois mois, et je fondais sur eux de grosses espérances, lorsque le moment de la grande sécheresse commença.

Dès que l'eau se fait très rare, j'en profite, pour chasser à l'affût, de préférence la nuit : je l'ai dit plus haut en parlant des saisons. Muni de mon projecteur électrique, je me place sur le bord d'une mare et j'attends, adossé à un arbre, sous le vent, si possible, et

---

(1) *Mes grandes chasses,* p. 29, 30, 31, etc.

un peu plus haut que le niveau de l'eau. Une nuit, — c'était bien, je crois, la dixième que je passais ainsi, — deux lions vinrent boire ; le projecteur ayant mal fonctionné, je ne pus tirer convenablement, et, au risque de nous mettre, mes hommes et moi, dans la plus périlleuse des positions, je ne réussis qu'à les blesser tous deux. Au matin, le premier fut trouvé mort à une cinquantaine de mètres de là ; le second était parti ayant perdu beaucoup de sang. J'envoyai immédiatement au camp chercher les chiens pour le poursuivre, me frottant les mains comme un homme qui est sûr du succès.

Aussitôt la meute arrivée, j'ordonnai de garder les chiens en laisse et de les mettre sur la piste. Bien m'en prit de ne pas les avoir lâchés, car ils n'eurent pas plus tôt senti le sang que, se rendant compte du genre de gibier avec lequel on voulait les mettre aux prises, ils fourrèrent leurs queues entre leurs jambes avec un ensemble parfait, et se réfugièrent immédiatement derrière ceux qui les tenaient en laisse. Exhortations, caresses, rien n'y fit ; plus on leur faisait sentir la piste, plus ils donnaient de signes de frayeur : ils se seraient laissé traîner par le cou plutôt que d'avancer d'un pas. Après tant de patience, la colère me prit : je les aurais volontiers assommés l'un après l'autre ; on les conduisit alors près du lion mort, et, affolés par la terreur, ils se mirent à aboyer, à se rouler, ignobles de peur, faisant des bonds pour s'enfuir.

Quelques jours après, l'odeur d'un léopard blessé,

sur la piste duquel on les mena, produisit sur eux le même effet. La nuit, si les lions ou d'autres fauves venaient autour du camp, loin d'aboyer, ils se réfugiaient, affolés, dans une tente ou entre deux hommes; ils n'étaient donc même pas bons à faire la garde, et il fallut renoncer à leurs services.

Quant à notre blessé, jamais nous n'avons pu le retrouver, à notre grand regret, malgré une poursuite remplie de danger, dans de la végétation épaisse et sombre; pourtant, à en juger par le sang répandu, il serait étrange qu'il ait survécu à sa blessure! Perdre une antilope, c'est fâcheux, mais on la remplace, tandis que perdre un lion, c'est un malheur irréparable pour un chasseur.

Dès lors qu'ils étaient reconnus inutiles, les chiens devenaient des bouches superflues au camp, et je décidai de m'en débarrasser. Deux d'entre eux m'en évitèrent la peine : l'un fut happé par un crocodile un matin qu'il buvait imprudemment au bord du Revougoué, et il disparut pour toujours avec un cri perçant; l'autre succomba aux piqûres de tsétsés; les deux survivants allèrent faire le bonheur des indigènes d'un village, en attendant qu'un léopard nocturne leur fît une fin, — pour satisfaire la sienne!... — comme cela arrive à la majorité des chiens dans certaines régions montagneuses. De là, peut-être, leur instinctive répulsion contre les grands carnassiers.

Si le chien de ces pays est impropre à poursuivre les animaux dangereux, quels merveilleux chasseurs, en revanche, sont les loups africains, ses frères aînés!

Quelle hardiesse ! quelle persévérance ! quelle ténacité ! Rien n'est plus intéressant que de les voir chasser à courre, sans trompes ni habits rouges, ni piqueurs, pour leur propre compte à leurs risques et périls (1).

Lors de mon premier séjour dans ces régions, j'ai eu fréquemment l'occasion de les voir à l'œuvre ; au cours du dernier, je n'ai assisté qu'à un petit nombre de leurs chasses ; mais, ayant été quelquefois dans le même district qu'eux, j'ai appris sur leur compte quelques nouveaux détails curieux que j'ajouterai aux renseignements que j'ai déjà donnés sur ces animaux et au portrait très ressemblant que le crayon de M. Malher a fait d'eux dans *Mes grandes chasses*.

L'expérience m'a démontré qu'ils s'attaquent non seulement à tous les animaux de moyenne taille, mais encore au lion lui-même (2) : ils lui livrent des combats acharnés où il finit par succomber sous le nombre, non sans en avoir décousu quelques-uns ; mais les survivants le déchirent bientôt à leur tour. Aussi le grand carnassier a-t-il une terreur salutaire des loups (3).

La petite aventure que voici va le montrer :

Un soir, au crépuscule, à la suite d'une chasse à l'éléphant à laquelle nous avions renoncé, nous nous trouvions, mes hommes et moi, dans une région inconnue et inhabitée : la faune, par contre, y était abondante. Près de la mare d'eau où nous avions

---

(1) *Mes grandes chasses*, p. 166, 167, 200.
(2) Il n'y a donc que le buffle, le rhinocéros et l'éléphant qui n'aient pas à le redouter.
(3) Je crois même que le loup est le seul ennemi du lion.

décidé de camper, se voyaient force traces de lions. Je me sentais trop las pour essayer d'un affût : j'aurais certainement succombé au sommeil en dépit de tous les lions de la terre. Aussi avions-nous fait en quelques instants, avec la hache, un petit retranchement dans lequel nous nous apprêtâmes à passer la nuit ; c'était, en plus petit, car nous n'étions que huit, celui que j'ai déjà décrit : une palissade avec sa porte rustique.

Pendant qu'ils coupaient des branches et des arbres, mes hommes avaient aperçu, à cinquante mètres du camp, un nid d'abeilles. Comme ces insectes sont beaucoup moins entreprenants la nuit, les indigènes préfèrent attendre ce moment pour les déloger et s'approprier leur miel sans trop souffrir des piqûres. Dès que le camp fut installé, la nuit venue et les feux allumés, Rodzani, Tchigallo et Msiambiri ayant pris de la paille sèche et des brandons, sortirent dans le but de récolter le butin convoité.

J'étais resté au camp avec Tambarika et les deux porteurs de nourriture et d'eau ; ils causaient à voix basse pendant qu'on entendait au dehors le bruit sec et régulier de la hache qui attaquait le tronc de l'arbre. Nos chasseurs de miel avaient presque achevé leur besogne lorsque nous perçûmes tous des bruits sur lesquels une oreille exercée ne pouvait conserver le moindre doute : des lions !... Ils étaient quatre ou cinq ; on les entendait distinctement venir dans les feuilles sèches dont le terrain était jonché ; ils échangeaient tantôt des miaulements bas et profonds sur divers tons, tantôt les ronflements très caractéristiques qui leur sont particuliers et par lesquels je crois qu'ils communiquent entre eux.

Presque en même temps mes hommes du dehors se mirent à pousser le sifflement convenu entre nous comme appel. En regardant au râtelier d'armes (un bâton fourchu planté en terre à cet effet), je vis qu'ils n'avaient pris avec eux qu'un fusil : sans nul doute il était resté à terre au pied de l'arbre pendant qu'ils y grimpaient.

« Revenez donc! leur criai-je. — Pas possible, ils sont autour de nous. — Alors, restez sur l'arbre. — Mais nous allons tomber, la branche glisse (1). »

Alors il n'y a plus à hésiter : dehors! Je donne des torches en paille à un porteur, tandis que Tambarika et moi, les fusils prêts, nous sortons en nous faisant éclairer par derrière; la nuit est noire, on ne distingue les arbres que lorsqu'on est dessus. Les lions rôdent autour de nous; l'un d'eux rugit à une proximité terrifiante, on les entend marcher dans les feuilles de tous côtés, mais on ne les voit pas... Arrivés près de l'arbre, nous y trouvons nos compagnons, un d'eux le fusil armé, un autre essayant de raviver une torche mi-éteinte... Les lions marchent toujours..... on les devine qui vont et viennent dans l'obscurité.

A ce moment, Tambarika nous chuchote le conseil d'imiter les *p'oumpis* (loups) dans le lointain... Aus-

---

(1) Les noirs appuient simplement une branche contre un arbre et montent dessus en s'aidant des mains.

sitôt nous nous mettons à aboyer et à pousser des « hou! hou! hou! » à mi-voix, comme si la meute était encore à distance, tandis que l'homme resté au camp répond par le même cri très bien rendu. L'effet est immédiat! Une galopade rapide s'éloigne dans les feuilles sèches, et c'est fini : les lions ont déguerpi! L'approche plus ou moins bien simulée d'une bande de loups nous en a débarrassés, et pour toute la nuit. Nous revenons au camp avec notre miel, et jusqu'au matin rien ne vient troubler notre tranquillité (1).

Je suppose que ces lions voulaient tout simplement boire, et qu'ils tournaient autour de nous en nous examinant avec plus ou moins de mauvaise humeur. De leur côté, mes hommes s'étaient laissés tomber de leur arbre, ne pouvant plus s'y maintenir; de plus, leur feu s'était éteint : ils étaient donc dans une assez fâcheuse position; quant à moi, je n'ai pas trouvé du tout à mon goût cette sortie dans la nuit noire d'une forêt, avec des lions autour de moi; je ne pouvais pourtant pas m'abstenir de venir au secours de mes hommes. Mais sapristi! la sensation que j'ai éprouvée quand un des lions rugissait et que je n'y voyais pas à trois mètres devant moi, brrr!.. elle était loin d'être agréable : je ne la recommande pas aux gens qui ont les nerfs délicats. Mais, dans la vie des bois, le danger devient familier; il faut surtout se soutenir les uns les autres dans ces moments; je n'aurais plus eu le

(1) Les chasseurs se servent généralement du cri du loup pour s'appeler dans les bois.

droit d'exiger de mes hommes qu'ils risquassent leur vie à mes côtés si je m'étais abstenu de les secourir lorsque je pouvais tenter de le faire.

Le loup africain est le seul ennemi du lion ; mes chasseurs de miel et moi, nous le savions ; mais, comme il arrive souvent en pareil cas, aucun de nous n'y avait pensé, sauf Tambarika qui avait montré une fois de plus de la présence d'esprit et mis à profit sa connaissance des mœurs des animaux.

Les loups font quelquefois preuve d'intelligence et de raisonnement : ainsi, dans leurs chasses, parcourant le pays en tous sens, en quête de gibier, ils ont à traverser continuellement des rivières dont les eaux cachent un de leurs pires ennemis, le crocodile. Eh bien ! pour le dépister, ils s'assemblent au bord de l'eau, en un endroit quelconque, et aboient pendant un instant de façon à attirer les crocodiles ; cela fait, ils partent brusquement à fond de train, soit en aval, soit en amont, et à 100 mètres de là se jettent à l'eau, traversant en masse dans le plus grand silence. Bien souvent nous les avons entendus aboyer (car on les entend de fort loin), et un jour nous avons été témoins de cette manœuvre. On prétend que le chien a recours à des stratagèmes analogues, mais je n'en ai jamais vu d'exemple. Le chien, d'ailleurs, n'a guère de raisons pour franchir les cours d'eau ; quand il le fait, son maître, qui l'aime beaucoup, le porte généralement dans ses bras ou le met dans sa pirogue.

A lui tout seul le loup africain se charge fort bien

de venir à bout d'une antilope de la taille d'un âne; il la poursuit à la course, l'attaque généralement au ventre et finit par l'éventrer, à coups de dents, frappant toujours au même endroit. Un jour, j'ai assisté à la fin d'une de ces chasses au moment où une louve venait d'abattre un kob. Après l'avoir couché à terre, elle l'avait étranglé, puis trempée de sueur, tirant la langue, elle s'était couchée, pour se reposer, à côté de sa victime. Celle-ci était dans un état qui indiquait une longue course; la pauvre bête avait le poil complètement collé par la transpiration. Ses quatre membres étaient intérieurement maculés de sang, et son ventre ouvert laissait voir les intestins à moitié sortis. Un instant j'eus la pensée de tuer la louve et de prendre ses petits, mais où trouver ceux-ci? Mes hommes s'emparèrent du kob en dépit des grognements du vainqueur dépossédé, qui, les poils hérissés, montrant les crocs, ne voulait pas qu'on s'en approchât; il s'éloigna pourtant en nous voyant marcher sur lui; j'exigeai d'ailleurs qu'on lui laissât une grande partie de sa proie : il l'avait bien gagnée.

Avec le zèbre qui rue et rend dangereuse toute approche par derrière, les loups opèrent différemment; ils le dépassent et cherchent à l'attaquer par devant en le mordant aux genoux et au poitrail; que le zèbre ait le tendon coupé et qu'il s'agenouille, il est perdu.

Le lion est grand chasseur, le léopard aussi, mais ils chassent surtout par ruse et à l'affût, tandis que le loup lutte de vitesse, en plein jour, avec les animaux qu'il convoite, et il les bat par sa force de résistance, par sa ténacité tout à fait exceptionnelle. Une fois l'animal tombé, il est dévoré en un clin d'œil, et la meute va se livrer au repos jusqu'à ce que la faim la pousse à de nouveaux combats.

Voilà les animaux qu'il faudrait prendre jeunes et dresser à la chasse au lion ! Avec six loups, on dépisterait, on traquerait et on mettrait aux abois tous les lions d'un district, quels que soient leurs repaires, leur ruse et leur audace.

Quant à nos chiens d'Europe, inutile, je le crains, de songer à les acclimater en ces pays ; la chaleur, les maladies de peau en auraient vite raison, et surtout la tsétsé, qui y abonde. Qui dit lion dit grand gibier, et qui dit grand gibier dit quantité considérable de tsétsés. Dans les pays tempérés, sur les plateaux montagneux de l'Afrique, les chiens pourraient être utilisés à la chasse au perdreau et à la petite antilope, mais ces régions sont presque toujours dépourvues des autres animaux.

Le petit ratier anglais (rat terrier) vit assez bien sous les climats chauds, mais il ne supporterait pas la vie dans la brousse ; les personnes qui habitent les villes ou des maisons confortables peuvent seules en posséder.

Pour la chasse au lion, il faut bien se persuader qu'il n'est point nécessaire d'avoir d'énormes chiens féroces ; quelles que soient sa race et sa taille, le moindre roquet ferait très bien l'affaire, pourvu qu'il n'ait pas peur et qu'il aboie tout autour de son ennemi en ayant soin de l'éviter; il est suffisant pour découvrir la retraite où le fauve se tient tapi, et, une fois qu'il l'a aperçu, il l'occupe assez par ses aboiements, pour que vous puissiez approcher sans être remarqué. Trois ou quatre chiens sont indispensables pour arriver à ce résultat; au contraire, des chiens de pure race et remplis de courage se feraient tuer immédiatement en voulant trop s'approcher de la bête.

Le chacal existe également dans ces régions; mais, contrairement à ce qui se voit en Algérie, il ne vit pas en troupe; on ne rencontre que des individus isolés. Aux régions accidentées, il préfère les pays de plaines. Il est de la taille du renard ou à peu près; sa robe se compose d'un mélange de gris et de fauve. Il pousse un cri particulier, est très peureux et se nourrit, avec les hyènes, des débris d'animaux laissés par les lions ou les chasseurs.

Pour compléter ce chapitre, consacré à la famille des canidés, quelques mots encore sur l'hyène de ces régions (1).

Dans le nord du Zambèze, la seule qui existe est tachetée. Rien de laid comme cette bête en plein jour. Ses mœurs étranges ont fait naître chez les indigènes certaines superstitions : ils disent, par exemple, qu'après sa mort elle change de sexe, croyance qui vient tout simplement de sa conformation spéciale et de la difficulté qu'on a à se pro-

---

(1) *Mes grandes chasses*, p. 128, 129.

noncer sur son sexe. On prétend aussi que, du fond des terriers où on va déranger des hyènes, celles-ci se mettent parfois à parler comme une personne qui se plaindrait d'être maltraitée. Cette histoire m'a été contée plusieurs fois. Lorsque j'ai essayé de faire sortir un de ces animaux de son terrier à l'aide de fusées soufrées, il m'est arrivé quelquefois d'y réussir; mais, à part quelques miaulements vagues, l'hyène ne m'a jamais rien adressé qui ressemblât à ces discours bien sentis.

L'autre variété (hyène rayée) se rencontre au sud du Zambèze et dans le nord de l'Afrique, c'est-à-dire dans les parties tempérées.

Les tanières qu'habite l'hyène sont généralement d'anciens terriers abandonnés par les fourmiliers; il est rare qu'elle s'en creuse elle-même. A la tombée de la nuit, elle en sort et parcourt le pays, en quête de nourriture, poussant par intervalles son cri lugubre. Si les lions font un repas, l'hyène arrive aussitôt, « par l'odeur alléchée »; elle attend patiemment, à distance, que les convives se soient retirés, pour se jeter à son tour sur leurs restes et achever la carcasse; ou bien, poussée par la faim, elle tourne autour des villages et des camps pour voler ce qu'elle peut trouver : os, débris de peau, plumes, etc., voire des chiens et des chèvres, si elle en rencontre. Il y a des cas où même, assure-t-on, elle aurait attaqué les habitants pendant leur sommeil.

Lorsque les hyènes rôdaient autour de mon camp et étaient par trop entreprenantes, je leur jetais des morceaux de viande contenant des pochettes de strychnine; le lendemain on trouvait quelquefois un ou plusieurs de ces vilains animaux morts dans le voisinage.

HYÈNE TACHETÉE.

CHASSEURS ATTIRÉS PAR LES OISEAUX DE PROIE.

CHAPITRE IX

INCENDIES ANNUELS. — UNE NUIT AGITÉE. — LES OISEAUX DE PROIE.

Les paysages africains. — Les feux de brousse. — Chaleur torride. — Préparation des spécimens. — Variétés chez l'éland. — Coup double. — Chasses aux antilopes. — Affût improvisé. — Lion blessé. — Chasseurs renversés. — Une chasse aux flambeaux. — Fin subite de ladite chasse. — Dimensions d'un lion adulte. — Les vautours et leurs mœurs. — Envoi d'akrassous. — Variétés de vautours. — Les marabouts. — Le nyangomba.

J'ai déjà indiqué la division des saisons de chasse. Nous voici arrivés en 1895 à la période de sécheresse, au moment où le feu va balayer le pays.

L'été, en France, on trouve, disséminés dans la campagne, des sites qui évoquent absolument, pour moi, le souvenir des paysages africains et qui aideraient ceux qui n'ont jamais vu ceux-ci à s'en faire une idée. Au lieu d'immenses champs de blé jaunissant, mettez des herbes quelconques ayant la même apparence et couvrant des collines, des vallées, des rives de cours d'eau; aux bouquets d'arbres ou aux peupliers bien alignés, substituez des arbres sauvages jetés un peu au hasard et au feuillage sec (car c'est l'hiver ici) : vous vous serez représenté à peu près le pays herbeux. Pour les bois, remplacez les pins de la forêt de Fontainebleau, par exemple, par des arbres exotiques poussant au hasard, sans route ni sentier, ayant comme parterre une herbe courte et de petites plantes, et vous aurez évoqué la forêt africaine ordinaire. Tout à fait différente est la forêt équatoriale, celle de Stanley : plus dense, plus sombre, plus vaste, plus entremêlée de lianes ; le sol en est couvert de racines à fleur de terre, et l'humidité règne partout. Mais ici nous sommes encore loin de l'équateur, et ces amas de végétaux sont rares à l'ouest du Nyassa : en dehors de ces forêts et de ces plaines herbeuses, imaginez d'autres régions à herbe plus courte (haute d'un mètre environ), couvertes d'arbres rabougris et difformes ayant de quatre à cinq mètres et ressemblant à peu près à des pommiers, mais, hélas! sans fruit.

Il n'y a à peu près que ces trois aspects avec des aperçus d'une variété infinie : la plaine herbeuse ou boisée, la colline herbeuse ou boisée, les forêts qui y sont disséminées.

Or, au mois d'août, il est excessivement difficile de parcourir le pays : les sentiers indigènes eux-mêmes sont à moitié recouverts par les herbes ; tout est sec et cassant. C'est alors que les feux dits de brousse (1) sont allumés par les noirs aux alentours des villages, par les voyageurs sur les sentiers, par les chasseurs dans les bois. Le souffle puissant et continu du vent active la flamme, l'incendie s'avance ; mis généralement le soir, il se propage toute la nuit avec un bruit pareil au grondement du tonnerre, marche avec une effrayante rapidité, lèche les arbres de ses hautes gerbes embrasées. Des colonnes de fumée en tourbillons s'élèvent vers le ciel, enlevant dans leurs spirales noires des brins de paille et des débris enflammés, tandis que sur le sol crépite comme une fusillade : ce sont les grosses pailles et les plantes restées vertes qui éclatent. Le vent tempère ou précipite le grondement, et l'élément déchaîné traverse ainsi les plaines, grimpe les collines, court à travers d'immenses étendues de pays. Quelquefois plusieurs jours après, au milieu d'amas de cendres noires, grises ou blanches, de troncs d'arbres morts qui ont pris feu, un filet de fumée bleue s'échappe, montrant que le feu couve encore et qu'il continue lentement son œuvre. Il est pourtant rare qu'il fasse de longs parcours sans être arrêté ; pour mettre leurs villages à l'abri, les indigènes brûlent les alentours à l'avance ; les flammes qui arrivent ne trouvent alors plus rien

---

(1) *Mes grandes chasses*, p. 122, 202, 237, 241.

qui les alimente. Les forêts dépourvues d'herbes, les endroits humides, les espaces sablonneux ou rocailleux, éteignent également la combustion.

La vitesse des flammes, dans une plaine herbeuse, est en raison directe de la force du vent; j'en ai vu marcher avec une rapidité effrayante, peut-être à 20 kilomètres à l'heure; d'autres fois, au contraire, elles en font à peine 4 ou 5.

Quand on est en marche dans un pays sec, si on est surpris par la conflagration, et que le vent souffle un peu fort, il n'y a pas un instant à perdre, surtout si les herbes s'étendent loin de tous côtés. Nous nous sommes trouvés plusieurs fois dans cette situation, et il a fallu toute la diligence dont nous étions capables pour ne pas avoir à souffrir du fléau. Dès que vous entendez le feu, et on l'entend de fort loin, si vous croyez être sur son passage, allumez l'herbe vous-même devant vous, sous le vent, en traçant une ligne qui s'étende à droite et à gauche; les flammes partent de cet endroit en s'éloignant de vous, puisqu'elles ne remontent évidemment pas contre le vent : elles dénudent ainsi un espace où il faut vous dépêcher de vous placer, en vous portant aussi loin que possible de la limite des herbes restées intactes. Quand le grand embrasement arrive, il est forcé de s'arrêter net là où vous avez commencé le vôtre.

Une quantité de *buchangas*, oiseaux noirs comme la fumée où ils s'agitent, suivent les incendies, attrapant au vol les sauterelles et les insectes que la flambée fait sortir sur son passage.

ANTILOPE NOIRE.
Vue de la brousse africaine avant les feux annuels.

Avertis, par leur odorat, de l'approche du fléau, avant de pouvoir même l'entendre, les animaux quittent le rayon dangereux, soit en fuyant devant le feu, soit en s'esquivant à droite ou à gauche.

Une fois que l'incendie a passé sur le pays, celui-ci prend un aspect tout différent : les herbes jaunes ont disparu; le tronc des arbres, dégagé de cette végétation, paraît s'être allongé d'autant; le sol est jonché de feuilles roussies, roulées par la flamme et qui sont tombées à demi brûlées, et le regard s'étend partout au loin sur ce tapis noir qui ressemble assez à un amas d'algues marines qu'on aurait mélangées de branches tordues et de cendres.

La chaleur est plus intense sur ce sol noirci dépourvu d'ombre, mais combien le chasseur y est plus à l'aise en revanche, et comme sa vue embrasse mieux les moindres objets ! Pour la même raison, les animaux sont plus difficiles à approcher; mais il existe des ruses pour se cacher, tandis qu'on n'en connaît point pour éviter de se faire entendre dans l'herbe sèche.

Le lecteur étant maintenant au courant des changements survenus dans le pays, je reprends le cours de mes chasses.

Fin août, quoique la plupart des petits cours d'eau soient taris, quelques flaques subsistent encore aux endroits les plus profonds du lit des rivières ; protégés en général contre le soleil par l'ombre de grands arbres, ces abreuvoirs sont encore assez abondants dans le pays pour permettre aux animaux d'en changer souvent ; il faut alors parcourir le district aux environs de ces abreuvoirs et se donner beaucoup de peine pour arriver à tuer une ou deux bêtes par jour ; la chaleur et l'absence totale d'ombre rendent ces chasses particulièrement fatigantes. En octobre, au contraire, après deux mois d'une température torride, le nombre des réservoirs est considérablement diminué et souvent réduit à un ou deux pour dix kilomètres carrés. Inutile alors de se déranger : on peut tirer à l'affût, près de ces mares, de jour et de nuit, toute la faune du district étant forcée d'y venir boire.

C'est pendant la saison sèche que Bertrand et moi avons préparé chaque année, pour le Muséum de Paris, bon nombre de grands mammifères. L'abondance de ces derniers dans le pays permettait de ne choisir que de beaux spécimens, et la température se prêtait admirablement à la préparation de ces grosses pièces si sujettes à se gâter.

Nous avions toujours au camp une dizaine d'enfants des villages voisins, demandés et payés pour nous récolter de petits animaux. Ces jeunes chasseurs partaient tous les matins sous la direction d'un de nos hommes avec des cages, des pièges, des boîtes, et le soir ils rapportaient leur butin. C'est ainsi que nous avons ajouté à nos collections des tortues variées, des reptiles, des oiseaux, de petits mammifères et des insectes que nous n'aurions jamais pu obtenir autrement.

A cette époque, j'eus l'occasion de remarquer une anomalie chez les élands rencontrés dans les bois de

UN COUP DOUBLE SUR LES PHACOCHÈRES.
Vue de paysage africain au mois d'août, après les feux de brousse.

mitsagnas (*mopané* ou *bauhinias*) : au lieu d'avoir une touffe de poils à la base des cornes et sur le front, les mâles ont le poil ras, comme les femelles, ce qui leur donne une physionomie tout à fait différente. J'attribue cette particularité soit au milieu épineux qu'ils habitent, soit à ce qu'ils appartiennent à une autre variété d'*oreas canna*.

Dans ces *mitsagnas*, je fis un jour un bien joli coup double. Des élands étant partis à l'improviste et ayant passé devant nous au grand galop, à trente mètres, je fis feu en les suivant et j'en abattis deux l'un après l'autre; le hasard a voulu que chaque fois j'aie tiré un peu trop en avant et que je les aie frappés au cou, ce qui leur est fatal. Descendre, avec chaque balle, un animal grand comme un cheval d'omnibus et le rouler comme un lapin, c'est une joie que l'on n'a pas souvent! J'avais opéré ce jour-là avec l'express n° 2 parce que cette arme m'était tombée la première sous la main au bruit de la galopade.

Continuant à poursuivre la troupe, j'obtins encore un mâle, ce qui en faisait trois au total. Aucun d'eux ne portait au front la touffe de poils (1).

En août et en septembre, je tuai quantité d'antilopes, d'élands, de koudous, de kobs, d'antilopes noires, de reedbucks, de guibs, etc. Je passe rapidement sur ces chasses, que j'ai déjà décrites, pour parler de mon premier affût de la saison, à la mi-septembre.

(1) J'avais conservé le plus beau de ces trois élands, mais il s'est détérioré, et je n'ai pu l'expédier à Paris. Nous avons perdu ainsi plus de trente spécimens magnifiques, pour des causes diverses, au cours de l'année 1895-1896.

Un peu avant le coucher du soleil, nous aperçûmes auprès d'une mare quelque chose que nous reconnûmes, en approchant, pour un zèbre mort depuis une heure à peine. Il avait dû être tué par un lion ou plutôt par plusieurs lions, car de nombreuses blessures se voyaient sur son corps; il gisait au milieu d'une flaque rouge; son chanfrein n'était plus qu'une plaie; d'un de ses yeux vidé, de sa gorge ouverte, de son poitrail tuméfié s'échappait du sang dont il était entièrement éclaboussé. Ah! le combat avait dû être rude!

Nous inspectons aussitôt les environs, car nous sommes convaincus que les lions se sont éloignés à notre approche : rien ne se remarque aux alentours, si ce n'est quelques petites broussailles insignifiantes..... Je me décide à tenter la chance cette nuit, et, comme le camp est à peine à deux kilomètres, j'y envoie chercher de quoi manger, ainsi que ma lorgnette et une couverture pour passer la nuit (1). Je ne garde avec moi que Msiambiri. Nous avons soin de nous éloigner du zèbre, car il ne faut pas que les lions soient sur leurs gardes et devinent un piège en sentant nos traces auprès de leur gibier.

J'examine les abords. Comme champ de tir, c'est très bien; le pays est à peu près découvert, et la lune sera ce soir presque pleine. Malheureusement, pas le moindre arbre auquel on puisse s'adosser, pas le plus léger accident qui nous permette de nous

(1) La température des nuits de juin à septembre est froide par rapport à celle de la journée : 12° à 15° centigr. seulement, au lieu de 26° à 30°.

LA PLUS BELLE DES ANTILOPES : LE KOUDOU.

dissimuler; il faut donc construire un petit retranchement et, sans perdre de temps, aller couper des branches à une certaine distance. Nous déciderons ensuite de l'emplacement. Nos compagnons reviennent bientôt et nous aident, mais la nuit va tomber, et nous ne pourrons débiter assez de matériaux pour nous abriter tous les six. J'envoie donc trois hommes se percher sur un arbre placé à 60 mètres de là, les deux autres restant avec moi au bord de la mare. Nous construisons à la hâte une espèce de cahute conique formée d'un faisceau de pieux attachés à la partie supérieure; nous la recouvrons d'herbes et de terre pour lui donner l'apparence d'une termitière (1). La nuit vient déjà quand l'affût commence et que chacun veille à son poste.

Je profite de ce temps de repos pour avaler à la hâte du riz au lait dont Bertrand m'a envoyé une pleine casserole. C'est un aliment que j'emporte généralement à l'affût parce qu'il est facile à manger : il suffit d'une cuiller, on n'a besoin d'aucun accessoire embarrassant tel que pain, sel, assiette, gobelet, etc. Mon repas fini, je reste immobile...

La lune m'éclaire du côté gauche, côté où se trouvent la mare et, un peu plus loin, mes hommes sur leur arbre; le zèbre est en face de moi, à dix mètres environ. Trois ouvertures irrégulières, assez grandes pour passer le buste, me servent de fenêtres. Je dois ajouter que notre installation est plutôt destinée à

---

(1) Monticule élevé par les fourmilières de termites.

nous cacher qu'à nous protéger, car il suffirait qu'un lion sautât dessus pour tout jeter à terre. Il y a assez d'imprudence à s'aventurer ainsi, mais il faut se souvenir que cet affût a été décidé en quelques minutes en profitant des circonstances, et, dans ces chasses, surtout avec le lion qui est si difficile à rencontrer, il faut saisir l'occasion aux cheveux sous peine de la voir s'enfuir sans espoir de retour. Qui ne risque rien n'a rien, dit le proverbe, et jamais il ne s'est appliqué plus à propos.

J'avais la conviction que les lions ne se feraient pas attendre. Le fait assez rare d'avoir attaqué et tué un animal en plein jour indiquait qu'ils avaient faim; dérangés un instant par notre arrivée, ils allaient sans doute reparaître dès que le calme serait revenu...

Les dernières teintes du soleil couchant s'effacent du ciel; nous entendons dans le lointain, à deux reprises, le braiment d'un zèbre; il pleure le camarade mort ou absent, selon l'habitude de ces animaux; les grillons se mettent à chanter, tandis que dans le lointain, par intervalles, une roussette fait entendre son bruit d'enclume; une ou deux grenouilles coassent tout près de nous.....

Il peut y avoir une demi-heure que tout est tranquille quand un cri de chouette (ce cri est la spécialité de Kambombé) nous prévient que nos compagnons, de leur arbre, ont vu quelque chose; le même signal est répété un moment après. Écarquillant nos yeux, nous regardons à travers nos hublots, dans toutes les directions; nous ne voyons absolument rien. Et pourtant il fait relativement clair. La lune donne à la campagne une teinte d'un bleu argenté, uniforme, où des taches foncées marquent les buissons. Le zèbre mort est là, comme une masse noire, à côté de l'eau qui reflète les étoiles. Ma lorgnette de nuit à la main, j'explore chaque mètre de terrain ; les détails se distinguent admirablement avec ce précieux instrument qui m'a rendu, en pareil cas, des services inappréciables. J'examine chaque buisson, chaque plante, les bords de la mare, le cadavre... Rien ! J'en conclus que nos camarades signalent quelque chose qui est en dehors de notre rayon visuel... et je reprends mon immobilité, l'oreille tendue, portant ma jumelle à mes yeux chaque fois que je crois apercevoir quelque chose d'insolite.

Comme fusils, j'ai mis de côté mon 303, car il faut, pour s'en servir avec succès, trop de précision dans le tir ; avec son point de mire plus sommaire, auquel j'ai substitué un gros pois blanc, l'express est mieux approprié à la circonstance ; je garde sous la main le winchester chargé à six coups de chevrotines, en cas de rapprochement trop dangereux ; mes deux compagnons sont armés de l'express n° 2 et du 303, dont ils ne doivent se servir que s'ils ont à se défendre ; les hommes qui sont sur l'arbre n'ont aucune arme à feu.

Nouveau cri de chouette et nouvelle exploration minutieuse des environs. Changeant de place, je vais regarder par le hublot de gauche, puis par celui du fond, sans succès ; je reviens alors à mon poste ; le zèbre me semble, au premier coup d'œil, plus gros qu'il ne l'était tout à l'heure, on dirait même qu'il lève la tête. Comme la pauvre bête est bien morte, je me dis qu'il y a du nouveau, et la jumelle me montre en effet un objet à côté, mais quoi ? Je ne distingue pas... Qu'importe, après tout ? Si c'est une hyène, il n'y a rien à faire; si c'est un lion, inutile de se presser.

À ce moment, le vent se lève, léger, soufflant de droite, et quelques nuages en tournée obscurcissent de temps à autre la lune qui monte dans le ciel. Je distingue assez bien l'animal qui est sur le zèbre; il a le haut du corps au-dessus du cadavre; nous voyons sa tête et ses épaules, mais impossible de dire ce que c'est; mes hommes ne peuvent se servir de la jumelle, et, à l'aide de cet instrument, j'y vois incontestablement mieux qu'eux.

L'animal, qui est ainsi immobile, est bientôt accompagné d'un camarade : il n'est pas douteux qu'ils regardent de notre côté, intrigués probablement par cette éminence qu'ils n'avaient pas remarquée. L'un d'eux quitte le zèbre et marche vers nous, se montrant en entier, la tête haute... Cette fois il n'y a plus à s'y tromper : ce sont bien des lions.

Posant ma lorgnette en hâte et armant sourdement mes deux chiens, je baisse lentement mon canon. En cet instant, j'éprouve une émotion vive, un plaisir mélangé d'appréhension; mon cœur bat tellement fort que je l'entends distinctement, tandis que la silhouette claire de l'animal s'avance vers notre cachette; il s'arrête un peu après avoir dépassé le zèbre, la tête élevée, évidemment occupé à inspecter la termitière factice qui l'intrigue; on ne peut malheureusement pas distinguer l'expression de sa physionomie; on voit seulement sa robe fauve clair légèrement éclairée par la lune sur le dos et la tête, tandis que le reste du corps se confond avec l'obscurité bleuâtre du sol. Après avoir regardé un instant, pendant lequel nous avons gardé l'immobilité la plus complète, le lion baisse la tête, flairant la terre, afin de trouver un indice qui confirme ses soupçons. Nous avons passé une seule fois en cet endroit, et notre piste doit être effacée, car il lève la tête de nouveau et s'avance encore... Mille pensées s'agitent en ce moment dans mon cerveau, dont le calme contraste avec les battements de mon cœur. S'il fait le tour de notre cahute, me dis-je, il va nous sentir, et je ne pourrai pas tirer sur lui; s'il s'éloigne après nous avoir sentis, notre chasse est compromise. Mieux vaut donc tirer avant qu'il aille trop à droite, où la disposition de mon hublot m'empêcherait de le voir.

Le lion, à un certain moment, s'arrête encore en face de nous, à regarder dans notre direction; il est à peu près à huit mètres, mais le sol est très sombre, et le lion ne se détache pas sur le ciel, ce qui fait que je ne pourrai même pas tirer à coup sûr; je ne le vois qu'en partie. Au lieu d'aller vers la droite, comme j'avais pensé, il s'approche encore d'un pas et, flairant la terre, pousse un grondement profond et court que nous comprenons aussi bien que son camarade et qui veut dire : « Attention, il y a du danger par ici! »

Il lève la tête, regarde dans notre direction, puis se remet aussitôt à flairer.

Il tourne légèrement à gauche et suit notre piste vers le bord de l'eau, faisant deux ou trois pas, me présentant à ce moment son flanc gauche. Je pousse légèrement mon canon au dehors, sans bruit, je l'incline un peu afin de voir mon point de mire, et je cherche en vain pendant quelques secondes l'endroit où je dois tirer. Ces secondes me semblent des siècles : j'ai fort l'appréhension de faire de la mauvaise besogne et encore plus peur de voir partir mon adversaire sans avoir eu le temps de faire feu, balancé que je suis entre le désir d'attendre une meilleure occasion et la crainte de ne pas retrouver celle que j'ai. Enfin, me guidant sur le reflet de son dos et l'ombre que projette sur le sol les rayons de la lune passant entre ses jambes, j'ajuste avec soin et presse la détente.....

Un rugissement terrible retentit; un choc violent renverse notre abri qui s'effondre sur nous, nous couvrant de terre et de sable; immobiles dessous, nous voyons, entre les pieux disjoints, la fumée encore en suspension dans l'humidité de la nuit et le nuage de poussière qui s'élève du sol à la suite de la chute de notre cahute. Nous nous trouvons en fort mauvaise posture, occupés à retenir des mains les morceaux de bois qui ont failli nous tomber sur la tête, regardant dehors ce qui est advenu de notre blessé, car je suis sûr de l'avoir touché. S'il était à côté de nous, bouger serait dangereux. Enfin, comme rien ne remue, je sors d'abord la tête, puis un bras, et j'inspecte les environs dans l'attitude d'un homme qui, enseveli sous un tas de fagots, cherche à se tirer de là ; mes hommes en font autant, et, comme nous ne voyons rien ni les uns ni les autres, nous nous dégageons des décombres sans autre mal que quelques écorchures insignifiantes.

Que s'est-il passé ? Le lion, aveuglé par la douleur ou affolé par la surprise, a dû se cogner contre notre abri improvisé en s'enfuyant, ou bien il l'a frôlé de la patte : vu son peu de solidité, l'édifice a été renversé.

Après nous être secoués et avoir dégagé les fusils, nous regardons autour de nous : toujours le zèbre et toujours rien que lui. Nous appelons nos compagnons qui descendent de leur arbre et nous font leur rapport : le premier cri de chouette était pour nous prévenir de l'arrivée des lions ; ils ont passé sous l'arbre où étaient nos guetteurs, et, faisant le tour de la mare, ils sont restés longtemps à regarder dans la direction du zèbre et de la cahute. Le deuxième cri annonçait leur marche vers nous. Après le coup de feu, mes hommes ont vu un seul lion s'enfuir par le même chemin, au petit trot, s'arrêtant plusieurs fois pour regarder en arrière, comme s'il attendait son camarade. Aussi croyaient-ils que l'autre avait été tué sur place quand je les ai appelés. Malheureusement, il n'en est rien : notre lion a disparu.

Nous allumons quelques brins d'herbe afin de regarder la piste, nous n'y voyons tout d'abord que l'empreinte de la bête au moment où elle a bondi en avant; ah! mais voici un gros jet de sang, un mètre après la cahute, les pieux mêmes en sont éclaboussés du côté où l'animal s'est cogné. Il est assez commun de voir un lion, en recevant un coup de feu, bondir en avant; la bête, sans doute, veut se défendre contre l'attaque qu'elle reçoit, et son mouvement le plus naturel est ce simulacre de charge.

Nous sommes d'avis que l'animal est blessé à mort et qu'il est impossible qu'il soit allé loin. Mais comment le chercher, sans paille, sans torche? Le clair de lune est tout à fait insuffisant pour un pareil travail; déjà, en plein jour c'est une besogne on ne peut plus périlleuse que de chercher un lion blessé; je laisse à penser le plaisir que l'on doit y prendre dans une obscurité qui rend tout buisson suspect et où l'on a vingt chances contre une de ne rien trouver, tout en exposant sa vie ou celle de ses hommes.

D'un commun accord nous allons renvoyer la recherche au lendemain, quand une idée me vient : si le lion est mort, les hyènes, nombreuses dans le canton, n'en laisseront que des os demain matin, et encore! Cette idée excite mes hommes, car pas de peau, pas de prime (1). Aussi tenons-nous un conciliabule, à la suite duquel il me semble que ce qu'il y a de plus raisonnable est d'attendre un peu; plus nous attendrons, plus nous aurons de chance que le lion succombe à sa blessure s'il est mortellement atteint.

---

(1) A titre d'encouragement et de récompense, mes chasseurs touchaient une petite prime convenue d'avance pour chaque éléphant, rhinocéros ou lion abattu. Pour les autres animaux, ils n'y avaient pas droit.

Nous allons donc rester deux ici à attendre, en fumant une pipe, que les quatre autres soient allés au camp et aient rapporté des feux de Bengale. A la lueur d'une allumette, j'écris à Bertrand pour les lui demander, ainsi que de la paille et des sagaies. Quelques hommes supplémentaires apporteront des tisons.

Dès que nos compagnons sont partis et que tout est rentré dans le silence, nous entendons deux fois comme une plainte dans la direction de la plaine; mais est-ce un oiseau nocturne, ou bien une hyène en tournée? Nous ne pouvons le dire. Ce bruit ne se renouvelle pas. Une heure à peu près se passe sans incident. La lune commence à descendre, il peut être une heure du matin, lorsque des voix et des lueurs annoncent l'approche des renforts : nos hommes sont de retour.

Nous partons en avant avec des torches pour suivre les traces de sang, et derrière nous, de temps à autre, je fais allumer un feu de Bengale qu'on élève au bout d'un bâton pour éclairer la plaine que j'explore à la lorgnette. Heureusement pour nous, le feu a tout nettoyé : il ne reste que quelques arbres rabougris et des plantes desséchées.

Le sang est abondant, mais par intermittences, et nous avons la plus grande peine à trouver des traces. Ce groupe d'hommes avec ces torches, ces feux éblouissants éclairant vivement sur un point les arbres et les détails de la plaine, tandis que le reste du paysage est plongé dans l'ombre, doivent faire un effet étrange; on dirait quelque apothéose de mélodrame;

je ne crois pas que le lion ait été souvent chassé dans ces conditions. Ne pas vouloir perdre sa peau était fort sage, mais c'était risquer la nôtre que de le poursuivre la nuit, alors qu'il était peut-être encore en vie, agonisant, exaspéré par sa blessure. C'était même de la folie.

Nous avons mis ainsi une heure pour faire à peu près deux cents mètres, et je me rappellerai toujours ce qui s'est passé à ce moment-là : à la lueur d'un feu, je venais d'explorer tous les environs sans rien voir, quand devant nous nous entendîmes tout à coup un grondement distinct qui se changea presque aussitôt en un rugissement terrible, rauque, comme si la bête qui le poussait étouffait, mais un rugissement de rage qui faisait pressentir le saut, l'attaque, la vengeance d'une bête affolée. Chacun comprit si bien cela que, en un instant, plus personne... Les porteurs de torches détalèrent, les feux s'éteignirent, nous laissant dans l'obscurité, et le silence le plus complet régna, entrecoupé par des hoquets du lion, des sons vagues, des plaintes, des craquements de buissons et de feuilles à cinquante mètres à peine, tandis que la lune achevait de descendre, laissant tout dans les ténèbres.

Au moment de cette panique, bien naturelle de la part d'êtres qui, comme nous, n'y voient pas la nuit, j'ai fait en courant quelques pas vers la gauche, craignant une poursuite de la bête, puis, n'entendant plus rien, je me suis accroupi très bas, mon fusil à la main, de façon, si quelque chose s'approchait, à voir ce quelque chose se détacher sur le ciel. A ce moment, j'entendis le lion gémir, d'abord sur ma droite, puis en face de moi, mais comme s'il s'éloignait au lieu de se rapprocher. Je sifflai alors doucement; un bruit semblable me répondit, et une masse noire, que j'aurais pu prendre pour le lion si elle n'avait sifflé, s'approcha de moi à quatre pattes, puis une autre; enfin mes hommes et moi, nous nous trouvâmes accroupis par une obscurité complète, sans allumettes et sans feu, avec un lion blessé qui se traînait à vingt mètres de nous. S'en aller n'était pas prudent, car il voyait distinctement, lui, et on pouvait attirer son attention. Mieux valait rester tranquille et écouter. La nuit se passa ainsi, l'humidité et la rosée nous procurant une agréable fraîcheur, et les gémissements intermittents du lion nous empêchant de succomber au sommeil. Vers le matin, le camarade de notre blessé revint, passant terriblement près de deux de nos hommes qui s'étaient réfugiés sur un petit arbre rabougri et qui faillirent en tomber de peur. Il longea la plaine et commença à rugir autour de nous d'une façon rien moins que plaisante. J'aurais donné beaucoup pour que le soleil se levât ce matin-là plus tôt que de coutume. Enfin l'aube blanchit l'horizon, puis le colora en rouge, et bientôt le regard, d'abord limité aux alentours, put s'étendre sur la plaine : voilà, là-bas, notre cahute écroulée, avec la mare et le zèbre; devant nous, des buissons.

La chasse recommence, mais cette fois nous y voyons, et très bien. Je prends mon 303 et, essuyant son canon tout perlé de rosée, je me mets à suivre avec soin la piste de la nuit. Partout des mares de sang là où la bête s'est reposée. Voici l'endroit où elle a tenté de sauter sur nous, avec les sillons qu'y ont laissés ses griffes. La traînée de sang mène à un gros taillis où elle doit s'être réfugiée, et en face duquel je m'arrête à une dizaine de mètres. J'y fais jeter des mottes de terre. Les arbustes s'inclinent, et nous comprenons que le lion sort de l'autre côté; je fais un détour, et nous nous trouvons face à face.... Un coup d'œil me suffit pour me convaincre que la pauvre bête n'est plus à craindre : exténuée, finie, la crinière pleine de sang coagulé, elle se traîne avec peine en grondant faiblement, me regardant la mâchoire grande ouverte et les oreilles aplaties... Je l'achève d'un coup du 303.

La peau couverte de caillots desséchés, le malheureux lion a dû perdre jusqu'à la dernière goutte de son sang. Il en est tout barbouillé. Entrée au-dessus du cœur, la balle a perforé les poumons, puis est sortie par un trou gros comme une pièce de cinq francs. L'animal mesurait $3^m,12$ ($10",4$); il était dans la force de l'âge et passablement gras.

Mais quelle nuit il m'a fallu passer! Et que d'émotions j'ai ressenties! La journée de la veille avait été déjà très fatigante; aussi allai-je me coucher au camp. Un moment après, le lion y faisait son entrée, porté par huit hommes.

En voyant des spécimens de ménagerie, on ne se rend pas très bien compte de la taille d'un de ces magnifiques lions à l'état sauvage, quand il est adulte. Pour vous en faire une idée, représentez-vous une bête d'environ un mètre de hauteur au garrot, de

ÉPILOGUE D'UNE NUIT AGITÉE : LE COUP DE GRACE.

(Page 16)

deux mètres de long (non compris la queue), ayant 0^m,40 à 0^m,45 de poitrail, pesant entre 200 et 250 kilogrammes. C'est un fameux coup de fusil, mais dangereux et rare.

Les lions qui avaient tué le zèbre étaient quatre qui chassaient de conserve; pendant tout le temps que dura notre séjour, les trois survivants continuèrent à battre les environs de cette plaine, mais nous ne les rencontrâmes plus, malgré un autre affût que j'organisai auprès d'un buffle qu'ils avaient tué et en partie dévoré; pendant deux nuits, ils tournèrent autour de la carcasse, mais nous sommes-nous laissé sentir ou n'avons-nous pu réussir à nous bien dissimuler? Toujours est-il qu'ils ne se sont pas approchés. Il y a sans doute à leur méfiance quelque autre cause que j'ignore, car j'ai observé que rien n'empêche un lion de boire ou de manger s'il en éprouve le besoin.

C'est dans des circonstances assez curieuses que j'ai découvert le cadavre du buffle dont je viens de parler. Un matin, quatre ou cinq jours après la mort du lion, nous apercevons des vautours décrivant dans le ciel des cercles nombreux, ce qui indique qu'ils ont trouvé un animal ou ses débris. Comme cela ne nous écarte pas de notre direction, nous allons voir quel est l'objet de leur convoitise, et nous arrivons, sans bruit, dans un endroit très touffu entouré d'arbres où d'autres vautours sont déjà posés; quelque chose empêche sans doute ces oiseaux de s'abattre sur leur proie. Comme nous savons que l'on peut rencontrer à l'improviste de grands carnassiers, nous avançons avec beaucoup de précaution, le fusil armé, le doigt sur la gâchette, allongeant le cou pour tâcher de découvrir l'animal ou le reste d'animal qui gît là, dans une clairière..... Un rugissement bas, un froissement dans les broussailles, et nous entendons des animaux qui s'éloignent... En approchant, nous découvrons un buffle dont l'abdomen a été vidé et dont les cuisses sont en partie dévorées. Trois lions, dont nous retrouvons les traces, étaient occupés à festiner lorsque le bruit léger de notre marche les a fait fuir. Malgré qu'il soit un peu tard, nous nous cachons, et plusieurs heures s'écoulent dans le plus grand silence, au grand mécontentement des vautours qui attendent toujours sur les arbres. Tant pis pour eux! Ils en seront pour leurs frais, du moins provisoirement, car, ayant l'intention de me mettre à l'affût le soir, je fais recouvrir le buffle de feuillage, et nous construisons, au pied d'un arbre, un abri plus solide que celui de la plaine. Travail inutile, je l'ai dit : les lions ne sont pas revenus, et nous avons fini par laisser les vautours libres de disposer de leur trouvaille.

Cette espèce d'oiseaux joue dans la vie du chasseur africain un rôle très important (1) : ils lui indiquent souvent, en planant dans le ciel, où se trouvent des bêtes qu'il a blessées et perdues. Ils sont partout sans qu'on les voie : qu'un animal tombe, aussitôt un vautour passe en l'air comme par hasard; toujours prêt à vous dévorer votre gibier, si vous l'abandonnez

---

(1) *Mes grandes chasses,* p. 246.

sans le dissimuler sous un amoncellement de feuillage ou d'herbes. Pour un éléphant, il n'y a rien à craindre : le bec de ces vocaces ne peut entamer sa peau. Ils ne peuvent pas davantage couper celle des grandes antilopes, mais ils s'y prennent autrement : ils attaquent l'anus et les parties molles du bas ventre, où la peau est tendre, et ils pratiquent une ouverture par laquelle ils font sortir les intestins; ceux-ci expédiés, ils pénètrent dans la cavité laissée libre et mangent toute la chair des côtes, en dedans, contre la peau; pour cela ils entrent quelquefois sept ou huit dans le corps, selon la dimension, tandis que les autres mangent les yeux, la langue, etc. Lorsque vous arrivez en hâte, votre antilope, qui a l'air intact, n'est plus qu'une peau tendue sur un squelette évidé et nettoyé en dedans : les uns après les autres, les vautours sortent par l'ouverture et, gorgés de viande, prennent lourdement leur vol.

Cette variété s'appelle le busard-dindon, à cause des caroncules roses qui ornent sa tête. De plus, quand ces *magoras* (1) se battent autour d'un cadavre, ils poussent des cris qui ressemblent assez à ceux d'une dinde, et ils ont comme celle-ci une façon tout à fait comique de marcher en se balançant.

Ceci me rappelle une petite farce que nous avons jouée, au Dahomey, à un capitaine de navire italien : nous lui avions envoyé, dans une cage, sous la dénomination de dindes du pays, quatre de ces vautours,

---

(1) Ç'est leur nom indigène.

appelés là-bas *akrassous*, qui font, dans la région, le service de la voirie. Il les mangea de bon cœur et répondit à notre billet lui demandant le résultat : *Un poco dure, ma buonissime* (un peu dures, mais très bonnes); il ajoutait qu'il en gardait deux pour fêter la Noël à Castellamare (Naples). Cette aventure était restée légendaire entre nous, et nous disions, pour exprimer le *nec plus ultra* d'un festin : « Il y aura *même* un akrassou truffé ! »

J'aurais bien voulu pouvoir aussi manger de ces « dindes » : dans les moments de misère, c'eût été précieux; mais elles exhalent une odeur repoussante, ainsi que toutes les viandes qu'elles touchent, et n'ont en général que la peau et les os.

Il existe une autre espèce de vautour que j'appellerai, à défaut d'autre nom, le vautour « à ventre blanc »; un peu plus grand que le busard, il a la tête également nue, mais avec des plumes blanches au cou, sur la poitrine et aux ailes. Le busard peut mesurer 1^m,75 d'envergure; l'autre, 2 mètres. La femelle du busard a la tête couverte de plumes courtes et grisâtres; celle du « ventre blanc » a la tête glabre.

Une erreur assez répandue consiste à croire que ces oiseaux ont l'odorat très fin et qu'ils découvrent ainsi leur proie; les indigènes disent même qu'ils devinent où elle se trouve. Je les ai étudiés assez longtemps pour trancher la question, et je suis persuadé qu'ils ne sentent absolument rien, mais qu'en revanche ils ont un œil extraordinaire. La preuve en

KOB MALE. LE DERNIER SOMMEIL. (Page 164)

est qu'ils ne découvrent jamais un animal lorsqu'on a eu soin de le dérober à leur regard avec du feuillage ou de la paille. Les lions le savent si bien qu'ils traînent sous d'épais taillis les animaux qu'ils ne peuvent achever la nuit, afin que, pendant la journée du lendemain, les vautours ne leur enlèvent pas leur nourriture. Par contre, à une hauteur telle que l'œil ou la lorgnette les distingue à peine dans l'espace, le moindre chiffon rouge, le plus petit débris sanguinolent les fait apparaître aux quatre coins du ciel et affluer immédiatement.

Un autre oiseau encore se nourrit de cadavres, à tous les degrés de putréfaction : c'est le marabout, échassier fort commun dans certaines régions, surtout en pays de plaine; il existe partout dans le bassin du Zambèze. C'est sous sa queue, près du croupion, que se trouvent les plumes dont nos élégantes aimaient à orner leurs chapeaux; il fallait trois marabouts pour faire un chapeau convenable, un de ces vastes écrans qui nous permettent au théâtre de jouir de la pièce sans être distraits par la vue de la scène. Aujourd'hui, l'autruche a pris la succession du marabout, et celui-ci ne doit pas s'en plaindre.

Quand il manque de charogne, notre échassier pêche dans les mares et au bord des rivières, ressource que n'a pas le vautour.

Chacun des trois oiseaux que je viens d'énumérer plane dans le ciel à des hauteurs différentes : là-haut, loin du regard humain, le marabout; au-dessous, le vautour à ventre blanc; plus bas, mais encore à peine perceptible pour nous, le busard. Lorsqu'ils découvrent une proie, les busards, plus courageux, arrivent les premiers, décrivant pendant longtemps de grands cercles; au-dessus d'eux, plus méfiants et longs à se décider, apparaissent les ventres blancs, et enfin tout là-haut, sûrs de leur supériorité, les marabouts. Mais, dès que l'on touche terre, l'ordre est interverti : les vautours sont forcés de quitter la place, poursuivis par l'énorme bec et les grandes enjambées des marabouts, et ceux-ci déjeunent tranquillement les premiers, tandis que les oiseaux de proie se tiennent respectueusement à distance; les échassiers leur cèdent ensuite la place. Il n'y a pas toujours de marabouts avec les vautours, ceux-ci étant beaucoup plus communs; mais, lorsque les trois espèces sont réunies, les choses se passent dans l'ordre que j'ai dit.

Un autre oiseau curieux, que j'ai joint cette fois à mes collections, et dont j'ai parlé dans *Mes grandes chasses*, c'est le *nyangomba*, qui échange avec sa femelle d'interminables *diti diti, doutou doutou* (1). Je l'ai épié dans le but d'en obtenir des exemplaires, et j'ai vu qu'il se nourrit non seulement de coquillages, mais aussi de tortues. Comme celle-ci est dure à entamer, il la pose sous sa patte et, avec son bec énorme, frappe, toujours au même endroit, avec la régularité d'un pic mécanique; il finit ainsi par trouer la carapace et, agrandissant le trou, dévore l'infortunée tortue vivante par la fenêtre qu'il vient de pratiquer dans sa maison.

---

(1) *Mes grandes chasses*, p. 176.

Sa taille atteint celle d'une dinde. Entièrement noir, la tête garnie de rouge chez le mâle, de gris chez la femelle, il possède un œil grand, brun, muni de longs cils, et qui ressemble beaucoup à un œil humain. Le nyangomba fréquente les hautes herbes et les endroits pierreux. C'est le *bucorax cafer* des naturalistes.

Il y aurait un volume à écrire sur les mœurs si curieuses et sur l'histoire intime de tous ces animaux étranges, si nombreux dans la nature africaine et si variés. N'ayant pas ici l'espace nécessaire et ne pouvant m'occuper d'eux qu'en passant, je laisse à d'autres le soin de donner à notre Buffon ce supplément intéressant.

UN COIN DE CAMP.

LA GRANDE MARE SUD.

CHAPITRE X

NUITS D'AFFUT EN 1895. — SUCCÈS ET MÉSAVENTURES.

Époque de la chasse à l'affût. — Service des renseignements. — Organisation, installation, chances et dangers de cette chasse. — Émotion de l'attente nocturne. — Moyenne des nuits de réussite. — Premiers chassés-croisés. — Animaux fréquentant les mares. — Chasse aux lions. — Nuit blanche. — Précautions à prendre avec le rhinocéros. — Un affût à la petite mare sud. — Une charge nocturne et la fuite des chasseurs. — A cache-cache dans l'obscurité. — Mort d'un rhinocéros. — Nuit de déveine : trois lions manqués. — Amélioration tardive apportée au projecteur électrique. — Arrivée du courrier d'Europe. — Un visiteur inattendu. — En pan'oufles, à la rencontre d'un rhinocéros. — Pénétration extraordinaire de l'express n° 1. — Un affût à la grande mare sud. — Lion perdu et retrouvé. — Les noirs ont l'odorat délicat. — Le plus grand lion de ma collection. — Affût de jour. — Animaux qui ne boivent pas. — Habitudes des différents animaux à l'abreuvoir.

Nous arrivons à la période la plus passionnante de l'année, celle de la chasse à l'affût, celle que je réserve exclusivement au lion, au léopard, au rhinocéros, les attendant la nuit aux endroits où ils sont obligés de boire. Je ne parle pas de l'éléphant : je l'attends toujours, mais je ne l'ai vu venir qu'une seule fois en huit ans !

Lorsque l'année a été bien sèche, c'est-à-dire que les pluies se sont arrêtées de bonne heure, en octobre, les abreuvoirs sont réduits, comme je l'ai dit, à quelques modestes mares d'eau bourbeuse, disséminées dans le pays. C'est alors qu'en procédant d'une façon raisonnée on peut savoir exactement quelle est la faune d'un district.

J'avais organisé mes chasses nocturnes de la manière régulière et suivie que voici : soit sur un point, soit sur l'autre, je me mettais à l'affût le soir, au crépuscule, avec deux de mes hommes, chacun à son tour : une nuit, c'étaient Rodzani et Msiambiri ; le lendemain, Tambarika et Kambombé, puis Tchigallo et un homme pris parmi les plus aptes de notre entourage ; on recommençait ensuite dans le même ordre. Le matin, je rentrais au camp (quand il n'y avait pas poursuite), je prenais mon bain, je déjeunais, et, choisissant un endroit écarté, tranquille et ombragé, je faisais installer ma natte pour dormir sous la surveillance de deux hommes qui se remplaçaient jusqu'à mon réveil, c'est-à-dire généralement jusque vers trois heures. Ma toilette faite, je m'occupais de choses et d'autres jusqu'à quatre heures, moment du dîner, afin d'avoir le temps de me rendre à l'affût et d'être posté avant l'obscurité. Certaines années, pendant quarante à cinquante jours de suite, j'ai fait ainsi du jour la nuit et *vice versa*.

J'avais une ou plusieurs équipes de renseignements, selon le nombre des abreuvoirs; parties à l'aube, elles me faisaient, à mon réveil, le rapport journalier.

A l'époque où j'en suis de mon récit, je me trouvais dans le sud du pays des Angonis, dans une région très giboyeuse, avec *quatre abreuvoirs seulement dans un rayon de cinquante kilomètres*. Il y avait là de la forêt, de la plaine, des collines, du terrain sablonneux ou pierreux, bref les genres de sol et de végétation appropriés à tous les animaux. Mon camp se trouvait à une des mares et placé à peu près au centre. Pour éviter les noms indigènes de ces mares, noms peu faciles à prononcer, je les désignerai par leur orientation : l'une était au nord du camp, à une heure et demie (1); les autres au sud, éloignées l'une de l'autre et différant d'étendue : la « grande sud », la plus rapprochée de moi, à trois quarts d'heure, et la « petite sud » à deux heures de marche de notre campement. Les premiers jours, nous avions visité toutes les mares et mesuré toutes les empreintes avec des brins de paille. Il en est des pieds d'animaux comme des physionomies humaines : il n'y en a pas deux pareils. Chaque jour les hommes venaient (en cas de doute, ils apportaient les pailles-mesures) me dire où les animaux avaient bu et quels animaux. On finissait, au bout de huit jours, par connaître fort bien ceux-ci. Ce

---

(1) Environ 10 kilomètres.

qui rend intéressant ce genre de travail, c'est de voir avec quelle perspicacité et quel entrain les indigènes sont toujours prêts à vous aider. Mes auxiliaires étaient naturellement choisis parmi des chasseurs des villages ou aides-chasseurs et connaissaient tous fort bien une piste ; de plus, comme les mêmes hommes visitaient chaque jour la même mare, ils s'apercevaient d'autant mieux des changements survenus pendant la nuit. S'il y avait quelque chose d'extraordinaire, ils avaient ordre d'accourir en toute hâte et de me réveiller (1) ; mais, à part ce cas, ils rentraient au camp les uns vers dix heures, les autres vers midi, selon la distance. A mon réveil, je les faisais appeler. Quelquefois des contradictions se produisaient. Témoin ce dialogue.

« Eh bien ! quoi de nouveau ? »

Premier groupe : « Le petit rhinocéros a bu cette nuit ; il n'y a pas autre chose ; le lion n'est pas venu. »

Deuxième groupe : « Il est venu chez nous ; le petit rhinocéros aussi. »

Premier groupe : « Ce n'est pas possible, puisqu'il a pris du côté opposé au vôtre, et nous l'avons suivi jusqu'aux collines. »

Deuxième groupe : « Pourtant il est venu, nous l'avons bien reconnu. » (Sourires de doute et ricanements du premier groupe.)

J'interviens : « Où sont les pailles ? »

— « Voici. »

---

(1) Par exemple, si des éléphants avaient visité la mare, assez tard dans la nuit pour que j'eusse quelque chance de les rattraper, ou bien si mes émissaires faisaient la découverte d'un lion dormant à l'ombre de la retraite d'un rhinocéros, etc.

Je compare et je constate qu'il s'agit du même animal.

Deuxième groupe, triomphant : « Ah ! vous voyez bien ! Il n'y a que vous qui connaissiez les pieds (traces), espèce de chasseurs ! ».

Premier groupe, dédaigneux : « Vos traces ne sont pas d'aujourd'hui ; elles sont d'hier, voilà tout. »

Deuxième groupe : « Comment ! pas d'aujourd'hui ! De ce matin même. » (Bruit.)

— « C'est bien, dis-je, Tambarika va aller voir qui a tort. »

Troisième groupe : « Le lion a bu encore cette nuit pour la troisième fois presque au même endroit ; il a tué dans les environs un kob que les vautours ont fini ce matin. Nous avons vu une *palap'ala* (antilope noire) énorme, extraordinaire... »

Je sais à quoi m'en tenir sur l'exagération des noirs. Je consigne tout ce qui précède sur un de mes carnets, comme chaque jour. Dans le courant de l'après-midi, Tambarika revient avec son rapport : c'est le premier groupe qui a raison, les traces sont de la veille. Le deuxième groupe est hué, traité d'*azimba* (sauvage), et suscite une hilarité générale, surtout, comme cela arrive toujours, de la part de ceux qui ne sont pas capables de distinguer si une piste est de la veille ou date de quinze jours.

Le jour en question, par exemple, je décide d'aller tenter la chance à la mare où le lion a bu trois fois de suite ; malheureusement il ne revient pas.

Le lion et le rhinocéros n'ont pas les mêmes habitudes : le premier reviendra longtemps boire au même endroit, tandis que le second ne visitera jamais une mare plus d'une ou deux fois de suite, s'il en a une autre à sa disposition.

Une fois décidé à chasser dans une région, j'avais à chacune des mares un affût préparé consistant soit en une cahute comme celle que j'ai déjà décrite, soit en un petit retranchement en terre ou en pierre, construit de façon à nous protéger *surtout par derrière.* Le plus ordinairement je me servais d'une des termitières qui abondent sur le bord de l'eau et qui y forment des élévations. Je m'y taillais un siège et je la faisais entourer en arrière d'épines, de façon à ne pas être surpris de ce côté (1). D'autres conditions sont indispensables à l'établissement d'un affût : par exemple, d'être sous le vent de l'animal qui boit, pas trop près, pas trop loin, en dehors de la ligne par laquelle il vient généralement et surtout pas trop haut, ce qui gêne le tir. Parfois, lorsque les termitières manquaient et que je ne pouvais faire autrement, je me suis installé sur un arbre; mais, en échange d'un seul avantage, qui est de n'être pas senti, cette position offre de graves inconvénients, à commencer par l'impossibilité où on se trouve de remuer ou de changer de place selon les besoins. L'arbre n'offre guère de sécurité, attendu qu'on ne peut y monter que s'il est rabougri (les grands arbres étant hors de notre portée), et alors n'importe quel animal peut y sauter, témoin un

---

(1) Sur ce siège, afin ne pas être piqué par les termites, je faisais étendre soit une peau, soit un morceau de toile à voiles, un vieux sac, etc.

léopard blessé qui faillit atteindre un jour notre perchoir et nous culbuta tous à terre, pêle-mêle, au risque de nous faire rompre le cou et de nous recevoir sur l'échine ; il se sauva, effrayé par ce qu'il venait de faire. Non, décidément, un arbre ne vaut pas le plancher des vaches ; il y a incontestablement du danger à attendre ainsi des animaux redoutables par une nuit noire, mais on conserve la possibilité de fuir, si douteuse soit-elle, et, malgré la difficulté de la chose, cette pensée rassure et donne confiance ; on peut se cacher derrière sa termitière et même au besoin choisir à l'avance un arbre à proximité où l'on se ménage un refuge ; on peut varier sa position selon les occurrences ; on est d'ailleurs libre de ne pas tirer, de ne pas manifester sa présence, si l'on sent que le danger est trop imminent.

Et puis il faut se souvenir que, dans cette chasse, l'homme a l'avantage de la surprise ; c'est lui qui attend, aux aguets, l'animal sans méfiance. Si, dans les premiers temps, je me sentais énervé et plein d'appréhension, j'ai bientôt pris l'habitude de ce genre de chasse. Il va sans dire que les émotions qu'elle procure sont bien plus violentes que celles que donnent les rencontres de jour : dans ce calme absolu, une feuille qui tombe, une ombre, une petite branche qui craque, sont autant de sujets d'émotion, et le cœur bat plus d'une fois à l'approche d'une inoffensive antilope dont on ignore l'identité.

Si la chasse de jour est souvent une affaire de coup d'œil, de rapidité de jugement, *la nuit, au contraire, tout est sang-froid et calcul;* il faut toujours se méfier de ses sens, car les erreurs que l'on commet sont nombreuses; les animaux eux-mêmes ont, la nuit, des allures inaccoutumées; ils examinent longuement les objets suspects, tournent lentement autour et vous donnent ainsi, à vous chasseur, le temps de la réflexion. Vous avez en outre plusieurs chances qui vous favorisent : la chaleur étouffante de la journée écoulée qui altère les animaux, l'absence d'autres abreuvoirs à proximité, la tentation très forte que le fauve a de boire, même s'il soupçonne qu'il y ait du danger.

Ajoutez encore à cela, comme dans mon cas, un projecteur électrique capable de lancer dans l'ombre une traînée de lumière, et des armes perfectionnées qui, bien dirigées, ont un effet terrible.

On serait tenté de croire que, avec tant de précautions, avec cette façon de me renseigner et cette persévérance, j'aurais dû chaque nuit abattre, blesser ou tout au moins... manquer un animal quelconque. Il n'en est rien. Dans le courant des années 1892, 1893, 1894, 1895 et 1896, j'ai passé ainsi 185 nuits entières, du coucher du soleil à son lever, soit 37 nuits par an, d'octobre à décembre (1). Sur ces 37 nuits, j'ai eu, en moyenne :

16 nuits *complètement blanches, sans rien voir ni entendre*, c'est-à-dire presque la moitié ;
6 nuits où *j'ai vu quelque chose, mais sans pouvoir tirer* ;
7 nuits où *j'ai tiré, blessé ou manqué des bêtes* que je n'ai pu retrouver ;
8 nuits où *j'ai tué sur le coup ou retrouvé le matin* les animaux morts.

(1) Années 1892 : 21 nuits; 1893 : 32 nuits; 1894 : 35 nuits; 1895 : 45 nuits; 1896 : 52 nuits.

8 jours de succès sur 37 ! Cela me suffisait, car je tuais ainsi des fauves qui me payaient largement de ma peine. Mais aussi que de découragements j'ai traversés, que de moments de véritable angoisse ! Combien de fois, en rentrant las de ma nuit d'attente, où la fièvre m'avait rendu seule visite : me suis-je dit : « Je n'y retournerai plus ! » et le soir j'y étais de nouveau ! Il y a dans cette vie de chasseur nocturne, une foule de sensations qui demanderaient, pour être bien décrites, une plume plus brillante que la mienne ; j'essayerai peut-être un jour de les raconter en détail, car tous les incidents en ont été soigneusement notés. Pour le moment, je ne veux relater que certaines séances d'affût de l'année 1895. Il vaut mieux, n'est-ce pas ? raconter quelques-unes des 8 nuits qui eurent un résultat heureux, plutôt que les 29 autres où il a été négatif. Au cours de ce livre, je ne saurais assez le répéter, j'ai évité à dessein de parler des déconvenues, des échecs, des désappointements que j'ai éprouvés, car c'eût été faire le récit non de chasses, mais d'aventures qui avaient failli en être ; néanmoins, j'insiste sur ce point que, si j'en épargne l'ennui au lecteur, je n'en ai pas moins eu, comme tout le monde, bien plus d'échecs que de réussites.

Mes premières nuits en 1895 se sont passées en un chassé-croisé que je mettrai sur le compte de la chance... de mes adversaires. Le soir où je vais à la mare nord, ils boivent tous à la mare sud, et, quand je m'embusque au bord de celle-ci, plus personne. Parmi les habitués de ces abreuvoirs, il y a deux rhinocéros étrangers l'un à l'autre, un lion énorme solitaire, deux lions ensemble, plus une autre famille de trois de ces animaux, deux femelles et un mâle. Jusqu'à présent ils ne me paraissent pas avoir de mare attitrée ; ils se promènent la nuit dans le pays et connaissent très bien, à ce que je vois, l'existence des quatre nappes d'eau :... Ils boivent n'importe où. Je m'en rapporte donc au hasard, et c'est avec les deux lions qu'a lieu la première rencontre.

Nous sommes embusqués, avec Tambarika et Kambombé, à la grande mare sud. Entre le coucher du soleil et le lever de la lune (qui ne doit paraître que vers neuf heures), l'obscurité est profonde. Notre affût est au pied d'une termitière, à gauche de la mare et à dix mètres de son bord, autour duquel il y a un petit escarpement d'un mètre en pente douce. J'ai l'express n° 2 chargé de deux balles expansives, pour le lion, avec le projecteur et les mires lumineuses ajustés au canon (1) ; j'ai l'express n° 1 chargé de deux balles pleines, pour le rhinocéros ; près de la main, le winchester à chevrotines, dont je me servirai à bout portant en cas de danger imminent, de corps à corps. Mes hommes ont le 303 et une carabine Martini, en prévision de la même éventualité. La pile électrique est fixée derrière moi à un piquet auquel elle est attachée pour qu'un mouvement brusque ne la renverse pas.

L'obscurité est complète depuis un quart d'heure.

---

(1) Pour ce projecteur et ces mires, voir *Mes grandes chasses*, p. 311.

Dans cette nuit noire, la lorgnette, si utile par les clairs de lune, n'est d'aucun secours. Seule, la nappe d'eau reflétant le ciel est un peu plus claire que le reste. Tout autour on ne voit ni ne discerne rien, quoiqu'il y ait alternativement des buissons et de la terre nue, des arbres et des pierres. Aucun bruit. De temps à autre, un silure qui saute dans l'eau trouble le calme ; au loin, dans la campagne, quelques grillons et les notes aiguës et roulées de l'engoulevent (*roumbé*) (1), dont les roulades font songer à notre rossignol... Tout à coup, sans que rien ait trahi son origine, un autre bruit vient du bord de la mare : koum! koum! koum!... On se touche les coudes, tandis que le cœur bat violemment... : c'est le lion qui boit!!!... Il fait ce koum! koum! avec son gosier, lentement, à intervalles d'une seconde, et, pendant plusieurs minutes, il boit ainsi, avec des temps d'arrêt... L'œil ne distingue toujours rien... Les canons de l'express s'abaissent dans la direction du bruit... Il n'y a pas à se presser... Je tourne le commutateur, et un rayon éblouissant montre deux lions, presque blancs sous le jet de lumière, dans la position du chat accroupi qui lape, et du même côté de la mare que nous. Ils tournent la tête à ce moment et, sans changer de position, regardent fixement dans notre direction... les yeux clignotants. Malheureusement, mon projecteur n'est pas bien ajusté : la ligne de tir des mires électriques, semblables à deux petits char-

---

(1) *Cosmetornis vexillarius.*

UN AFFUT NOCTURNE : LIONS SOUS LE PROJECTEUR.

bons ardents, ne concorde pas avec le centre de la clarté; ainsi je vise au cou, et le point éclairé est au ventre!... Il se passe là une seconde d'angoisse!... Que faire? Éteindre? Impossible! Essayons de tirer au jugé... et je presse la détente!... Un renâclement répond au coup de fusil, et, au milieu de rugissements entrecoupés, je vois, dans la lumière diffuse, au milieu de la fumée, un lion qui se roule par terre. Tout à coup il se relève et essaye de grimper l'escarpement léger de la mare; je tire encore, mais mal, tandis qu'il réussit à monter et disparaît dans l'obscurité... En promenant mon projecteur, je cherche à apercevoir au delà, mais, sauf quelques buissons éclairés, je ne vois plus rien. Le lion continue à renâcler à peu de distance... J'éteins la lumière, et anxieusement, le cœur palpitant, nous prêtons l'oreille, nos yeux étant redevenus inutiles... Un rugissement de douleur... puis un autre, tout près, derrière nous, tandis que, le doigt sur la gâchette, nous écoutons attentivement... Est-ce qu'il nous tournerait, par hasard?... Non... Une heure se passe. Nous entendons encore une plainte plus faible, mais presque au même endroit... Oh! bonheur! la bête est encore là!... Elle est donc hors d'état de fuir!...

Vous devez penser que, ne songeant pas encore au suicide, je me garde bien de bouger. La lune se lève, quelques antilopes qui viennent boire s'enfuient tout à coup, ayant flairé sans doute le redoutable personnage à proximité. La nuit se passe sans autre incident; le lion se lamente faiblement par intervalles, nous donnant des émotions jusqu'au matin; vers l'aube, on cesse de l'entendre. Au jour naissant, mes hommes, du haut de la termitière, cherchent vainement à le découvrir.

Dès qu'il fait jour plein, nous quittons notre poste et, contournant la termitière, nous nous avançons avec précaution jusqu'à un petit arbre. Kambombé y monte aussitôt et nous signale le lion couché contre un buisson, à vingt mètres de là; il ne distingue que sa queue et ses pattes de derrière; rien ne bouge. Je fais un détour et, étouffant le bruit de mes pas, j'arrive jusqu'à dix mètres du fauve... Sa tête reste cachée, mais j'aperçois le reste du corps couché sur le côté droit; me dissimulant derrière un taillis, je regarde avec ma lorgnette si son flanc se soulève; mais deux minutes se passent sans que j'aie observé aucun mouvement. Je fais jeter une motte de terre près du lion, prêt à l'ajuster s'il se lève; mais il ne se lèvera plus : il est bien mort.

Nous approchons, et j'ai le plaisir de contempler, étendue dans une mare de sang, une bête magnifique sans crinière. La balle a brisé l'épine dorsale ou, tout au moins, a dû la détériorer assez pour qu'elle se casse après que l'animal a eu fait quelques pas; le haut des poumons est haché, ainsi qu'une partie du foie. Aucune trace du deuxième coup.

Comme nous terminons notre examen, nous apercevons un groupe d'hommes dans le lointain : ce sont des gens du camp. Malgré l'éloignement, le silence de la nuit leur a permis d'entendre les coups de fusil, et Bertrand a envoyé voir ce qu'il y avait de nouveau. Ce renfort arrive fort à propos, et, grâce à son aide, le lion fait bientôt son entrée au camp, où, deux heures après, sa peau, soigneusement traitée, est exposée au soleil, tendue sur des piquets en acier (1). Son crâne est enterré afin d'être débarrassé de ses chairs ; après examen de l'estomac, qui contient du zèbre, la carcasse est portée loin du camp et abandonnée aux vautours.

Deux ou trois nuits blanches se passent après celle que je viens de raconter. Un soir, à la mare nord, le rhinocéros s'approche de nous, tourne autour de la mare et, après nous avoir mis « l'eau à la bouche », s'en va sans en mettre à la sienne : ses soupçons, plus forts que sa soif, l'ont empêché de « consommer ». Comme il fait clair de lune, j'ai bien envie de me mettre à sa poursuite ; mais la perspective d'être chargé, même à la lueur douce et poétique de l'astre des nuits, me fait renoncer à cette idée. Je le laisse donc s'éloigner. Il s'en va tranquillement, reniflant de temps à autre avec méfiance comme pour dire : Décidément, cet endroit ne me plaît pas ! Nous en sommes pour nos frais, après avoir failli être flairés... et chargés.

Ce sont sans doute les traces de nos hommes du matin qu'il a senties et qui l'ont mis en défiance. Il faut éviter de marcher autour d'une mare où l'on attend un rhinocéros ; son odorat est si développé

---

(1) Je donne à la fin de ce livre, pour les chasseurs naturalistes, quelques indications sur la façon de conserver les peaux d'animaux et les trophées qu'ils destinent à leurs collections.

qu'il s'en aperçoit aussitôt. Aussi mes « brigades de renseignements » avaient-elles la consigne d'arriver à la file indienne et d'entrer dans l'eau; les hommes faisaient ainsi le tour de la mare et examinaient les bords tout en gardant les pieds dans la vase; et enfin ils se retiraient par le chemin qu'ils avaient pris pour venir, de façon à ne laisser qu'en un seul point des traces de leur passage.

Un soir, nous nous installons à la petite mare sud qui est très longue et étroite (1). Pour être à portée égale de tous ses points, nous avons dû nous placer au milieu d'un des grands côtés, profitant d'une termitière qui s'y trouve (A). Cette position offre l'inconvénient sérieux de nous faire sentir par tout ce qui viendra à notre gauche (D). Pour nous ménager une retraite en cas de charge, nous taillons en gradins le bas de la termitière, afin de descendre à l'eau facilement, car les bords, de ce côté, sont à pic, surplombant la mare de près de deux mètres. En face de nous, à 5 ou 6 mètres, le bord opposé, moins escarpé, mène à une plaine dépourvue d'obstacles, à l'exception de quelques touffes d'arbustes disséminées. En cas de danger, nous nous laisserons dégringoler dans l'eau, nous la traverserons et filerons dans la plaine en face, où, à 150 mètres, les branches basses d'un arbre isolé nous offriront un refuge (B). Quant au rhinocéros, ne pouvant sauter deux mètres, il sera obligé de faire le tour, ce qui nous donnera le temps de prendre de

---

(1) Le croquis ci-joint aidera le lecteur à suivre les péripéties de cette nuit.

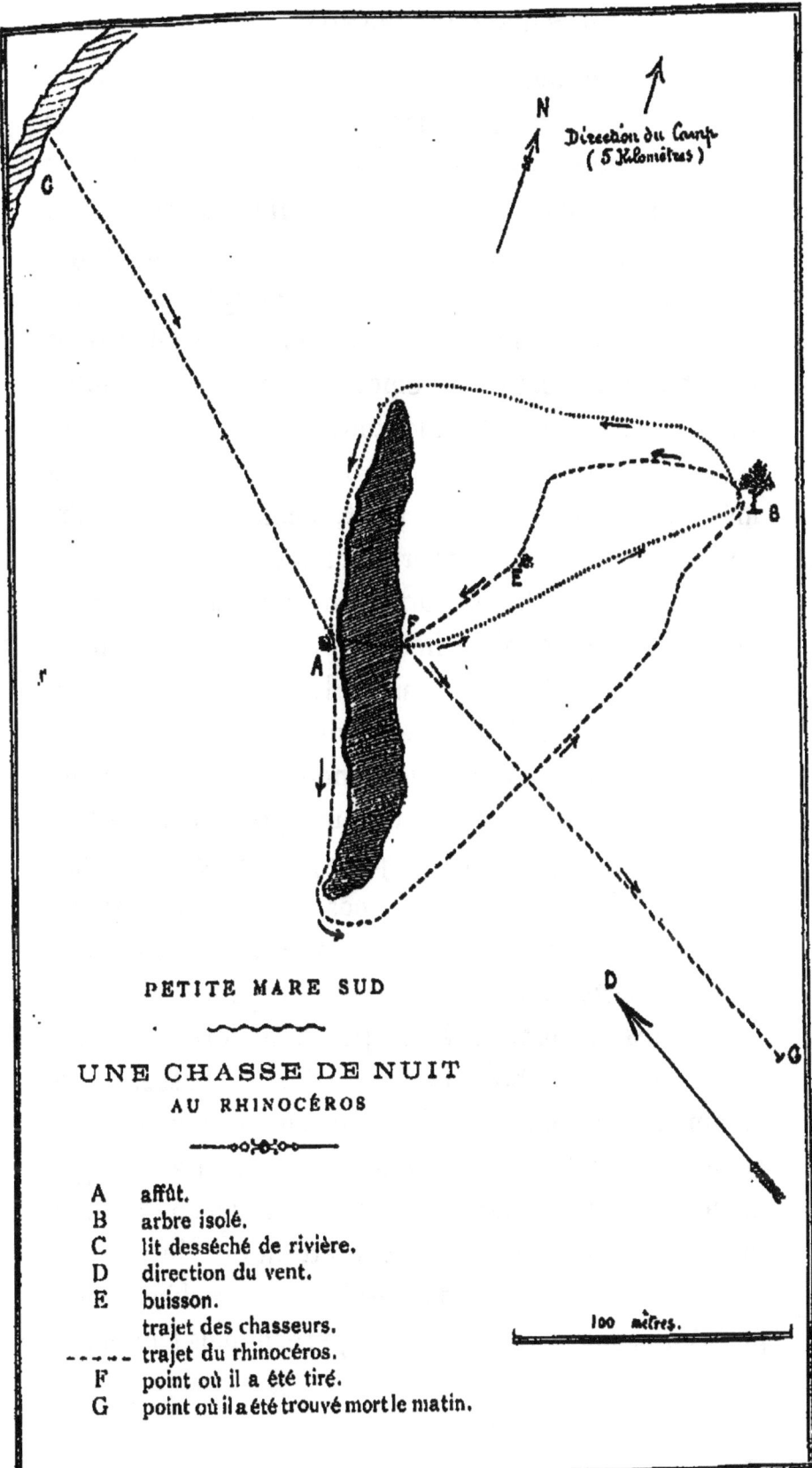

l'avance. Ce petit calcul avait été fait par Rodzani, dès le début de l'installation. Nous en étions à la cinquième ou sixième nuit passée sans incident. Les quelques animaux qui avaient troublé la monotonie de notre attente, des buffles, des antilopes en majorité, avaient abordé la mare du côté opposé au nôtre. Ces animaux n'aiment pas à descendre un talus pour aller boire, car cet escarpement leur dérobe, lorsqu'ils sont en bas, la vue des alentours, et ils craignent les surprises. Mais du rhinocéros il faut toujours se méfier, et nous avons bien fait, comme on va le voir, de ne pas nous en rapporter au hasard.

Nous nous installons donc un soir comme je viens de le dire. La première heure se passe très tranquillement. Quoiqu'il n'y ait pas de lune, la nuit est très claire, le ciel étoilé. Derrière nous, à 200 mètres (C), se trouve un lit de rivière à sec jonché de feuilles sèches qui sont de précieux avertisseurs pour nos oreilles aux aguets; depuis quatre jours, notre pachyderme n'a pas fait la moindre visite à ces parages. Ce silence, cette monotonie de l'attente, mon immobilité, me donnent cette nuit-là une certaine torpeur : j'ai toutes les peines du monde à ne pas m'endormir; je me rotte la tête, je bois de l'eau, afin de chasser.... le sommeil. Mes hommes, silencieux comme des statues, selon leur coutume, écoutent et regardent avec vigilance. De temps à autre ils me touchent du coude pour me signaler ce qui attire leur attention; je prends aussitôt ma jumelle et, d'après l'allure, la démarche, plutôt que par la vision directe, je reconnais l'animal :

c'est tantôt une hyène, qui se reconnaît à sa croupe tombante et ensuite à son lapement, tantôt une antilope avançant comme une ombre sans le moindre bruit, restant pendant plusieurs minutes immobile avant de reprendre sa marche; puis tout disparaît, et le calme reprend. Une de mes plus grosses privations dans ces nuits d'affût est de ne pouvoir fumer; ah! que les heures seraient moins longues si on pouvait passer ainsi une partie de son temps! Mais nous sentons déjà assez par nous-même (pour l'odorat des animaux, et aussi pour celui des Chinois, paraît-il), sans aller augmenter notre odeur *sui generis* par les émanations encore plus fortes de la fumée du tabac.

Vers onze heures, nous avons brusquement la preuve évidente que nos individus répandent un arome fort désagréable pour le nez délicat de certains animaux. Nous percevons d'abord comme de longs balayements dans les feuilles sèches du lit de rivière qui est derrière nous..... Bien éveillé, ayant maintenant toute ma présence d'esprit, j'écoute avec émotion, car voici bien le pas lourd d'un animal de grande taille... Il traverse, puis il sort sur notre gauche, et aussitôt un reniflement puissant comme le jet de vapeur d'une locomotive résonne dans le silence de la nuit... Nous avons reconnu l'irascible *bicornis* que nous sommes venus chercher, mais que, à vrai dire, nous attendions d'un autre côté... Nous nous demandons avec l'anxiété que l'on pense si, oui ou non, nous avons été sentis... Dans quelques secondes nous allons être tout à fait fixés.....

En effet, une galopade furieuse qui approche, le bruit intermittent d'une petite trompette et d'un souffle puissant, le fracas des buissons brisés, nous apprennent qu'il n'y a pas un instant à perdre, et nous décampons par ce que j'appellerai notre porte de sortie, c'est-à-dire que nous dégringolons en hâte le talus. Entrant dans l'eau jusqu'au ventre, nous gagnons l'autre rive à grandes enjambées, et nous détalons sur la plaine au moment où notre assaillant arrive à la termitière fou de rage, soufflant et reniflant comme une machine à vapeur. A quelques pas de l'arbre protecteur, nous nous arrêtons, tendant l'oreille et écarquillant nos yeux pour regarder. Avec nos petits bagages, nous devons avoir l'air assez comiques : l'un de mes hommes porte ma pèlerine, la bouteille d'eau et la pile électrique; l'autre tient un fusil dans chaque main; moi aussi. Il va sans dire que nous sommes prêts à jeter tout ce qui nous embarrassera; mais, pour le moment, le danger n'est pas imminent, le rhinocéros, en arrivant à notre termitière, ayant dû perdre notre vent. Mais où est-il? C'est ce qu'il faut savoir sans retard. Il n'y a guère que l'oreille qui puisse nous renseigner.

Un nouveau reniflement et le bruit des branches nous apprennent qu'il longe la mare à droite de notre poste d'affût... Il faut prendre un parti sans perdre un instant! Nous décidons de retourner immédiatement à notre termitière, car la bête ne peut pas nous sentir maintenant : seulement elle est peut-être arrêtée et sur ses gardes; évitons donc de faire du bruit. Aussi jugeons-nous prudent de ne pas passer l'eau, mais de faire le tour de la mare du côté opposé à celui qu'a pris le rhinocéros, de façon à arriver à la termitière par la gauche. Vite nous mettons, sans encombre, cette idée à exécution. A peine sommes-nous revenus à notre affût, que nous entendons le pachyderme, qui, lui aussi, a fait le tour de la mare en sens inverse, renifler dans la plaine que nous venons de quitter... Quelques minutes de plus, et nous nous rencontrions de nouveau ! La lorgnette ne me montre qu'une ombre grise, très vague, qui s'avance dans la plaine, mais trop loin, vu l'obscurité, pour que je puisse songer à tirer... Il n'y a qu'à attendre... Pendant une demi-heure, l'animal nous fait passer par toute la gamme des émotions humaines ; irrité outre mesure, il va et il vient, il retourne sur ses pas, toujours invisible et toujours reniflant. A un certain moment, il a dû arriver près de l'arbre, à l'endroit où nous nous sommes arrêtés pour écouter, car il souffle avec encore plus de colère et de précipitation ; mes hommes disent : « Ce n'est pas un rhinocéros, c'est un steamer. » Ils prononcent « stima ». En effet, c'est une machine sifflante, soufflante et cornante qui bat les environs et nous cherche partout où sa petite cervelle lui suggère des soupçons ; nous craignons surtout qu'il ne revienne par la gauche et ne nous charge de nouveau. En plein jour, ce petit jeu peut encore être admis ; mais au beau milieu de la nuit, alors qu'on y voit à peine pour se diriger, jouer à cache-cache avec un rhinocéros furieux, c'est un passe-temps que je ne recommande pas aux personnes dont les nerfs sont délicats. Votre impuissance à voir vous surexcite outre mesure; vous sursautez au moindre craquement, au moindre froissement, et votre oreille même finit par vous tromper sur la position réelle de l'animal que vous entendez.

Le bruit finit par cesser, et nous jugeons que le rhinocéros est parti (1). Plus d'une demi-heure se passe ainsi. Je considère déjà la nuit comme perdue et notre rencontre comme ne devant pas avoir d'autre suite, quand tout à coup mes hommes et moi, nous voyons une ombre qui vient en face, de l'autre côté de l'eau, et je distingue le rhinocéros. Il arrive au petit pas, sans bruit, droit sur nous. Si je n'étais au courant des mœurs de l'animal, je jurerais qu'il nous voit et va traverser l'eau; mais son air calme, sa tête levée, dénotent l'absence de soupçon : il vient tout simplement boire ; sa méfiance est apaisée. Le voici au bord de l'eau, et par conséquent à 6 mètres de nous. Il s'arrête, nous faisant face (F), écoutant et paraissant tellement nous regarder et nous voir que je ne puis m'empêcher de murmurer à nos hommes : « Il nous voit! » — « Non, non, il ne nous voit pas; il va descendre pour boire; attendez qu'il soit en bas », répondent-ils à mon oreille. Mais un dernier soupçon le prend : il s'arrête sur le bord et se tourne pour regarder derrière lui,

(1) J'ai vu le lendemain que le rhinocéros n'avait pas quitté un instant la plaine; il s'était planté au milieu, contre un taillis, (E) et y était resté immobile, attendant sans doute quelque bruit ou quelque saute de vent qui lui apportât des renseignements sur nos mouvements.

Mais un dernier soupçon le prend : il s'arrête sur le bord...

s'offrant entièrement de profil à mon fusil. Comme je le distingue nettement, je veux profiter de sa position, et, sans me servir du réflecteur, visant bien à l'épaule, je lâche l'un après l'autre deux coups d'express... On entend les balles qui frappent violemment....

A peine la détonation a-t-elle retenti qu'un bruit de galopade s'éloigne dans la plaine, et les questions habituelles s'échangent entre nous : « Peut-être l'ai-je manqué ou blessé légèrement? » — « Oh! non; votre balle a bien frappé, il n'a pas poussé un grognement, nous le retrouverons demain, mais peut-être très loin. Nous saurons à quoi nous en tenir quand il fera jour! »

Quand il fera jour!... Voilà la seule réponse à l'incertitude sur le résultat de ces chasses nocturnes où l'arme est hésitante, l'œil indécis, plein de vague, où l'on manque de confiance en soi. Ces heures qui vous séparent du lever du soleil paraissent interminables.

Le jour venu, nous partons sur la piste, où des jets et de gros caillots succèdent à des gouttes de sang d'abord espacées. Quand on voit cela, « le cœur rit, » comme disent les indigènes pour exprimer le bonheur : la victoire est à peu près certaine. A 200 mètres de la mare, le rhinocéros est tombé à plat ventre, ses quatre jambes repliées sous lui (G). C'est le gros rhinocéros signalé par la brigade des recherches, une femelle qui porte une très belle paire de cornes. Les balles ont perforé, l'une le cœur, l'autre les poumons, un peu au-dessus; toutes deux ont traversé complètement l'animal, s'arrêtant du côté opposé, juste sous la peau, qu'elles soulèvent en formant des protubérances.

Toutes ces balles, et celles avec lesquelles j'ai abattu mes principales victimes, je les ai extraites de leur corps et je les ai conservées, réunies en une petite collection que je regarde avec une certaine fierté. Aplaties, écrasées, tordues, difformes, mes « balles célèbres », comme je les appelle, portent chacune une étiquette qui rappelle son exploit.

La mort d'un rhinocéros apporte toujours l'allégresse au camp. Comme pour l'éléphant, ses pieds et son cœur sont à peu près les seuls mets qu'un Européen puisse s'offrir : tout le reste est dur, coriace, bon tout au plus pour faire soit du pot-au-feu, soit du beltong à l'usage des indigènes.

Deux jours après, à la mare nord, j'ai la plus affreuse déveine que j'aie jamais constatée : les lions viennent à deux reprises; la première fois j'en manque deux coup sur coup, et la seconde un encore; je rentre bredouille, ayant vu *trois lions à la mare dans la nuit!* Ne serait-ce pas la faute du projecteur? J'ai déjà indiqué son défaut. Je croyais bien y avoir remédié; mais l'endroit sur lequel porte le centre lumineux continue à ne pas concorder avec la ligne de mire. Recourant à un autre expédient, je sépare le projecteur du fusil et je l'attache sur un bâton qu'un de mes hommes tiendra. C'est cet auxiliaire désormais qui dirigera le jet de lumière sur l'animal dont il suivra les mouvements; je pourrai ainsi de mon côté viser tout à mon aise. Cette amélioration a été très satisfaisante, mais pourquoi diable ne l'ai-je pas trouvée plus tôt?

Sur les trois lions que j'ai tirés, je crois n'en avoir blessé qu'un, et encore assez légèrement. Sûrement, les deux autres reviendront; mais quand? Et où nous rencontrerons-nous de nouveau? Combien de nuits faudra-t-il pour retrouver cette occasion manquée?

Une semaine s'écoule encore avec des alternatives de découragement et d'espoir, mais sans le moindre succès. A ce moment, une attaque de fièvre m'oblige à prendre deux ou trois jours de repos au camp. Nous sommes, je le rappelle, installés sur le bord d'une mare, et sous le vent de celle-ci, à quelques mètres à peine de son bord, abrités par un bouquet de grands arbres touffus qui, par leur ombrage, nous ont engagés à nous établir ici. Tout autour, une palissade d'abatis, de branches et d'épines; à l'intérieur, des appentis où les hommes se couchent à l'ombre.

Le 29 octobre, au matin, arrive le courrier d'Europe avec quatre mois de lettres et de journaux. Le soir, tandis que Bertrand dort déjà, moi, je suis étendu, à la belle étoile, sur ma natte (je ne me sers pas de tente ni de lit de fer pendant la saison sèche); je ne suis pas encore déshabillé, mais seulement déchaussé; à côté de ma tête, sur une pierre qui me sert de table de nuit, j'ai installé une lanterne, et je lis mon *Figaro* de juin. Autour de moi, un grand silence, quelques feux mi-éteints, des hommes qui dorment; il peut être neuf heures, et il fait clair de lune. Tout à coup Msiambiri, qui prenait un bain dehors, arrive demi-nu et ruisselant : *Pembéré, msoungo, pembéré!* (Rhinocéros, monsieur, rhinocéros!)

Je saute pieds nus dans mes pantoufles, je boucle mon ceinturon à cartouches qui est à portée de ma main, j'empoigne l'express n° 1, Msiambiri saisit l'autre, et une demi-minute après nous voici dehors, nous avançant sur la lisière obscure des arbres..... J'aperçois une masse grise immobile sur le bord, mais trop loin de moi. Laissant Msiambiri derrière, je m'avance dans l'ombre jusqu'à vingt mètres de l'animal. Je m'agenouille; mais impossible de tirer : je ne vois pas assez bien... Rampant sur les mains dans les herbes aquatiques, je me traîne de nouveau jusqu'à dix ou douze mètres de l'animal. Celui-ci commence à se méfier, peut-être même me voit-il; se tournant légèrement vers moi, il me fait complètement face, tandis qu'il corne un peu... Il va charger, me dis-je; il n'y a pas à reculer! Et mettant bien mes canons dans la direction de son poitrail, je lâche le coup de droite, réservant celui de gauche. D'un bond, je saute hors de ma fumée et je rentre dans les herbes, tandis que le rhinocéros charge à peu près jusqu'à l'endroit d'où j'ai tiré, faisant beaucoup de vacarme avec ses sabots, qui glissent sur les cailloux; puis il s'arrête là, s'en retourne au petit trot et disparaît avant que j'aie pu de nouveau me placer et faire feu. Je suis une fois de plus très incertain de l'avoir touché; j'ai bien entendu ma balle frapper et l'animal cesser son bruit qu'il a repris ensuite, comme si je lui avais coupé la respiration ; mais je ne saurai à quoi m'en tenir que demain.

Comment ce rhinocéros a-t-il pu arriver sans s'en apercevoir presque sous le vent de notre camp où il y a trente hommes? C'est bien anormal, bien difficile à expliquer de la part d'un animal aussi méfiant. Il est probable que, par dérogation à ses habitudes, il sera venu au vent et aura alors rencontré la mare tout à fait par hasard. Il ne pouvait la sentir sans nous sentir aussi, et il est probable, certain même, que, en ce cas, il eût chargé le camp, passé à travers la palissade et piétiné tout ce qu'il y eût trouvé, tandis que nous nous serions sauvés pêle-mêle dans la plaine.

Quoi qu'il en soit, ce malheureux pachyderme avait eu, en venant nous rendre visite, une bien mauvaise inspiration : elle lui coûta la vie.

Le lendemain, au jour, on vint me prévenir, à ma grande satisfaction, qu'il y avait du sang sur les cailloux de la rive. Dans l'éventualité d'une poursuite peut-être longue, nous nous équipons, mes hommes et moi, emportant des vivres et de l'eau. A peine nous sommes-nous mis en route, et avons-nous débouché sur une plaine, que Tchigallo s'écrie : Le voilà ! et nous voyons sur notre droite le rhinocéros affaissé. Il doit être mort quelques instants après mon coup de fusil qui, en cette circonstance, a été des plus heureux, quoique tiré à peu près au jugé. Mais quelle blessure terrible! Jugez plutôt : l'animal étant presque de face, la balle est arrivée le long de sa mâchoire droite, a creusé dans la peau un sillon profond et est entrée dans le cou; elle a traversé la masse charnue dans toute sa longueur, a perforé la partie supérieure du cœur et est tombée enfin contre le diaphragme, après avoir troué deux fois la peau et suivi une ligne à peu près horizontale à travers *75 centimètres de chair et de muscles!* L'autre jour déjà, j'avais transpercé l'animal de part en part! Que peut-on demander de plus à une arme? Mais ce ne sont là que deux exemples entre beaucoup de ce que j'ai fait avec mon express n° 1.

Ce rhinocéros, qui est venu se faire tirer près du camp, c'est celui que nous appelions « le petit », celui qui fréquentait généralement la mare nord et qui nous avait un soir déjà brûlé la politesse en ne venant pas boire. Quoique ses empreintes fussent plus petites que celles de la femelle, c'était néanmoins un animal de forte taille, ne différant de l'autre que de quelques centimètres.

Il était tombé au milieu d'un décor charmant : une plaine à l'herbe rare semée de bouquets de mitsagnas; au fond, une ligne de collines élevées; un de ces paysages éclairés par le soleil levant, paysages délicieux dont l'Afrique centrale a le secret. J'ai conservé ce tableau comme tant d'autres au moyen de la photographie, et le lecteur en jugera par la reproduction que j'en ai faite (1).

Après la mort de celui-là, les rhinocéros sont finis! comme disent mes hommes. En effet, il n'existait que

---

(1) Voir la gravure intitulée : « La mort du visiteur nocturne. » (Le camp se trouvait à une centaine de mètres sur la gauche.)

LA MORT DU VISITEUR NOCTURNE.

(Page 104)

ces deux-là dans le district, et la « brigade de renseignements » n'en voit plus désormais de traces.

Restent les lions, au nombre de cinq, dont trois ne figureront jamais dans ma collection.

Ma rencontre avec les deux autres a lieu au commencement de novembre, à la grande mare sud qui, décidément, a le privilège des lions, car c'est là que j'en ai tué un quelque temps auparavant. Notre position est la même que cette nuit-là ; c'est encore Tambarika et Msiambiri qui sont de la partie ; seulement la lune nous éclaire jusque vers minuit ou une heure, et, pendant ce temps, rien ne vient. Vers trois heures, à peu près, comme il fait noir et froid, des lions rugissent dans le lointain. Ils viennent de manger sans doute et vont venir boire. Les rugissements se rapprochent, puis cessent. Le ronflement caractéristique par lequel je suppose que les lions causent entre eux annonce bientôt leur arrivée... Ils passent à notre droite tournent autour de la mare et descendent de l'autre côté, c'est-à-dire en face de notre poste et à droite. La distance est de dix à douze mètres, l'escarpement mesure un mètre environ ; une pente douce le précède, venant de l'eau. Aidé par l'oreille, l'œil distingue vaguement la robe des fauves comme une note plus claire qui se détache et passe sur les objets environnants, mais on les devine plutôt qu'on ne les voit... Ils marchent sur le bord de l'eau et s'arrêtent enfin... Aussitôt commencent des koum! koum! koum! espacés... Chasseurs, c'est le moment ! tâchons de faire de la besogne meilleure que l'autre jour ! attention !!...

Tambarika tient le projecteur qu'il dirige vers les animaux, Msiambiri pose le doigt sur le commutateur ; moi, je braque mon express avec ses deux mires lumineuses ; je murmure un ordre bref, et le rayon de lumière jaillit, frappant les fauves étonnés... Je ne perds pas une minute à les contempler : tandis qu'ils lèvent la tête vers ce clair de lune improvisé, j'ajuste le premier que j'aperçois... je vise aux omoplates qui, dans sa position accroupie, forment deux bosses sur son dos... Feu !!!... L'autre se sauve en grimpant le talus, suivi pas à pas par le réflecteur... (Bravo, Tambarika !)... Je le tire à l'épaule, et il retombe... je tire encore... et il se roule avec un renâclement, un rugissement rauque et continu... Il arrive enfin à se relever, saute sur le talus et disparaît en rugissant, cette fois à pleine voix, tout en s'éloignant.

Son camarade est bien touché ; sa tête trempe dans l'eau ; il est tombé sur le côté. Ses membres s'agitent dans un dernier spasme tandis que je le couvre de mon fusil rechargé... C'est fini. L'autre, blessé, gémit une ou deux fois dans la plaine devant nous, et le reste de la nuit se passe sans autre incident. Une hyène s'approche, une ou deux antilopes également, mais toutes détalent, affolées, dès qu'elles ont flairé le lion. La hyène revient pourtant peu après. Mais je n'ai pas envie de laisser abîmer la superbe peau qui est là ; c'est un mâle sans crinière.

De peur qu'elle ne touche au cadavre qui m'appartient, je fais projeter la lumière sur elle et lui envoie une balle qui la blesse au ventre, je crois; elle tourne sur elle-même comme un chien qui cherche à s'attraper la queue, avec des hurlements de rage et de douleur entremêlés, et s'éloigne en valsant ainsi par intervalles d'une façon très comique.

Dès qu'il fait jour, Bertrand, qui a entendu mes coups de fusil, envoie, comme la dernière fois, mes autres chasseurs et des hommes, pour le cas où il y aurait un animal à rapporter. Nous nous apercevons que le lion blessé est le gros solitaire dont nous avions plus d'une fois remarqué les empreintes. Atteint grièvement, il a fait de nombreuses haltes dans la plaine, laissant partout de petites mares de sang; mais la matinée entière se passe à sa poursuite, poursuite lente et périlleuse, car ses traces sont à peine perceptibles sur la terre noircie, et les gouttes de sang isolées ne paraissent que sur des plantes ou des buissons. Afin de voir, mes hommes ont fait aux alentours, dans les endroits touffus, plus de cinquante ascensions sur les arbres. Finalement nous perdons tout à fait la piste; l'hémorragie a l'air de s'être arrêtée, ce qui arrive souvent lorsqu'un caillot ferme naturellement l'orifice de la plaie.

A mon très grand dépit, nous abandonnons la chasse vers midi; je déplore vivement la perte de cette bête magnifique. Nous rentrons au camp, je fais mon courrier d'Europe au lieu de me reposer, les hommes qui m'ont apporté ma correspondance devant repartir.

le lendemain à l'aube pour le porter à de Borely. (Il se trouve à six jours d'ici, dans un village.) Avec nos lettres je lui envoie, comme je le fais chaque fois que j'en ai l'occasion, quelques paquets de beltong et les spécimens d'histoire naturelle qui nous embarrassent. Je couche donc au camp cette nuit-là. Le lendemain matin, vers dix heures, on signale dans le lointain deux étrangers qui se dirigent vers nous; il n'y a pas de doute, ils viennent ici. Ils demandent à me voir, posent contre la palissade leurs armes, fusils et sagaies, frappent des mains en signe de salut et, s'asseyent à mes pieds comme des gens que rien ne presse. Sur ma demande, l'un d'eux s'explique : « Nous sommes des
« gens de Bouana Maroungo, et nous avons rencontré
« ce matin vos deux porteurs de lettres sur la route
« des Mafsitis (1); nous leur avons montré les vautours du côté du levant, sur les bois voisins de la
« Mtoudzi. Vos porteurs nous ont dit alors que c'était
« un nyama que vous aviez perdu hier, et que vous nous
« feriez peut-être un cadeau pour être venus vous le
« dire. »

C'est le lion ! c'est le lion ! ! crie tout mon monde. (On avait fait cercle autour de nous pour entendre les étrangers.) Je donne immédiatement à ceux-ci un cadeau d'étoffe avec un paquet de beltong, et ils s'en vont enchantés. Quant à nous, nous partons immédiatement, aussi vite que nous pouvons. L'endroit où nous avons cessé la chasse hier se trouve

---

(1) Sentier qui conduisait de Tête, sur le Zambèze, au pays des Angonis; ancienne route d'esclavagistes.

dans le sud-ouest du camp, et le sentier des Mafsitis que nous connaissons bien passe à peu de distance. Un peu avant d'y arriver, se trouve le lit à sec de la Mtoudzi, une petite rivière qui descend vers le sud.

Or, ces gens, en venant, ont vu les vautours à l'est près de la Mtoudzi, et il y a beaucoup de chances pour que ce soit notre lion; dans le cas où nous ne nous tromperions pas, j'emporte tout ce qu'il faut pour préparer la peau sur place : piquets, seau, couteaux à dépecer, savon arsenical, etc.

Nous arrivons à l'endroit où nous avons abandonné la chasse hier, et, comme les grands arbres masquent le ciel dans l'éloignement, nous faisons un détour vers le sentier des Mafsitis; une demi-heure après, nous commençons à apercevoir les oiseaux de proie. Bientôt nous arrivons au-dessous de l'endroit où ils planent. Au milieu d'une végétation épaisse, que le feu a épargnée, nous nous frayons un passage, et des nuées de vautours blancs et bruns s'envolent à notre approche des arbres environnants. Nous distinguons enfin, un animal brun couché, à moitié caché par un buisson qui fait de l'ombre. La quantité des mouches ne laisse aucun doute sur sa mort. Approchons! C'est notre lion, mais, hélas! bien abîmé; les hyènes ont mordu les pattes, et sa peau enflée annonce déjà la décomposition. Après avoir fait déblayer les buissons et les herbes, je le photographie; on le traîne à l'ombre, et mes hommes le tiennent, tandis que Tchigallo procède au dépeçage. Tous ont cet air calme que donne un nez philosophe; ils entourent cette charogne et se penchent sur elle comme nous nous inclinerions sur une corbeille de fleurs ! Et ce n'est encore rien ! Lorsque les intestins sont mis à jour, une fissure se produit, et il s'en échappe des gaz qui me font fuir, tandis que mes hommes disent simplement, mais sans conviction : *Allé kounounk'a* (il sent mauvais), de l'air dont nous dirions : Il fait beau aujourd'hui.

Depuis que je dépèce des animaux moi-même, mon nez s'est fait à bien des choses, mais les intestins des félins, même fraîchement tués, comme leurs excréments d'ailleurs, exhalent une odeur qui est vraiment insupportable ! Jugez ce que ce doit être en pleine décomposition !

Aussitôt la peau dégagée, je la fais tremper, sans toucher les poils, dans un bain d'alun préparé dans le seau afin qu'en séchant le poil ne « glisse » pas, puis je la fais étendre immédiatement en plein soleil à un endroit que mes hommes ont nettoyé d'avance. Aidé par Tchigallo, et me tenant le nez, je mesure ensuite la carcasse du lion ; je fais enlever la tête et traîner le corps plus loin. Nous allons ensuite nous reposer à l'ombre, au vent, pendant que la peau sèche et que les vautours festinent à leur aise sur le cadavre. Grâce au soin que j'en ai pris, la dépouille a pu être sauvée ; elle porte une splendide crinière presque noire ; malheureusement il a fallu sacrifier les pattes, mais j'ai récolté la plupart des griffes et j'en ai fait confectionner depuis quelques souvenirs pour mes amis.

Voilà un lion sur lequel je ne comptais plus, et je n'ai pas regretté les cadeaux donnés aux deux indigènes qui m'on permis de le retrouver. C'est le plus beau que j'aie jamais tué, un des plus grands que j'aie eu l'occasion de voir : il mesurait 3",54 (11ᵖ,9) du bout du nez à celui de la queue, et son crâne 0",427 (1ᵖ,5). L'état de décomposition ne m'a pas permis de bien examiner le corps. Je crois qu'une des balles a dû entrer en biais et perforer la partie supérieure des poumons, que l'autre s'est perdue dans les reins.

Trois heures de soleil torride suffisent pour assurer la conservation de la peau, et nous repartons pour le camp après l'avoir roulée, le poil en dehors, et passée sur un bâton que portent deux hommes.

Les vautours, eux, ont depuis longtemps achevé leur besogne, et quelques côtes bien nettoyées attendent les hyènes, cette nuit.

La façon inespérée dont nous sommes rentrés en possession de notre fauve défraye pendant plusieurs jours toutes les conversations ; à la suite de cette aventure, je prends un peu de repos ; puis, dans le but de varier mes plaisirs, et afin de me procurer des spécimens difficiles à approcher en temps ordinaire, je passe quelques journées à l'affût au bord de mes mares, seulement en plein jour. Je n'attends pas alors que les animaux viennent boire : s'ils s'approchent à cent mètres, cela me suffit, le 303 les atteint avec facilité. J'ajoute ainsi à notre collection deux magnifiques koudous, un énorme babouin (cynocéphale), un beau spécimen de zèbre, un curieux singe à dos roux, etc.

Plusieurs fois, à la fin des affûts de nuit, lorsque j'avais perdu tout espoir de voir venir de grands animaux, j'ai tué des bêtes nocturnes plus modestes, mais très intéressantes : des lynx, des civettes, des chats-tigres, un cochon sauvage (*koumba*). Ce dernier qui est assez rare, ne doit pas être confondu avec le phacochère, lequel porte de grandes défenses, tandis que le koumba en a de petites. Sa taille dépasse celle de nos sangliers ; il est essentiellement nocturne et d'un brun rougeâtre ; quant à sa chair, elle est excellente. J'ai gardé son crâne.

J'ai aussi abattu un pangolin, cet animal à moitié cuirassé, très curieux et très rare, que les indigènes connaissent à peine. Cette étrange bête ne venait pas boire ; je ne crois pas qu'elle boive jamais. Elle furetait près de notre affût et nous inquiétait doublement : son bruit nous était inconnu, et je n'arrivais pas à reconstituer son identité. Un matin, au petit jour, je lui lâchai un coup de fusil, et nous ne l'entendîmes plus ; nous trouvâmes ensuite quelque chose d'assez semblable à une grosse pomme de pin : c'était le pangolin pelotonné sur lui-même avec ses écailles soulevées ; il s'ouvrit lorsque la raideur cadavérique passa.

Au nombre des animaux qui ne boivent pas ou qui trouvent sous terre des ressources que nous ignorons, je citerai encore en passant le fourmilier, la tortue, le serpent, les rongeurs de la plupart des catégories, agouti, insectivores, etc., les écureuils de mitsagna, les lièvres, etc. ; et, parmi ceux que l'on ne voit jamais à l'eau, mais qui boivent sûrement dans des endroits connus d'eux seuls, les perdreaux, les francolins, les oréotragues, etc.

Ce qui me prouvait que nulle part il n'y avait d'eau, en dehors des mares que j'avais reconnues, c'est la visite biquotidienne que les oiseaux faisaient à celles-ci : le matin et le soir, toutes les petites espèces, les tourterelles en quantité, les pintades ; à midi, les vautours, les marabouts, les corbeaux, les éperviers. En restant plusieurs jours à son poste d'observation, on les voit apparaître avec beaucoup de régularité, les uns aux premiers et aux derniers rayons du soleil, les autres pendant la grosse chaleur. Les animaux qui ne s'écartent guère des parages de l'eau, tels que kobs, reedbucks, phacochères, bubales, etc., boivent en général vers neuf heures ; ils repassent le soir vers quatre heures ; ceux qui s'en éloignent beaucoup, comme les élands, les zèbres, les antilopes noires, les nsoualas, n'ont pas d'heure fixe et viennent quand ils peuvent. Les buffles paraissent plutôt au coucher du soleil, ou bien, voyageant la nuit, ils arrivent généralement de grand matin à l'abreuvoir. Les singes, grands et petits, se montrent vers midi.

Les lions se désaltèrent ordinairement après le coucher du soleil et avant son lever, mais ce n'est pas très régulier : tout dépend de la chasse qu'ils ont faite ; ont-ils bien mangé la nuit, ils iront boire assurément au petit jour, avant de se retirer pour digérer. Le rhinocéros vient à l'eau à peu près vers dix heures, c'est-à-dire deux ou trois heures après la tombée de la nuit, ou le matin avant le jour.

Mais ces habitudes offrent souvent des exceptions ; on ne peut jamais prévoir bien exactement ce que la fantaisie, l'instinct de la conservation ou la méfiance inspirera aux hôtes de jungle africaine.

EN ROUTE POUR LE CAMP !

L'ANTILOPE « INYALA ».

CHAPITRE XI

CHASSE AUX GIRAFES. — HIPPOPOTAMES A TERRE ET DANS L'EAU. — ÉLÉPHANTS.

La vie au milieu des insectes. — Nouveau pays. — Chez les Barotsés. — Traces de girafes : leur poursuite; mort de l'une d'elles. — Couleur de la robe et dimensions d'une girafe mâle. — Différences entre les spécimens sauvages et ceux des jardins zoologiques. — Chasse aux hippopotames. — Le chasseur dans l'eau et l'hippopotame à terre. — Rapidité de la course de cet animal. — Façon de le chasser dans l'eau. — Poids spécifique des viandes. — Leur qualité comestible. — Chair des félins. — Un menu de chasseur. — Chasse aux éléphants. — Les femelles sans défenses. — Un homme blessé par un éléphant. — Mort d'un solitaire. — Éléphant pneumatique. — Une histoire d'obus. — Vautours assemblés. — Chez Moassi. — Serpents. — Danse de python. — Oiseaux insectivores. — L'inyala. — Pêches à la dynamite.

On s'accoutume, dans la brousse de l'Afrique sauvage, à vivre avec une foule de petits ennemis. Le morceau de bois à brûler que l'on ramasse, par exemple, est plein de gentilles surprises; dès qu'une extrémité en est mise au feu, on voit sortir de l'autre, chassés par la fumée, des scorpions bleuâtres, des scolopendres très venimeux, qui cherchent immédiatement refuge dans l'objet le plus voisin, que ce soit un tas de paille ou bien votre propre lit; la lanterne à la lueur de laquelle vous mangez votre soupe y attire et y fait tomber soit des punaises des bois qui l'empoisonnent, soit des bêtes à bon Dieu qui la colorent, soit un bousier, l'insecte sacré des Égyptiens, qui, après avoir roulé des boules dans tout ce qu'il y a de plus sale (là même où s'approvisionnent les papillons et les abeilles (1)!) et tournoyé tout autour du camp, vient se promener sur votre figure ou sur votre morceau de biscuit! Votre sucre est toujours couvert d'une petite foule rousse de minuscules fourmis dont la spécialité est d'aimer le sucre, la graisse, l'huile, le beurre, en un mot tout ce que vous aimez sans fourmis. L'eau est parfois pleine de sangsues, ou bien elle contient des larves (ver de Guinée) qui vous sortent un beau jour par les jambes; de tous côtés les termites émergent de terre et vous rongent vos vêtements, vos chaussures, vos papiers, vos caisses, ne respectant que le fer. Les punaises, importées par les Arabes (elles sont d'une forme plus allongée et plus... élégante que leur congénères d'Europe), envahissent certains villages, au point que les noirs désertent leurs habitations, couchent dehors et finissent par brûler

---

(1) *Mes grandes chasses*, p. 277.

leur hameau avec tout ce qu'ils possèdent, avant d'aller loger ailleurs. Plus rares, mais non moins affamées, sont les puces, plus grosses que celles qui couvrent les chiens européens, surtout nos charmantes bêtes d'appartement. Elles se consacrent au corps, tandis que leurs sœurs cadettes, encore plus gloutonnes, les chiques, s'introduisent dans la chair des pieds, qu'elles dévorent et où elles pondent des milliers d'œufs. Mange-t-on à la lumière, on a son assiette pleine d'insectes; prend-on son repas dans l'obscurité, des goûts étranges, nouveaux, indéfinissables, vous préviennent que vous en avalez quand même, quoiqu'en moins grande quantité; vous n'ouvrez pas un œuf sans y trouver un poulet, ni certains fruits sans y découvrir des vers; les figues du pays (*nkouïou*) sont toujours pleines de fourmis noires, et la viande, d'asticots. Des bêtes partout! Ah! l'entomologie est une science bien intéressante! Les tsétsés, les guêpes, les mouches piquantes, les moucherons, s'occupent de vous le jour, tandis que la nuit les moustiques vous consacrent leurs loisirs. C'est charmant! On mène ainsi une existence remplie d'inattendu, pleine de surprises, une vie à laquelle on finit pourtant par s'habituer, si bien que, rentré en Europe, une fois à l'abri de tous ces inconvénients, tout ce petit monde vous manque, et la solitude vous pèse... presque!

Dans ces pays, la vie grouille partout, et partout réserve des émerveillements à celui qui l'étudie. Je n'ai ni le temps ni la prétention de m'étendre sur ce sujet, mais je me suis contenté de montrer que le chasseur n'a pas toujours à s'attaquer qu'aux grosses bêtes. Rentré au camp, une foule d'animalcules partagent, comme on le voit, souvent malgré lui, son existence et... sa nourriture.

Je reviens maintenant à la chasse. Vers la fin de décembre 1895, l'expédition, continuant ses travaux scientifiques, avait passé l'Aroangoua et se trouvait dans le pays des Barotsés, fort loin du théâtre de mes premiers exploits cynégétiques (1).

Mais le pays présente à peu près le même aspect : l'herbe, qui est en retard, a un pied de haut, et, à cette époque, — qui équivaut au printemps là-bas, — tout est vert tendre; nous n'avons pas encore repris l'existence mi-aquatique du camp du Kapotché, mais ce sera pour bientôt : les orages se succèdent à de courts intervalles avec des coups de tonnerre assourdissants, et les pluies ne sauraient tarder à tomber avec abondance et régularité.

En attendant, nous parcourons de nouveau le pays, mes hommes et moi; la saison sèche a été un repos pour les jambes; l'ère des kilomètres recommence : par monts et par vaux, en forêt et en plaine, nous cherchons.

Deux fois déjà nous avons vu sur le sol des traces qui sont inconnues de nous; Tambarika lui-même n'a pu nous renseigner; moi, je me doute de ce que c'est;

---

(1) La fin de novembre et le commencement de décembre avaient été féconds en résultats, mais je ne peux que les mentionner faute d'espace : j'en veux arriver à un nouveau genre de poursuite : celle de la girafe.

à la forme de l'empreinte, qui ressemble à celle d'un buffle, mais en beaucoup plus grand et en plus allongé, je devine que nous avons affaire à des girafes ; je connais cet animal, l'ayant vu dans les jardins zoologiques, et je le décris à mes hommes. Ils me regardent d'un air qui ne laisse aucun doute sur ce qu'ils pensent ; ils échangent des coups d'œil entre eux comme pour dire : « Nous ne l'avions pas cru si farceur jusqu'à présent, le patron ; faut croire qu'il a changé. »

J'interroge sur notre découverte le premier indigène que je vois, et je lui fais de la girafe un portrait qu'il approuve de point en point ; il me donne même en « barotsé » le nom indigène que j'ai oublié.

Muni de renseignements et accompagné de quelques chasseurs indigènes que m'a prêtés le chef du pays, je me trouve, quelques jours après, dans la région fréquentée par les girafes, doublement désireux d'en rencontrer, d'abord parce que je n'en ai jamais tué, ensuite pour en montrer une à mes hommes.

Parmi mes nouveaux auxiliaires, j'en ai distingué un qui paraît connaître son métier : il lit fort bien une piste, il grimpe aux arbres et en descend plus vite qu'un singe, il rampe dans l'herbe comme un véritable serpent ; il passe en outre pour avoir tué bon nombre de girafes et est au courant de leurs mœurs. Ses leçons nous ont été précieuses.

Pas mal d'éléphants fréquentaient la région d'une façon régulière, probablement parce que les indigènes étaient dépourvus d'armes à feu ; nous avions ainsi double chance. Je remarquai aussi dans ces parages deux espèces d'antilopes nouvelles pour nous, des « pookoos » (*cobus Vardoni*) et des « letchoués » (*cobus léche*), qui sont deux variétés de kobs de la dimension d'un âne : la première, bai clair, petite et râblée ; l'autre gris rouan avec le ventre blanc ; les cornes de ces deux variétés ayant beaucoup de ressemblance avec celles du kob que nous connaissons.

Les grands fleuves, comme l'Aroangoua ou le Zambèze, tracent des limites bien définies que certaines espèces de gibier ne franchissent jamais. C'est pourquoi la faune diffère selon la rive que l'on visite.

Le vent n'est plus certain dans cette saison, et ses sautes continuelles compromettent souvent nos chasses en mettant des animaux en fuite ; un jour, notamment, où il avertit de notre venue un troupeau de girafes. Leurs pistes fraîches et la marque de leurs foulées nous montrent clairement qu'elles nous ont sentis et qu'elles ont détalé il y a quelques minutes ; peut-être aussi nous ont-elles découverts, car leur vue porte très loin. On monte sur les arbres, on interroge l'horizon, et personne n'aperçoit rien : elles ont disparu.

Quelques jours après, nous en observons, à 400 mètres, un troupeau de cinq ou six. Mon télescope, que je fais porter depuis plusieurs jours à leur intention, me permet de les distinguer à merveille ; de leurs longues jambes, elles arpentent lentement la broussaille, balançant leur grand cou d'avant en arrière. Nous nous jetons à terre, bien qu'étant fort loin d'elles, et, tandis que mes hommes restent ainsi, je me traîne à plat ventre avec le chasseur barotsé; de temps à autre, nous risquons un coup d'œil pour disparaître de nouveau dans les herbes. Quand nous trouvons des plantes un peu plus hautes, nous nous remettons sur pied, et, courbés en deux, la poitrine contre les genoux, la tête baissée, nous filons entre les buissons; dès que ceux-ci cessent et que l'herbe courte reparaît, sans rien qui nous dissimule, nous recommençons à nous aplatir, continuant avec lenteur cette marche de reptile. Pendant que nous rampons ainsi sur un espace d'à peu près cent mètres, les girafes ne cessent de se promener tranquillement entre les arbres, s'arrêtant de temps à autre; la tête cachée ou enfouie dans les arbres, plusieurs d'entre elles mangent des feuilles.

Un espace dénudé se présente maintenant, aussi difficile à traverser pour nous qu'un torrent profond; nous nous y traînons avec précaution, laissant entre notre position et les grands animaux des arbres situés plus loin qui font comme un écran. Au soleil, ce métier de couleuvre est très fatigant; à chaque mètre, on s'arrête, la poitrine contre terre; on prend son fusil, qu'on a laissé derrière; on le pose en avant, et on se glisse de nouveau jusqu'à lui pour recommencer. Que tout cela réussisse, on ne regrette pas sa peine; mais si, à 200 mètres de vous, les girafes détalent au galop, on ne sera pas content du tout. Et c'est ce qui nous arrive ce jour-là!

Le chasseur barotsé m'assure, avec raison, que nous avons été vus; pourtant, à moins de posséder l'anneau de Gygès, comment ne pas l'être dans les plaines découvertes où se promènent habituellement ces animaux, avec ce cou démesuré qui leur tient lieu de belvédère ? Le Barotsé ajoute que c'est le soir qu'on a le plus de chances, et que c'est ainsi qu'il procède souvent ; il examine d'abord la position des girafes au coucher du soleil, et, au crépuscule, il peut s'approcher d'elles sans être ni vu, ni senti, ni entendu.

Ma mésaventure de cette fois se renouvela à plusieurs reprises : tantôt à 250 mètres, tantôt à 300, tandis que nous rampons essoufflés et ruisselants, les girafes nous brûlent la politesse. J'acquiers la conviction qu'elles nous ont toujours aperçus dès le début, même parfois avant que nous les ayons vues, mais elles ne s'enfuient que quand elles croient le danger imminent.

Un jour pourtant, au moment où, sortant d'un épais taillis, nous allons déboucher dans une plaine, nous entrevoyons au loin une troupe de ces animaux ; aussitôt, comme un seul homme, nous replongeons tous dans l'ombre pour tenir conseil. Il est décidé que nous continuerons à rester sous le couvert du taillis : comme il contourne la plaine, nous pourrons nous approcher de ces méfiantes bêtes. En conséquence nous rebroussons chemin et, suivant une vieille piste d'éléphants, nous marchons rapidement sous bois, sans le moindre bruit, pendant dix minutes. Halte ! Le Barotsé, qui est allé épier sur la lisière du taillis, revient bientôt et nous y mène avec mille précautions. Je discerne alors sept ou huit girafes à 200 mètres, au moins; dans des postures diverses, elles broutent tranquillement, les unes se promenant à petits pas, d'autres à l'ombre des arbres... Pas moyen de s'approcher d'une ligne. La bête qui me semble la plus grande, peut-être parce qu'elle est plus rapprochée et mieux éclairée que les autres, me présente son flanc. Elle est occupée à manger sur un arbre de quatre ou cinq mètres que sa tête domine et au sommet duquel elle semble choisir de jeunes pousses.

Je prends mon 303, car je ne compte pas beaucoup sur la précision de l'express à cette distance, et j'y mets deux balles pleines décapitées (la pointe en est simplement limée) (1). Ces balles donnent aux animaux, sans toutefois les traverser, un choc plus violent que les creuses.

J'ajuste longuement à l'épaule... La détonation sèche du 303 fait sursauter les girafes, qui se groupent rapidement, leurs cous immobiles et tendus au vent comme des canards qui vont prendre leur volée; elles hésitent un instant, ne sachant pas exactement d'où vient le bruit... J'en profite pour tirer encore sur la même bête, qui a exécuté un fort soubresaut au premier coup de fusil; mes deux balles ont tapé dur, j'en suis certain. Cette fois, le troupeau s'éloigne au galop, au milieu d'un nuage de poussière, et tandis que nous émergeons du fourré à la course, je vois la girafe que j'ai tirée suivre péniblement. Nous allons

---

(1) Cette modification est de mon invention; quand on n'aura rien de mieux, on pourra ainsi, avec des balles pleines, se faire de bons projectiles pour les animaux durs en limant la pointe de nickel jusqu'à ce que le plomb apparaisse bien.

reconnaître la piste. Pas de rougeurs d'abord, mais les foulées ont cette apparence fatiguée et traînante que nous connaissons bien et qui indique un animal grièvement blessé; quelques gouttes de sang apparaissent un peu plus loin, et, menés par le Barotsé nous prenons la piste au pas gymnastique.

Tout à coup, celui-ci se jette à plat ventre, et nous l'imitons. Les girafes sont arrêtées à 200 mètres, toutes groupées dans des poses diverses, avec leurs cous allongés, tournés de notre côté. Elles sont tellement immobiles qu'au premier coup d'œil j'avais cru voir un bouquet d'arbres morts. Je tire encore; j'entends ma balle qui frappe distinctement l'une d'elles, et les voilà reparties; mais nous apercevons bientôt, cachée par une éminence de terrain, qui nous avait dissimulés nous-mêmes au troupeau, une girafe couchée, remuant encore; avec un empressement facile à comprendre, les 200 mètres sont franchis, et nous contemplons notre victime qui expire. Mes hommes poussent des exclamations d'étonnement à la vue des formes étranges de cette bête qu'ils voient pour la première fois. Je la laisse à la garde de deux d'entre eux, et je cherche celle que je viens de blesser.

Au bout d'un kilomètre, comme aucune trace ne nous l'indique et qu'il est quatre heures de l'après-midi, je décide d'abandonner la chasse et je retourne auprès de l'autre. C'est un mâle de grande taille; jamais je n'aurais cru que cet animal atteignît de telles dimensions. Il est bien différent des pâles et malingres spécimens, pour la plupart nés en captivité, de nos jardins zoologiques. (Il en diffère même tellement que j'ai cru un moment avoir découvert une variété nouvelle du chameau-léopard (*camelo pardalis*) des naturalistes.) Voici d'ailleurs le signalement complet de ma girafe :

Sur tout le corps, le fond de la robe, alezan brûlé ou noisette rougeâtre, presque noir sur le dos (1); les taches plus foncées que le fond, à peine perceptibles sur les flancs, invisibles sur le dos, plus distinctes sur les membres; le ventre un peu plus clair; l'entrejambes café au lait foncé ou isabelle; le poil très rude, brillant au soleil comme du cuivre rouge; la peau épaisse sur le dos et les épaules (trois centimètres et demi !) et excessivement lourde, aussi pesante que celle du rhinocéros; les cornes surmontées par une petite touffe de poils, les cils longs et soyeux, la queue terminée par un gros bouquet de crins longs et souples. L'aspect général est rude : il évoque la force, la lutte de tous les jours, plutôt que la délicatesse élégante; l'animal exhale une forte odeur de musc; sa chair m'a paru immangeable, sauf la langue, qui, entre parenthèses, est d'une longueur démesurée; les os nous ont fourni une moelle excellente. Quant à la taille, comptée du sommet des cornes à la sole du sabot, elle ne mesurait pas moins de 5^m,225 (17^p,3 1/2). Et ce n'est pas là le maximum : des girafes mâles ont été tuées dans l'Afrique du Sud, ayant 18 pieds et 18^p,11.

---

(1) Les femelles sont de couleur un peu plus claire, selon leur âge, mais je n'en ai vu aucune qui eût la teinte des pensionnaires de nos ménageries.

J'aurais voulu garder cette magnifique bête pour notre Muséum; mais, pendant la saison des pluies, il était matériellement impossible de faire sécher une peau de cette épaisseur et de cette dimension; la transporter aurait été également une grosse affaire : à en juger par une dépouille d'éland, qui atteint déjà plus de trente kilos, celle de la girafe en eût dépassé cent! Que de pertes pour la science durant cette expédition à cause du manque de moyens de transport! Que de rhinocéros, que d'éléphants, que de grands animaux tués, dont la peau ou le squelette eût été précieux pour nos musées!...

Dans d'autres rencontres, j'ai encore blessé deux girafes, mais sans avoir jamais pu les rejoindre ni les retrouver. Quand on songe que, même à cheval, les chasseurs de l'Afrique australe, en faisant donner à leurs montures tout ce qu'elles peuvent, ne réussissent pas toujours à rejoindre ces animaux, on se rend facilement compte des chances que j'avais, moi, à pied! Je trouve déjà fort satisfaisant d'en avoir tué un.

Pendant ces deux ou trois semaines, nous avons étudié de près les mœurs de la girafe; j'ai observé qu'elle fréquente de préférence les pays de plaine, où, à défaut de l'*acacia girafæ*, qui fait sa nourriture favorite au sud du Zambèze et qui est peu répandu au Barotsé, elle se contente de légumineuses diverses du même genre. Elle ne prend que les jeunes pousses de l'arbre et laisse, partout où elle a mangé, des débris jonchant la terre. Est-elle poursuivie, elle se sauve dans la forêt la plus épaisse avec une facilité

UNE GIRAFE MALE.
(Hauteur du sabot aux cornes : 5ᵐ,22)

qui semble bien peu compatible avec sa conformation ; sa tête se baisse et passe sous les branches tandis qu'elle fuit ; ses longues jambes évitent avec adresse les mille obstacles qui se trouvent sur son chemin. En courant, la girafe fait avec le cou un mouvement montant et descendant très régulier d'avant en arrière qui rappelle celui de certains joujoux articulés, tandis qu'elle agite sans cesse sa queue ; elle ne va qu'au pas ou au galop, sans allure intermédiaire, et, sans paraître multiplier les battues, marche en réalité avec une vitesse considérable. La dureté de sa peau, que j'ai déjà comparée à celle du rhinocéros, demande des balles pleines plus lourdes que l'expansive : l'express paraît indiqué pour chasser cet étrange animal.

La couleur alezan plus ou moins foncé des girafes sauvages les rend très difficiles à distinguer dans l'éloignement : leurs membres, leur cou, ont tout à fait la même teinte que les troncs d'arbres et se confondent avec eux. Lorsqu'elles sont sur le qui-vive, ces grandes bêtes gardent en outre une immobilité absolue qui complète l'illusion ; si l'on pense à examiner en haut des arbres au lieu de regarder dessous, on aperçoit quelquefois leur tête. Le dos presque complètement noir est l'apanage des mâles âgés.

Le jour où je tuai la girafe que j'ai décrite plus haut, toute l'expédition, composée, outre mes chasseurs, de gens venant pour la plupart de la rive est de l'Aroangoua, voulut défiler devant ce colossal quadrupède qu'elle n'avait jamais vu, et le dépeçage n'eut lieu que le lendemain.

Je profite des quelques jours de repos qui suivirent cet événement pour relater une chasse à l'hippopotame (1) que j'avais faite peu de temps auparavant sur les bords de l'Aroangoua dans des conditions qu'on ne voit pas souvent et qui méritent d'être rapportées.

Sur les côtés du grand fleuve, il y avait des mares peu profondes et, autour de ces mares, des bancs de sable couverts en partie de roseaux. Ayant aperçu sur un de ces bancs cinq hippopotames couchés au soleil, j'eus l'idée baroque de venir leur couper la retraite en passant par la mare, qui était peu profonde, et dont on voyait le fond. Je m'avançai donc par les bords du fleuve avec mon calibre 8 ; je me mis à l'eau et j'avançai silencieusement, dans l'intention de faire des ravages dans le troupeau de monstres.

Rien n'est laid comme un hippopotame à terre ; il semble que la nature, en créant cet être difforme, ait voulu se moquer de la beauté plastique, de la régularité des lignes, de l'harmonie des contours. Il est à remarquer, d'ailleurs, que les grands animaux présents ou passés ont eu le privilège de la laideur.... En me livrant à ces réflexions philosophico-esthétiques, je m'approche de cette sorte de « Club des Mille kilos » et je déploie mes hommes en leur donnant ordre de tirer si les hippopotames viennent sur eux. Je me figurais que ces animaux se meuvent lentement sur terre ; on va voir combien j'étais dans l'erreur.

(1) Pour les mœurs, les habitudes et la chasse de cet animal, voir *Mes grandes chasses*, p. 58 à 64, 70, 221, 239.

Nous sommes à dix mètres d'eux, cachés par des roseaux ; nous nous soulevons lentement et nous les regardons. Un d'eux ne dort pas ; il remue ses paupières tachées de ladre ; ses petits yeux se tournent vers nous en clignotant... Je choisis le plus vieux mâle, qui sommeille, bien placé de profil, au centre du groupe, comme si, avant de s'endormir, il avait conté aux autres quelque histoire peu intéressante. Au moment où je tire, mes hommes se déploient avec grand bruit pour repousser les hippopotames du côté de la terre. Ceux-ci se lèvent tous ensemble comme un seul... hippopotame, et deux d'entre eux viennent à notre rencontre, tandis que les deux autres, s'esquivant à droite, courent le long de la bande de sable : seul le vieux reste à se débattre, l'épaule fracassée ; je l'achève avec une balle du 303 dans la tête.

En voyant les deux hippopotames qui se dirigent vers nous, mes hommes font feu sur eux, mais cette provocation excite leur colère : ils ouvrent une bouche démesurée, écarlate, armée de crocs énormes, une bouche dont la mâchoire inférieure semble grande comme la couchette d'un enfant de dix ans et des profondeurs de laquelle sortent des grognements d'une voix formidable ; accélérant le pas, ils continuent à marcher droit sur nous... Sans songer à utiliser ce jeu de tonneau improvisé, mes hommes et moi, nous nous esquivons prestement, tandis que les deux autres hippopotames, qui ont longé la rive, rentrent dans l'eau en aval, avec de gros poufs. En moins de temps qu'il n'en faut pour le dire, ces pachydermes ont franchi une centaine de mètres et ont disparu dans les eaux profondes et protectrices de l'Aroangoua.

On ne saurait, sans l'avoir vu, se rendre compte de la rapidité de la course de ces massifs animaux : ils ne galopent pas, mais ils trottent vite sous leur gros corps qu'ils dandinent, faisant beaucoup de chemin, sans en avoir l'air; je suis sûr qu'un homme agile aurait de la peine à les dépasser.

Quelques jours après, néanmoins, ayant remarqué leur position, je fais construire un barrage formé d'un large filet de corde de palmier tendu en aval, et je tue trois des hippopotames dans l'eau, avec le 303.

Cette chasse est très simple; elle ne demande qu'un peu de patience; il suffit d'avoir, à l'endroit de la rivière où viennent respirer les hippopotames, et sur la rive la plus rapprochée d'eux, une berge escarpée d'où l'on puisse tirer de haut en bas. On se cache, et on profite du moment où tous les animaux ont disparu pour s'installer sur cette berge; il suffit de de garder une complète immobilité, pour n'être pas vu. Pour changer de place ou de position, pour lever son canon, pour remuer d'une façon quelconque, on attend que les hippopotames soient sous l'eau; dès qu'ils émergent, on en choisit un avec soin et on vise entre les deux yeux, au haut du chanfrein si la bête se présente de face, sous l'œil et au niveau de l'eau si elle est de profil, entre les deux oreilles et au même niveau si elle apparaît vue de dos. Avec une balle pleine cuirassée du 303, la cervelle est atteinte, la tête est même souvent traversée entièrement, et la mort instantanée; dans ce cas, l'animal se renverse en arrière, la bouche ouverte, les deux pieds de devant apparaissent, et un peu d'écume et de sang, montant à la surface, marque seul l'endroit où il repose au fond. Si, au contraire, il tourne sur lui-même et que ses quatre pieds battent l'eau, il n'est que blessé ou étourdi; le remous et les tourbillons indiquent alors ses mouvements, et il réapparaît généralement à plusieurs reprises. Vu la difficulté de tirer juste dans ces conditions, il faudra souvent plusieurs balles pour l'achever. Mort, l'animal va au fond, mais la dilatation des intestins le fait remonter à la surface et flotter, après un laps de temps qui varie entre trois et six heures (1), selon la température de l'eau. Dès qu'il a commencé à se soulever, le courant l'entraîne entre deux eaux, et, dans les rivières profondes, il est perdu pour le chasseur. C'est pourquoi je fais mettre en aval quelques mailles très larges en corde de palmier, munies de pierres et de flotteurs, qui retiennent le cadavre quand il s'en va à la dérive.

Les noirs sont très friands de la chair de l'hippopotame; après celle du buffle, c'est celle qu'ils préfèrent. Toutes ces viandes sèches se ressemblent beaucoup. Pour l'Européen, elles peuvent tout au plus servir à améliorer la soupe; elles ne remplacent pas la viande fraîche. Les chasseurs indigènes reconnaissent fort

---

(1) Moyenne un peu moindre que celle que j'ai notée dans *Mes grandes chasses*, mais que m'a indiquée l'expérience de ces dernières années.

bien, au goût du beltong, les différents animaux qui ont servi à le confectionner; presque aussi bien que mes hommes, je distinguais à peu près les différentes espèces, mais c'était par leur densité. En effet, ces viandes bien séchées conservent un poids tout différent les unes des autres, ce qui provient sans doute de leurs tissus plus ou moins serrés et de leur teneur en eau. La plus légère est, sans contredit, celle de l'éléphant; viennent ensuite le kob, le reedbuck, l'antilope noire; puis, dans une moindre proportion, le rhinocéros, le zèbre, le phacochère, le koudou, le guib, et enfin les viandes lourdes : éland, hippopotame, buffle.

L'éland jeune fournit à l'Européen, dans ces pays, une chair équivalant à ce qu'il y a de meilleur dans nos boucheries. Après l'éland, les petites antilopes peuvent être citées comme mets de choix, ainsi que le sanglier et le phacochère. Les grandes antilopes sont tout juste mangeables (1). Froide, la viande des jeunes hippopotames est assez bonne. Quant au buffle, à l'éléphant, au rhinocéros, à la girafe mâle, c'est de la nourriture de nègre affamé. Ces beaux coups de fusil-là n'améliorent pas l'ordinaire du chasseur; tout au plus donnent-ils du pot-au-feu.

Les félins sont supérieurs comme chair à tout ce qui précède : le lion, le léopard, le serval, le chat sauvage, fournissent une viande blanche et tendre

---

(1) Même dans nos pays on ne mange la chair du cerf ou du chevreuil que marinée; sous les tropiques, la viande est gâtée avant de pouvoir s'améliorer par une préparation analogue.

qui ressemble à celle du veau ou du porc frais, sans goût déplaisant; les populations du bassin du Zambèze n'en mangent pas, mais celles des grands lacs la considèrent à juste titre comme un régal.

Le crocodile, jeune, est mangeable, si on sait dépouiller l'animal sans répandre le musc; nous en avons fait, au Dahomey, des daubes succulentes.

Enfin, pour terminer cet aperçu de comestibles d'un nouveau genre, j'ajouterai les termites (1), les sauterelles, qui remplaceraient les crevettes absentes, les tortues de terre et d'eau. Comme menu gibier, je citerai l'iguane, le python, le singe, l'écureuil, l'agouti, et une foule d'autres animaux que nous ne mangeons pas, nous autres Européens, parce que nos parents ne nous y ont pas habitués.

Certains jours, au camp, il ne m'eût pas été difficile, si j'avais eu des invités, de leur composer un menu dans le genre du suivant :

MENU

POTAGES
Consommé de queue de buffle — Potage à l'éland.

HORS-D'ŒUVRE
Termites — Sauterelles sur le point de pondre.

ENTRÉES
Civet de chat sauvage — Pied d'éléphant poulette — Langue de girafe aux câpres.

LÉGUMES
Champignons — Bonongoué à la moelle d'éland — Rouni — Mtanga aux arachides.

---

(1) *Mes grandes chasses*, p. 139, 144.

RÔTIS

Cœur d'éléphant piqueté au lard de phacochère — Filet de rhinocéros roulé — Singe en papillote — Agouti farci à la tortue.

SALADE

Matako ia tsano.

DESSERTS

Foulas, Matondos, Mtoudzi, Tchendjés, Massoukos et autres fruits assortis.

VINS ET BIÈRES

Moa ou Pombé de maïs et de sorgho — Vin de palme ou tchéma (Château Tchiromo).

Malheureusement, on manque généralement d'ingrédients pour apprêter toutes ces bonnes choses, et ni Bertrand ni de Borely n'étaient amateurs de cuisine exotique. Ils mangeaient volontiers les viandes, mais les termites, les petits rats rôtis en brochette, les épinards du pays et une foule d'autres plats du même genre les laissaient assez froids.

Pour ma part, je ne puis que répéter ce que j'ai déjà dit ailleurs (1) : si on réunissait en une liste tout ce qui sert à l'alimentation dans les différentes parties du monde, en dehors des végétaux, on arriverait à cette conclusion que tout ce que la nature a placé de vivant sur la terre se mange et trouve des amateurs; ne serait-ce pas dans ce but que les animaux ont été créés, comme un interminable menu où l'homme est libre de choisir ce qui lui plaît?

Toutes ces considérations m'ont fait oublier les girafes : il est temps d'y revenir.

---

(1) *Le Dahomey*, p. 151.

Voyant que je perdais mon temps et ma peine à courir après elles, je résolus de changer de gibier et me mis de nouveau à la recherche d'éléphants. A cet effet, quittant les plaines à végétation rare, je passai dans un pays différent, au sol ondulé, couvert de taillis épais et d'herbes déjà hautes.

J'ai été assez heureux pour y abattre neuf éléphants en une semaine ; la plupart de ces chasses n'ont été marquées par aucun incident anormal : nous avons naturellement été chargés plusieurs fois, mais sans accident. Je n'insiste donc pas, et j'arrive à un certain jour où nous tombons sur quatre éléphants femelles ayant avec elles un petit. Après une longue poursuite, nous les rejoignons au gros de la chaleur ; elles étaient à l'ombre d'un bouquet d'arbres. Le chasseur barotsé, qui ne nous avait pas quittés, avait amené un compatriote, chasseur comme lui, qui se nommait Katchoua ; ce dernier avait commis, dans nos chasses des jours précédents, plusieurs imprudences : armé d'un fusil à pierre sur lequel il comptait trop, il s'approchait des éléphants à une distance inquiétante, et son fusil ratait. J'avais bien eu envie de laisser ces deux hommes au camp ou de les renvoyer chez eux, mais tout chasseur est un peu superstitieux ; j'attribuais à leur présence le retour de la chance : n'allais-je pas la faire cesser en les renvoyant ? C'est pourquoi je les emmenais chaque matin, et chaque matin nous rencontrions des éléphants.

Or, le jour où nous arrivons sur les quatre femelles, nous n'avons pas plus tôt jeté les yeux dessus que je m'aperçois qu'il y en a deux sans défenses ; mes hommes murmurent : *Nioungoua* (1) ! comme pour dire : « Bigre ! ça va chauffer !... » Aussitôt, et non sans peine (car il ne me comprend pas bien), je recommande au chasseur indigène de ne pas se jeter dans les jambes des éléphants, dès le premier coup tiré, comme il l'a déjà fait plusieurs fois.

De mon côté, je suis sans enthousiasme : les deux femelles sans défenses vont probablement charger sans provocation, surtout à ce moment de la journée, où les éléphants n'aiment pas qu'on les dérange ; les deux autres n'ont que des défenses insignifiantes. Mon premier mouvement est de les laisser en paix ; mais quand on se trouve en présence de ces énormes animaux, il en coûte de ne pas faire parler la poudre et de s'en retourner bêtement. Seulement, je me tiens à une distance respectueuse : soixante mètres, tandis que, pour un mâle, je me mets d'habitude à quinze ou vingt. Visant l'une des femelles à l'épaule, je fais feu.

Le pays est relativement découvert. La détonation n'a pas plus tôt retenti que deux coups de trompette sonnent la charge : une des femelles (ce n'est pas celle que j'ai tirée) se lance vers la gauche. Comme elle va me sentir, je recule d'une cinquantaine de pas. En même temps, je vois le chasseur indigène qui arrive avec l'intention de couper la retraite à la bête. Celle-ci le sent immédiatement, comme de juste, et nous

---

(1) C'est le nom qu'on donne, dans ces pays, aux éléphants sans défenses.

sommes témoins d'une course affolée : poursuivi par l'éléphant furieux, le chasseur s'esquive adroitement, et l'animal perd sa trace. Mais un autre coup de trompette retentit : la deuxième femelle, qui était aux aguets, s'élance à son tour; malgré deux coups que je lui envoie dans la tête et dont l'un la frappe avec violence, elle passe à notre droite; à quelques mètres derrière le malheureux, l'atteignant presque... Les deux nouvelles détonations ont attiré l'attention de la première, qui revient... Elle charge encore ma fumée, tandis que nous décampons avec toute la vitesse dont nous sommes capables, n'ayant sur la bête que vingt mètres d'avance... Par bonheur, elle perd notre vent et s'en va rejoindre l'autre; elles ne tardent pas à disparaître dans la direction où sont déjà parties leurs compagnes, dont la blessée et le petit.

Où est Katchoua? Étendu sur le sol, il saigne des gencives et du nez. Je commence par le rappeler à lui, puis je le palpe, et je constate que, en outre de contusions graves, il a deux côtes et un bras cassés. Tant bien que mal, il nous explique que l'éléphant lui a donné un coup de pied. Il ne sait pas lui-même comment cela est arrivé. Je suppose qu'il a dû être jeté contre un arbre par la trompe de l'éléphant, ou que celui-ci, entraîné par son élan, l'aura d'un coup de pied envoyé à plusieurs pas en voulant lui marcher dessus. Mes hommes transportent le pauvre diable au camp, où je le panse, et je remets au lendemain la recherche de la femelle blessée; elle ne peut pas être allée loin, car ma balle était bonne.

Il n'est pas rare, dans ces pays, qu'un indigène se fasse attraper par un éléphant : Msiambiri a connu deux des camarades de son père; moi, je puis citer trois ou quatre individus, tous chasseurs d'éléphants, tous gens de sang-froid et de courage, qui ont été tués ainsi de 1891 à 1897; cela vient souvent de ce que les noirs s'approchent trop de l'animal : n'ayant confiance ni dans la portée, ni dans la précision, ni dans la force de leur arme, ils tirent presque à bout portant; aussi n'ont-ils pas toujours le temps d'éviter une charge si elle se produit immédiatement.

Voici la liste des accidents du même genre qui sont arrivés, à ma connaissance, soit au personnel de mon expédition, soit aux indigènes voisins, pendant les sept dernières années, au cours de mes chasses ou de mes battues :

Année	Lieu	Nb		Description
1891	Kapotché	1	homme	tué par un buffle.
		2	—	tués par des éléphants (un sur place).
1892	Tchipeta	1	—	blessé par un buffle.
		1	—	blessé par un éléphant.
1893	—	1	—	blessé par un léopard.
		1	—	tué par un éléphant (piétiné).
		2	—	blessés.
1894	Makanga	1	—	tué par un buffle.
		1	—	blessé par un lion dans mon camp.
1895	Angoni	1	—	blessé par un lion.
		1	—	tué par un lion pendant une battue.
		1	—	contusionné par un éléphant.
1896	Moassi	1	—	blessé par un lion (grièvement).
		1	—	(Msiambiri) enlevé par un éléphant.
1897	Congo	1	—	blessé par un léopard.

Soit au total : 5 hommes tués dont 3 sur place, et 11 blessés dont 1 est resté estropié et 5 ont été très grièvement atteints.

Notre chasseur avait bien évité la première femelle, malheureusement il est tombé sur la deuxième, qui gardait une immobilité traîtresse, attendant que le vent lui indiquât la présence de l'ennemi. Il doit s'estimer heureux d'en être quitte à si bon compte.

J'ai improvisé avec des bambous un appareil sommaire destiné à maintenir son bras immobile; au bout de quelques jours, tout danger de complication m'a semblé écarté; les deux chasseurs barotsés ont alors regagné leur pays à petites journées.

Le lendemain de l'accident, nous nous mettons en quête de notre femelle blessée; chemin faisant, nous rencontrons la piste d'un éléphant mâle tout seul, de grande taille. Alors, ajournant encore la recherche de l'autre, nous suivons ce solitaire.

En Afrique, les éléphants solitaires sont bien plus faciles à tuer que les autres; naturellement, ils ne peuvent pas se garder aussi bien qu'une troupe de plusieurs animaux; aussi, quoique généralement sur le qui-vive, sont-ils faciles à approcher. Il en est de même pour les buffles, d'ailleurs. J'ai tué ainsi plusieurs fois des mâles isolés, et c'est infiniment moins dangereux que d'aller chercher le chef de la troupe quelquefois au milieu des femelles. J'insiste sur ce point, parce que tous les chasseurs ne sont pas du même avis et qu'on fait, en général, aux solitaires une réputation de méchanceté et de férocité qu'ils ne méritent pas tout à fait.

Nous suivons notre éléphant, qui prend sa nourriture tout en marchant; heureusement le vent est en notre faveur; nous le rejoignons dans les grandes herbes tandis qu'il s'en va lentement; sa colossale croupe grise, qui s'éloigne devant moi, me cache ses défenses, mais, d'après le pied, qui est grand, je les crois de bonne dimension. Nous nous tenons à distance, attendant qu'il s'arrête de nouveau pour manger, mais il n'a plus l'air d'avoir faim. Comme le vent peut changer, je me mets à marcher parallèlement à lui en me dissimulant derrière les buissons. A un certain moment, je suis à vingt mètres sur sa droite (mes hommes un peu en arrière), lorsqu'il s'arrête et, soit hasard, soit soupçon, fait exactement face au buisson qui me cache.

En cet instant, il est magnifique à voir avec ses grandes oreilles ouvertes, avec ses deux défenses courtes et blanches qui étincellent au soleil levant. M'a-t-il vu ou senti? Pour le cas où il chargerait, j'apprête mon express (que j'ai emporté ce jour-là, comme je l'avais fait toute la semaine, laissant le calibre 8 au camp). Mais l'éléphant se tourne et continue sur sa direction première. Je cours prendre un peu d'avance et m'arrête pour l'attendre, mes canons cherchant déjà son cœur sous sa peau grise et rugueuse qui remue, quand il marche, comme les plis d'un accordéon... Enfin, je le tiens!... et mon premier coup part; la balle frappe son corps avec un bruit mat! J'avais gardé le second coup pour me défendre; mais, voyant mon animal prendre sa course droit devant lui, je fais feu de l'endroit où je suis, alors qu'il n'a gagné que quelques mètres. Tout en rechargeant à la hâte, je m'élance en courant le long des buissons, dans le même sens que lui, sans me montrer... Soudain, le voici qui s'arrête, fait de nouveau volte-face dans ma direction et se plante au milieu de la plaine à trente mètres de nous... Malgré le danger, malgré l'imminence de la charge, car je vois bien qu'il cherche à voir ou à flairer son ennemi, je ne puis m'empêcher de l'admirer! Comme il est beau ainsi! La tête haute, la trompe levée, les oreilles étendues, semblables à de grands boucliers, il a l'air d'un de ces puissants bronzes, de colossales dimensions, que les sculpteurs campent fièrement sur les monuments... Mais les balles font bientôt leur œuvre, et, avant que j'aie tiré de nouveau, il s'en va la tête basse, fait encore quelques pas, la trompe pendante, avec une allure triste, abattue, qui contraste péniblement avec celle d'il y a un instant; il s'arrête, et, après avoir oscillé une minute comme une maison qu'on ébranle, le voici qui s'affaisse du derrière, puis s'affale lourdement sur le côté, jetant sa trompe en l'air comme pour adresser un dernier appel à la clémence des hommes. A l'endroit même où s'élevait tout à l'heure dans toute sa beauté sauvage le plus grand et le plus puissant des animaux de la terre, cette majestueuse conception de la nature, il n'y a plus qu'un amas de chair grise qui apparaît dans l'herbe éclaboussée de sang: la vie et l'intelligence ont quitté pour toujours cette énorme enveloppe (1).

Je ne puis m'empêcher de faire ces réflexions et de toujours mêler quelques regrets à chacune de mes

---

(1) Ce solitaire est un des plus gros éléphants que j'aie tués dans ces régions. On trouvera ses dimensions dans le tableau placé à la fin de cet ouvrage. On y verra que ses défenses pesaient 32 kilogrammes chacune.

victoires sur ces animaux; au camp, je brûle de les exterminer, et, lorsque je les tue, je m'adresse des reproches... en même temps que des félicitations. O inconséquence de la nature humaine !

Débarrassé du solitaire, je me remets le lendemain à la recherche de la femelle que j'ai perdue l'avant-veille. Nous ne tardons pas à la découvrir. Elle est tombée à une heure de l'endroit où notre chasseur a été blessé, et elle a subi en ces quarante-huit heures une transformation qui n'est guère à son avantage. L'énorme quantité de gaz qui s'est formée après la mort a complètement distendu son enveloppe : elle paraît toute ronde et soufflée; elle a l'air d'un de ces gigantesques éléphants en baudruche que vendent les marchands de jouets. L'épaisseur du cuir est telle que les gaz sont impuissants encore à le faire éclater, et qu'aucune odeur ne se fraye un passage à l'extérieur. Des vers déposés par les mouches grouillent dans sa bouche et à la commissure des lèvres. Sa face est bouffie, comme tout le reste du corps, devenu informe; jamais pneu ne fut plus gonflé. Lorsque la peau va crever sous la tension des gaz, il ne fera pas bon dans le voisinage, et je crains que, sous le soleil ardent, cette catastrophe n'arrive d'un moment à l'autre.

Msiambiri, qui n'est jamais à court, nous raconte aussitôt une histoire extraordinaire arrivée dans un cas semblable : l'éléphant avait mangé beaucoup de fruits du palmier à éventail, fruits de la grosseur du poing et très durs. Au moment de l'éclatement, ils furent projetés au milieu de la foule comme le contenu d'un immense obus, jonchant le sol de morts et de blessés... Tout le monde se tord, tandis que le narrateur affirme l'absolue véracité de cet épisode : c'est historique ! De peur que pareil sort ne nous soit réservé, nous nous éloignons de ce tonneau de poudre à la mèche déjà allumée, nous promettant de repasser dans deux ou trois jours pour enlever les défenses. Inutile de dire que les vautours couvrent tous les arbres des alentours : impuissants à entamer le corps, ils attendent que la décomposition fasse son œuvre. La peau de l'éléphant est toute blanche de la fiente de ces oiseaux, qui n'ont pas cessé de s'y promener, tout en causant, sans doute, de l'événement attendu.

Le lendemain, nous évitons de visiter ces parages, mais le vent nous apporte, à plus de deux kilomètres! la certitude que l'explosion a eu lieu. Ne voulant pas y aller moi-même, j'envoie deux hommes pour savoir si des félins fréquentent l'endroit et pour me rapporter les défenses. En cette saison (les pluies ont commencé depuis quelques jours), il est probable que tout ce qu'il y a de lions, de léopards et de hyènes affamés a été attiré, de plusieurs kilomètres à la ronde, autour de la carcasse de l'éléphant. Pourtant mes hommes ne voient rien que des vautours et aucune trace dans le voisinage; ce pays est donc bien pauvre en félins. Déjà on n'y trouve pas de rhinocéros ; il en est probablement de même du lion.

Janvier, février, mars et avril 1896 se passent ainsi,

sans rien d'extraordinaire. Au mois de mai, nous nous retrouvons chez les Angonis, où j'ai fait quelques chasses et quelques pêches intéressantes.

Le mois de mai est celui où les serpents s'agitent : vers cette époque ils pondent et vont rechercher l'endroit où ils déposeront leurs œufs, afin que le soleil les fasse éclore. En même temps, les oiseaux et quelques petits mammifères insectivores (1) qui se nourrissent de ces œufs, se mettent à épier les reptiles et arrivent à détruire la plus grande partie de leur progéniture. Certains échassiers, entre autres le serpentaire, le marabout et des gallinacés, comme la poule, la pintade, mangent le serpent lui-même, en ayant soin au préalable de lui briser la tête; grâce à tous ces ennemis, ces reptiles ne se développent pas librement, pour le plus grand bonheur des chasseurs qui battent la brousse, les pieds ou les jambes nus (2).

J'ai vu pondre un de ces hideux animaux un jour que j'étais à l'affût, assis sur un arbre renversé, attendant des antilopes ; la bête passa à l'ombre du tronc, à quelques centimètres de mes jambes, sans que je m'en sois douté ; j'avais seulement entendu un froissement de feuilles sèches resté inexpliqué, quand le serpent parut, sortant de sous mon arbre et se dirigeant vers le plein soleil. Je ne bougeai pas, voyant qu'il ne m'avait pas aperçu et qu'il s'éloignait de moi. Il se tortillait sur le sable, allant et venant. Que

---

(1) Civettes, mangoustes, blaireaux, etc.
(2) Sur les mœurs des serpents et les accidents causés par eux, voir *Mes grandes chasses*, p. 66, 67, 299.

penser de cette danse exécutée, peut-être en mon honneur, par un python de la plus belle taille ? Ne seraient-ce point, par hasard, les préliminaires d'une attaque ? Pour plus sûr, je lui envoyai dans le cou une balle du 303, qui le décapita fort proprement. Après examen, je reconnus que ce reptile était une femelle en train d'enfouir sous le sable un chapelet de vingt-six œufs, reliés par une membrane, et d'où fussent sortis, quelque temps après, vingt-six charmants petits pythons. Elle ne mesurait pas moins de $7^m,45$ et était, au centre, de la grosseur du genou. Au lac Nyassa, j'ai vu la peau d'un python qui ne mesurait pas moins de $9^m,10$ et avait été tué ayant un gros chevreau à moitié chemin de son estomac. Bien qu'inoffensifs au point de vue du venin, des reptiles de cette taille sont assez désagréables à rencontrer, car on ne sait jamais s'ils ne vont pas essayer de vous embrasser.

Il existe dans l'Afrique intertropicale une vingtaine d'autres genres de serpents qui n'excèdent pas deux mètres et dont la morsure est très venimeuse ; ils sont fort communs, surtout à la saison des pluies : lorsque l'eau les chasse de leurs trous, on les voit partout ; mais les accidents sont très rares, dans ces pays, grâce à l'habitude qu'on a de regarder où on marche, pour éviter tout ce qu'il y a sur le sol : épines tombées des arbres, fourmis carnivores, sortes de ronces rampantes, ortie d'une espèce très irritante, etc., etc., mille autres choses très douloureuses pour l'homme. Tout le monde s'accoutume donc à fouiller le terrain du regard avant d'y poser le pied. Au début, j'étais obligé de suspendre mes marches à cause des épines que je m'enfonçais dans la chair à travers mes minces semelles de caoutchouc; l'épine se brisait dans la plaie, une inflammation se déclarait, le pus se formait, et la guérison ne s'obtenait que par l'extraction de l'épine et avec du repos; aussi ai-je bien été forcé de m'habituer, comme les indigènes, à regarder où je marchais : après des années, je le faisais inconsciemment. Que de fois n'avons-nous pas aperçu dans l'herbe ou sur la terre chauffée par le soleil des serpents immobiles, semblables à des branches mortes ; que de fois n'avons-nous pas failli marcher dessus ! Mais toujours vigilants, l'attention en éveil, on voyait le danger : on tuait le reptile, ou bien on le laissait fuir...

Outre les reptiles, il y a, dans la brousse africaine, une foule d'insectes étranges ou nuisibles, surtout sur les végétaux. Il faudrait consacrer un volume à cette multitude grouillante. Chez les oiseaux, par exemple, la nomenclature serait interminable de ceux qui sont vraiment curieux par les mœurs, le chant, le plumage ! Je ne dirai qu'un mot en passant des insectivores qui se tiennent exclusivement sur le dos des buffles, de l'éland ou du koudou devenus vieux, du phacochère, du rhinocéros, et y donnent la chasse à leurs parasites. Ces insectivores m'avaient paru noirs ou d'un brun uniforme. Ayant eu la bonne fortune de les voir de près, je fus surpris de les trouver vêtus de couleurs vives : les uns brun clair avec le bec gris perle et les yeux rouges, les autres le corps gris, la tête rouge vif. Il est très difficile d'étudier ces oiseaux parce qu'ils ne se laissent pas approcher ; mais, un jour qu'ils s'étaient abattus sur un éland mort, je pus, dissimulé par un buisson à quelques pas, les examiner à mon aise ; ils couraient sur l'animal dans tous les sens, descendant et remontant verticalement avec facilité comme font les pics le long des troncs d'arbres. Leur chant rappelle celui de l'alouette calandre.

Non moins difficiles à étudier sont certaines antilopes, entre autres l' « inyala » (*tragelaphus angasi*), dont on voit toujours les traces, sans jamais la rencontrer elle-même. Elle a des mœurs étranges et tout à fait différentes de celles de ses congénères ; au lieu d'aller se nourrir dans les plaines herbeuses et de s'y coucher, elle vit en mangeant exclusivement du feuillage et habite entièrement dans les taillis épais sans en jamais sortir ; le moindre craquement, le bruit d'une feuille sèche, et l'inyala disparaît. Dans de pareilles conditions, on conçoit quelle chance il y a pour un homme de s'en approcher. Tellement difficile est sa capture que le musée de Cape-Town n'en possédait pas encore de spécimen en 1897, malgré les myriades de chasseurs qui avaient battu le Zoulouland où cette antilope a été assez nombreuse. Dans la région nord du Zambèze, elle ne se trouve que sur la chaîne de collines qui passe derrière Tchiromo et s'étend jusqu'au lac Nyassa sous la dénomination de monts de Kirk.

Comme je désirais m'en procurer quelques beaux

exemplaires, je me mis en campagne dans cette région. Une première fois, en 1895, je n'eus aucun succès. Il fallut user de ruse et varier les stratagèmes. Je mis plus de dix jours à trouver l'endroit où buvaient ces mystérieux animaux : c'était une petite mare dissimulée au centre de la forêt et que rien ne trahissait. Je m'y postai et, après deux jours d'attente, je vis pour la première fois une inyala. L'extérieur de cet étrange animal, comme ses mœurs, ne ressemble pas à celui des autres antilopes. Le mâle est gris fer foncé, haut d'environ 1^m,20; sous le cou et le ventre il a le poil long et pendant, ce qui, vu de loin, le grossit beaucoup et lui fait paraître l'encolure et les jambes courtes; sa tête, admirable de finesse, au nez droit, ressemble assez à celle du koudou; mais, à distance, on croirait voir un bœuf de petite taille. La femelle est plus petite et, chose rare, d'une autre couleur; elle ressemble au guib par son pelage fauve, tacheté de blanc aux fesses, et par la forme de son arrière-main. D'ailleurs, le koudou, le guib, l'inyala, la sitoutounga, sont de la même famille.

Dès le premier coup de fusil tiré à la mare, et qui avait coûté la vie à une inyala mâle, ces animaux ne reparurent plus de jour; mais ils continuaient à venir la nuit. Je les attendis avec le projecteur électrique, tout comme des lions, et je pus ainsi obtenir quelques spécimens du « boô », comme l'appellent les indigènes. Ses cornes, très gracieuses, imitent absolument les contours d'une lyre. Les photographies, pages 205 et 238, montrent de face et de dos ce bel et rare animal.

Les autres antilopes sont, je l'ai dit, très difficiles à

UNE INYALA (*tragelaphus angasi*).

voir à ce moment de l'année (1), à cause de la hauteur des herbes.

En attendant la bonne saison et notre départ pour le nord-ouest, je fis quelques pêches dans les rivières. J'avais des filets et des hameçons, mais je préférais employer la dynamite. Quand j'avais trouvé un endroit profond où le courant était peu sensible, j'y faisais jeter pendant une journée de la viande hachée, des asticots, de la farine de maïs cuite, du riz cuit, etc., de façon à y attirer les poissons. Encouragés par cette distribution gratuite, ils se pressaient bientôt dans un rayon restreint et se jetaient avidement sur chaque nouvelle poignée de pâture. A ce moment je prenais une ou plusieurs cartouches de dynamite, selon la profondeur de l'eau et la quantité des poissons. Ayant muni ces « pétards » d'un détonateur et d'une mèche à laquelle je mettais le feu, je jetais le tout dans l'eau, en même temps qu'une nouvelle quantité d'appât...

Une légère fumée montait à la surface, pendant que les poissons dégustaient avec confiance, tout autour de la cartouche, les friandises qui leur tombaient du ciel; puis, après une minute environ d'attente, une commotion sourde et violente fouettait l'eau dans un rayon d'une quinzaine de mètres, ébranlant le sol et les roches voisines; un bouquet de bulles remontait du fond, et les poissons apparaissaient de tous côtés, les uns sur le ventre, les autres sur le dos! Une vingtaine d'hommes se jetaient à l'eau et, avec des épuisettes

---

(1) La saison des pluies.

préparées d'avance, récoltaient les malheureuses victimes, qui se débattaient encore assez pour ne pas être saisissables à la main. J'ai pris ainsi, d'un seul coup, jusqu'à 103 grosses pièces pesant entre trois et huit livres : en général, il y en avait toujours une vingtaine de ce poids. Il n'y a que les silures qui, tués ou étourdis par la dynamite, restent au fond de l'eau. Tous les autres poissons remontent, au moins un instant; c'est pourquoi il faut se dépêcher de les saisir. L'explosion a pour effet de pulvériser complètement les arêtes des poissons qui sont très près; plus ils sont loin, moins ils sont abîmés, mais tous, en général, ont les viscères crevés : foie, cœur, vessie, intestins, etc.

Ce mode de destruction est plus expéditif, plus avantageux que la pêche à la ligne, surtout quand on n'est pas pêcheur et qu'on a une expédition à nourrir. Dans les grands lacs de l'Afrique centrale, au Nyassa, au Tanganyika, j'ai fait ainsi des pêches vraiment miraculeuses.

L'ÉLÉPHANT « PNEUMATIQUE ».

ANIMAUX DU CONGO.

Tsessébé. Buffle. Letchoue.
Pookoo. Petite antilope.
Sagaies des chasseurs d'éléphants du Katanga.

CHAPITRE XII

QUELQUES ANIMAUX DU CONGO (1).

Animaux nouveaux. — Le buffle du Congo. — Antilopes diverses : pookoos, letchoués, bubales, tsessébés, petite antilope brune; tragelaphus : inyalas, sitoutoungas, koudous. — Absence de rhinocéros. — Léopards; leurs déprédations. — Les éléphants. — Habitants de la forêt : sangliers, petits et grands singes. — Le « soko » ou chimpanzé ; son portrait. — Habitat supposé du gorille. — Perroquets et autres oiseaux. — Animaux aquatiques. — Le Congo considéré comme pays de chasse.

Avant d'en arriver aux derniers chapitres qui traitent de l'éléphant et du lion, je mentionnerai quelques-

(1) J'entends par « Congo » tous les territoires français ou belges baignés par le fleuve et ses affluents.

unes des excursions cynégétiques que j'ai faites, vers la fin de mon voyage, sur les territoires du Tanganyika et du Congo. Nous aurons ainsi occasion de connaître d'autres hôtes de la brousse, dont je n'ai jamais encore cité le nom, parce qu'ils n'existent pas dans la région orientale de l'Afrique, mais plutôt sur son versant opposé.

L'impression que m'ont faite ces animaux, la première fois que je les ai rencontrés, a été assez étrange. Kambombé et Msiambiri, qui m'ont accompagné partout, dans les plaines de l'Oubemba ou les collines du Manyéma, dans les montagnes de l'Ouroüa ou la forêt de Stanley, s'amusaient beaucoup de la diversité des espèces animales, eux qui avaient cru que le monde entier se limitait à ce qui était connu dans leur pays; la vue de chaque nouvelle espèce les intéressait énormément : qu'est-ce que c'est encore que celui-là, là-bas? Encore un autre *nyama!* (Nyama est le nom de tout ce qui est gibier au Zambèze.) Si je parvenais à tuer la bête, c'était, de la part de mes hommes, des comparaisons sans fin : il a la tête comme un bubale, ou la queue comme un guib, ou la robe comme un koudou, etc. De mon côté, j'enregistrais le nom que lui donnent les Souahilis ou les naturels du pays.

Dans le Manyéma j'aperçus une fois des empreintes de buffles qui, par leurs dimensions, me paraissaient appartenir à des femelles. Me détachant de la colonne, je me mis à leur poursuite au milieu d'un pays très accidenté et couvert de végétation jusqu'à hauteur de ceinture. J'arrivai, au bout d'une demi-heure, en vue d'animaux rougeâtres que je pris pour des bubales. Les traces des buffles étant très fraîches et annonçant leur proximité, je ne voulais pas abandonner leur chasse et décidai de laisser en paix les bubales. Mais la piste nous conduisait droit sur ceux-ci, et je commençais à me demander si je n'avais pas affaire à des buffles d'une espèce particulière, lorsque l'un d'eux se tourna : je fus alors convaincu que ce n'était sûrement pas une antilope. Je m'approchai sans trop de difficulté à 120 mètres, et, comme j'ignorais si ces animaux me permettraient de raccourcir la distance, j'en tirai un qui tomba sur place; en arrivant à la course pour l'achever, je vis les autres arrêtés à proximité et j'en blessai mortellement un second que nous retrouvâmes cent mètres plus loin. C'était un troupeau de buffles du Congo, appartenant tous au sexe faible. La femelle est d'un brun rougeâtre et le mâle plus foncé, mais pas aussi noir que le buffle de Cafrerie. Plus petit que celui-ci, le buffle du Congo a une taille qui excède rarement 1^m,50; ses cornes sont courtes et en forme de croissant, ressemblant à celles que portent certaines espèces de bétail (1). Quelques Européens qui l'ont chassé assurent qu'il charge tout comme le grand buffle de l'Afrique orientale; je n'ai pu vérifier cette assertion et n'ai d'ailleurs pas assez chassé ces animaux pour me faire une idée exacte de leurs particularités; j'en ai tué huit pendant mon séjour au Congo et suis allé

---

(1) Peut-être est-ce le *bos euryceros*.

quelquefois dans la jungle épaisse en relancer d'autres que j'avais blessés : quoique plusieurs d'entre eux aient fait tête, aucun ne m'a chargé (1). Il faut dire que j'approche des animaux blessés avec de telles précautions que souvent j'arrive à dix mètres d'eux, les voyant parfaitement, sans qu'ils se doutent de ma présence.

Quand on a fait son apprentissage avec le buffle du sud, si dangereux quand il est blessé, un pareil métier vous exerce si bien les facultés que les autres animaux de même espèce, même lorsqu'ils sont vicieux, ne paraissent pas être très à craindre.

Dans le bas Congo, vers Loukolela, et dans la région des collines, c'est-à-dire à la fin de la forêt équatoriale (2), les buffles m'ont semblé plus nombreux que dans le Manyéma.

Les antilopes que j'ai tuées au Congo, tant dans la forêt que dans le Manyéma, sont le pookoo (*cobus vardoni*) et la letchoué (*cobus letché*), que j'ai déjà vus et signalés près du lac Bangouéolo; le bubale, d'une variété plus petite que le *lichtenstein* et avec les cornes plus évasées, ce qui lui fait donner le nom de *lunatus* (on l'appelle aussi *tséssébé*); le grand bubale ou *kaama*, que je n'avais plus vu depuis l'Afrique du Sud, et une petite antilope brune, aux cornes droites, qui abonde dans certaines parties de la forêt et qui ressemble

---

(1) La plupart des grandes antilopes font tête ainsi lorsqu'elles sont assez gravement blessées pour être dans l'impossibilité de fuir : il est alors dangereux de trop approcher d'elles : le guib, l'antilope noire, par exemple, se défendent désespérément.

(2) Notamment dans la partie qu'on appelle le « canal ».

assez à un guib, en plus foncé (1). J'ai vu dans les villages des cornes assez nombreuses provenant pour la plupart de *tragelaphus;* je me suis ainsi assuré qu'il y a dans la forêt équatoriale des inyalas, des sitoutoungas (*tragelaphus speekï*) et des koudous, ou tout au moins une antilope qui doit tenir le milieu entre ce dernier et l'inyala (2).

Dans les régions de plaines, sur la lisière de la forêt, le zèbre existe, car les indigènes portent ses incisives supérieures dans leurs colliers, ou ils en passent dans leur lèvre; comme les antilopes et autres ruminants n'ont d'incisives qu'à la mâchoire inférieure et qu'elles sont de forme toute différente, il est difficile de se tromper.

Le rhinocéros ne me paraît pas habiter la région; les indigènes qui sont voisins des lacs le connaissent seuls. Il ne doit se trouver, à mon avis, que sur la rive est du Tanganyika. Le lion n'existe qu'au Katanga et dans les environs de l'Ouellé, c'est-à-dire dans les pays de plaines herbeuses.

Très nombreux dans certaines parties du Manyéma, les léopards y causent beaucoup d'accidents; au lieu de poursuivre et d'exterminer les mangeurs d'hommes, comme on le fait au Zambèze, les indigènes de ce pays les laissent en paix, si bien que ces carnassiers, se voyant impunis, continuent leurs déprédations; en plein jour, ils attendent dans la brousse les

---

(1) J'avais préparé une peau de cette antilope ; mais, à mon arrivée sur le bas fleuve, elle avait disparu : elle a dû être oubliée dans quelque village.
(2) Peut-être le *strepsiceros imberbis*.

indigènes qui viennent couper des palmiers, et ils leur sautent dessus. Je tiens pour certain que ce sont toujours les mêmes animaux, encouragés par le succès, qui causent ces désordres. N'est-il pas étrange que des gens pacifiques comme ceux du Zambèze exterminent ces carnassiers, à n'importe quel prix, tandis que des populations essentiellement guerrières et turbulentes comme celles du Manyéma supportent tranquillement une telle tyrannie? Affaire de coutume. Le léopard leur inspire d'ailleurs une terreur si violente qu'il suffit qu'un homme en voie un pour que toute une expédition se trouve retardée. J'en ai fait l'expérience en voyageant dans ce pays.

La forêt équatoriale, en somme, contient relativement peu de gibier; celui-ci se tient surtout sur la lisière, près du pays découvert. L'éléphant lui-même, auquel il faut journellement une quantité considérable de paille ou d'herbe, ne peut habiter la forêt; il s'y promène, mais pour en ressortir bientôt. Le territoire du Congo en est assez largement peuplé.

En revanche, la forêt équatoriale est l'asile d'une variété infinie de quadrumanes. On peut dire qu'elle est la patrie du singe : depuis le minuscule ouistiti jusqu'au gigantesque gorille, toutes les espèces d'Afrique s'y trouvent représentées à foison. Dans certaines régions, tout ce que l'on peut imaginer comme variétés de pelage et de couleur, tout ce que l'on voit de singes divers assemblés dans un jardin zoologique, se rencontre pendant une journée de marche à travers la forêt; les uns s'enfuient dès qu'ils vous aperço

UNE PISTE D'ÉLÉPHANTS DANS LA FORÊT ÉQUATORIALE (HAUT CONGO).

(Page 246)

vent; d'autres, plus courageux et confiants dans la hauteur des arbres, vous regardent paisiblement passer en se grattant; des troupes entières occupées à se promener à terre grimpent aux plus hauts sommets à votre approche, tandis qu'au contraire d'autres qui s'y trouvaient se précipitent dans l'espace, l'air affolé, et, s'aidant des lianes, se laissent glisser jusqu'au sol pour mieux s'enfuir (1).

Sur une vingtaine de singes que le 303 est allé dénicher au haut des arbres, je n'en ai pas tué deux de la même espèce. Je regrette de n'avoir plus été à même de les conserver en peau, car il devait y en avoir de nouveaux pour la science; mais le temps, toujours couvert et pluvieux, l'humidité, le déplacement continuel, ne me permettaient pas de tenter des préparations de spécimens.

J'ai remarqué que, si nous marchions avec le gros de l'expédition, le bruit de ce grand nombre d'hommes faisait le vide devant nous : on ne voyait rien, et tout semblait mort; étais-je, au contraire, à deux ou trois kilomètres en avant, marchant sans bruit, accompagné seulement de mes porte-fusils, la forêt prenait un tout autre aspect : elle s'animait, c'était la vie partout. Bien des fois j'ai fait cette même remarque dans la brousse africaine.

On ne commence à connaître les grands singes que vers le milieu de la forêt, c'est-à-dire vers le Lomami.

---

(1) J'ai aperçu à plusieurs reprises dans la forêt des sangliers ou des phacochères, mais je n'en ai pu tirer aucun à cause de l'épaisseur de la végétation.

Dans cette région et sur l'Itimbiri, on a pu répondre à mes questions sur le gorille en me désignant un grand singe, le *soko*, qui, d'après la description des indigènes, doit être le chimpanzé.

Mon interprète, vu mes capacités assez limitées en langue du Congo (une espèce de bangala mêlé de souahili), a jugé que je saisirais mieux le portrait du soko par la démonstration que par la description, et, après avoir causé et interrogé une dizaine d'indigènes assis à côté de nous, à qui il demandait, en s'interrompant, de nouveaux éclaircissements, voici comment il a répondu à mes questions détaillées sur cet animal. Toute la population du village étant assemblée à nous regarder, il commença :

« La taille ?... celle de ce petit, à peu près. » Et il me montre du doigt un enfant de dix ans. Celui-ci, voyant le geste et s'imaginant sans doute que je me le fais désigner pour le manger rôti à mon dîner, s'esquive aussitôt.

« Le nez ?... comme cela. » Il désigne un tout petit enfant qui n'en a pas encore. La mère, effrayée, s'enfuit précipitamment, serrant son nourrisson contre sa poitrine.

« La barbe ?... dans ce genre-ci », en faisant voir celle d'un vieillard qui porte un collier de poils comme les vieux marins. Le vieux se contente de sourire d'un air bon enfant.

« Le ventre ?... comme cela. » Et il touche presque la panse d'une vieille femme à l'air hydropique qui n'a pas peur et continue à le regarder d'un air mauvais, comme pour dire : Eh bien! après?

« La figure?... blanche comme celle du *bouana* (maître). » Et tous les indigènes d'éclater de rire à leur tour, enchantés de cette comparaison qui me concerne. La vieille hydropique trouve cela de son goût, et un gros rire secoue sa bedaine plissée comme un accordéon, tandis que des hé! hé! hé! convulsifs s'échappent de sa bouche entr'ouverte et édentée.

Tout le monde est enchanté et se retire là-dessus pour réfléchir à cette dissertation comparative sur le soko, tandis que, pour fournir un trait de ressemblance de plus entre lui et moi, je mange quelques bananes qu'on m'a offertes.

En somme, je n'ai pu recueillir d'indice certain de la présence du gorille qu'à hauteur de l'Oubanghi et de là jusqu'à la côte; j'ai bien vu une photographie à Nyangoué, mais c'est vraisemblablement celle d'un chimpanzé. Au Congo, comme partout, il est d'ailleurs difficile de se renseigner sur les animaux auprès des indigènes; les chasseurs ou trappeurs sont seuls capables de vous donner des indications exactes; les gens qui ne font pas métier de poursuivre les animaux répètent des fables qu'ils ont entendues sur leur compte, en y ajoutant des exagérations et des histoires invraisemblables.

Je n'ai donc pas la prétention de trancher la question de l'habitat du gorille, je me borne à noter ce que j'ai entendu d'admissible, sans avoir été en mesure de le vérifier par moi-même.

Outre les singes, la forêt et les bords du Congo

sont peuplés d'oiseaux variés, d'innombrables perroquets; les hippopotames, les lamentins, les oiseaux aquatiques s'y trouvent en grande quantité. Il y aurait là de précieuses collections à faire pour les musées; le chasseur, d'après les éléments que je lui donne en passant, pourra juger aisément des ressources que lui offre le Congo, ce magnifique pays d'avenir où il n'est pas dit que je ne retournerai pas moi-même un jour afin de faire plus ample connaissance avec les hôtes de ses forêts.

Et maintenant, pour en finir, revenons à mes chasses aux grands animaux en 1896 et 1897.

HIPPOPOTAME TUÉ SUR LE HAUT CONGO.

UNE MARCHE D'ÉLÉPHANTS EN BATAILLE (juin 1896).

CHAPITRE XIII

TROIS GRANDES CHASSES A L'ÉLÉPHANT.

Marche d'éléphants en bataille.
Chasse en plaine. — Ma « Grande Journée ». — Femelles sans défenses. — Cinq éléphants blessés. — Msiambiri et moi, nous sommes chargés. — Msiambiri enlevé par un éléphant en fureur. — La victoire.
Chasse dans le Congo. — Femelles aidant le mâle blessé et le mettant à l'abri. — L'éléphant Goliath : sa mort. — Le plus beau trophée de ma collection.
Fin des chasses à l'éléphant. — Opinion de sir Samuel Backer.

En juin 1896, nous étions de nouveau dans le Barotsé (1), marchant insensiblement vers le lac Bangouéolo, à travers un pays qu'aucun pied européen n'avait encore foulé et dont peut-être les échos n'avaient jamais retenti de la détonation d'un fusil. On voyait chaque jour des traces d'éléphants toutes

(1) Sur la rive occidentale de l'Aroangoua.

fraîches, et chaque jour je me mettais en chasse. Si j'avais tué à cette époque tous les éléphants que j'ai suivis, il m'eût fallu toute une caravane pour porter mon ivoire. Malheureusement, c'était la saison des vents incertains, et, si je ne voyais pas tous les éléphants, ceux-ci, en revanche, me sentaient, et beaucoup trop souvent à mon gré.

La région qui se trouve dans cette partie du Barotsé peut être définie en trois mots : plaines, forêts, marécages : la plaine, couverte d'arbres rabougris et d'une herbe peu élevée; les forêts, très épaisses, mais de peu d'étendue; les marécages, vastes couches de boue molle recouverte d'une croûte extérieure qui s'était formée depuis la fin des pluies et qui paraissait solide, mais où on enfonçait, au milieu d'une herbe rare.

Nous nous trouvions un jour, au milieu d'une de ces plaines marécageuses, examinant des traces fraîches d'éléphants; devant nous, à une vingtaine de mètres, se dressait, comme un grand mur sombre, la lisière de la forêt : quelques rares rayons de lumière y montraient des troncs d'arbres puissants et noueux, au milieu d'un enchevêtrement de lianes, tandis que d'invisibles oiseaux jetaient des cris aigus et que chantaient des vulturines (1). Nous nous disposions à entrer dans le bois en suivant les pistes tracées à terre, quand soudain les oiseaux se turent, comme frappés de respect; et de longs froissements de feuilles, de branches brisées, d'abord à distance, puis

---

(1) Genre de pintade (*Numida Edouardi*). (Le nom indigène est *Kanga-toli*.)

se rapprochant, nous arrêtèrent au milieu de notre marche. Nous restons immobiles, écoutant, plantés là comme autant de points d'interrogation. Qu'est-ce que ce pouvait bien être? Si le bruit s'était éloigné, nous eussions pensé à quelque éléphant en fuite; puisqu'il venait sur nous, nous eûmes l'idée d'un troupeau de buffles, quoiqu'il fût très invraisemblable de les voir en pareil endroit. Bref, nous n'étions pas bien revenus de notre surprise quand je fus témoin d'un spectacle que jamais je n'oublierai.

Les arbres de moyenne taille saluèrent dans des balancements précipités, les lianes et le feuillage s'entr'ouvrirent, et d'abord la tête d'un éléphant apparut sur la lisière de la forêt, puis son corps tout entier; à côté de lui en sortit un autre, et un autre, et un autre encore, jusqu'à ce qu'ils fussent onze de face, débouchant dans la plaine, qui marchèrent droit sur nous.

Presque sur la même ligne, comme lorsqu'ils mangent, ils ne nous sentaient pas (le vent passait entre eux et nous, allant de droite à gauche), et ils s'avançaient tranquillement, occupés à engloutir, les uns des lianes et du feuillage, les autres de l'herbe ou des fruits; un ou deux d'entre eux, ramassant du sable et de la poussière avec leur trompe, se les soufflaient sur le corps en tous sens, laissant derrière eux des nuages rougeâtres; sur toute la ligne, les grandes oreilles allaient et venaient avec des balancements, et les trompes, d'un mouvement incessant, semblaient mimer les impressions de ces énormes animaux.

Je savais que nous ne courions aucun danger, mais

je n'ignorais pas que nous n'avions pas une minute à perdre si nous voulions tirer parti de cette rencontre. Essayer de se cacher n'était plus possible : il fallait rester immobile.

Tout en cherchant de l'œil les plus beaux porteurs d'ivoire parmi les cinq mâles, qui dépassaient les autres d'une coudée, je prenais mon calibre 8, et Msiambiri préparait mon express, c'est-à-dire qu'il armait les chiens et le tenait, le canon haut, prêt à m'être passé.

Mes hommes me demandaient depuis longtemps de leur laisser tuer un éléphant pour leur compte. Ce jour-là, je leur dis : « Msiambiri restera avec moi ; les autres, tuez votre éléphant ; attendez seulement que j'aie tiré et que vous voyiez le vôtre de profil. » En même temps je demande à Msiambiri de quel côté nous filerons après. — « Par là », me dit-il, en désignant la gauche. Les éléphants n'étaient plus qu'à 15 mètres ; plusieurs d'entre eux avaient déjà dû observer notre groupe de six hommes ; en tout cas, tout ce qui précède s'était passé en quelques secondes. « Ne bougez pas, répétai-je, ne bougez pas ! » Car, sans remuer, nous avions des chances de ne pas être remarqués. J'avise un peu sur ma droite un mâle magnifique ; je décide de commencer par lui.

Après une forte tentation de tirer à la base de la trompe, c'est-à-dire de face, je me décidai pour l'épaule. Je le visai donc à gauche de la trompe et sous la pointe de l'oreille, tout en surveillant du coin de l'œil un autre mâle qui était à ma gauche et auquel je destinais mon second coup.

Les éléphants continuaient à s'avancer en bataille!.....

Avec mon calibre 8, arc-bouté en avant pour supporter la violence du recul, je presse la gâchette... Mon éléphant pousse un grognement retentissant... L'autre s'arrête; je le vois tourner à gauche, et je lui lâche mon deuxième coup de fusil en plein dans l'épaule... Je jette le calibre 8 sur le sol et je saisis l'express, faisant choix d'une troisième victime, lorsque Msiambiri crie : *Tit'aoué!* (Fuyons!) Nous voici donc filant dans la direction convenue, tandis qu'un des éléphants charge Tambarika au beau milieu de la plaine..... Jamais je n'ai vu un homme détaler ainsi. L'éléphant lui donne la chasse pendant 150 mètres, et à un certain moment il l'a presque touché; mais en plaine un homme mince et nerveux, ayant du fond, peut sauver sa vie. Sa colère calmée, l'animal revient au grand trot et va passer à 50 mètres de moi; par curiosité, sans même savoir si je l'atteindrai, j'essaye avec mon express de lui tirer dans la tête..... Il tombe et, entraîné par son élan, roule à moitié sur lui-même raide mort..... Par pur hasard, la balle lui était entrée dans l'oreille.

Mes hommes lui avaient fait déjà deux blessures au flanc et autant aux poumons; il leur appartient, car il serait assurément mort des balles aux poumons(1).

Revenons en arrière : reportons-nous au moment où j'ai fait feu. Tous les éléphants, comme des che-

---

(1) Je dirai, à ce propos, que, selon les règles établies entre chasseurs d'éléphants, l'animal appartient à celui qui le premier a fait feu sur lui.

vaux dressés, se sont arrêtés net; les uns ont fait une volte-face complète, pivotant sur les membres postérieurs, mouvement qu'ils exécutent très lestement, et ils se sont dirigés vers la forêt; les autres ont exécuté un à-gauche et sont partis au trot vers notre droite, c'est-à-dire au vent, tandis que ceux qui avaient fui vers le couvert se ravisent et prennent le même chemin qu'eux.

Au moment où les éléphants ont pirouetté, Tambarika, Rodzani, Tchigallo et Kambombé ont choisi un mâle sur ma droite, et lui ont envoyé leur volée dans le flanc; il a immédiatement chargé sur la fumée au moment même où je venais de tirer ma seconde balle; c'est alors que Msiambiri, le voyant courir vers nous, m'a crié gare! Mais Tambarika, s'étant enfui dans la plaine que nous avions derrière, y a attiré l'éléphant sur ses talons, et nous avons été spectateurs de la scène, après nous être ôtés du milieu.

Aussitôt l'éléphant tombé, nous allons à la recherche du mien ou des miens, car j'ignore les résultats. Rodzani affirme en avoir vu un rester derrière les autres, mais on n'aperçoit rien dans la plaine. Cent mètres plus loin, la forêt fait un coude; nous y arrivons juste au moment où un éléphant s'engage sous les massifs. Il paraît avoir la jambe cassée, car il se déplace par soubresauts et si lentement que lorsque nous arrivons près de lui il a encore la croupe dehors; c'est le mâle que j'ai tiré le premier. Comme je l'ai constaté ensuite, son épaule est brisée. Joints à sa souffrance, ses efforts impuissants l'exaspèrent, et il grogne avec rage tandis que sa trompe souffle bruyamment, arrachant ce qu'elle trouve à sa portée : des feuilles, des arbustes, des racines, de la terre volent de tous côtés.

Il nous aperçoit bientôt et, tournant à demi la tête, cherche à nous faire face; ses cris et ses grognements deviennent si terribles qu'on doit les entendre à un kilomètre. Sa poitrine est cachée; j'essaye d'entrer sous bois, pour le voir; mais l'épaisseur de la végétation m'en empêche. Je tire donc en oblique et, ne pouvant atteindre le cœur, je vise à la colonne vertébrale : l'éléphant s'affaisse du derrière, criant plus fort à chacun de mes coups de fusil; je l'achève enfin avec une balle derrière l'oreille.

Laissant un homme auprès du cadavre, je reprends aussitôt la piste du troupeau. Il a longé la lisière de la forêt, et ses traces, sur la terre molle, se voient on ne peut mieux; on peut les suivre à perte de vue comme une bande de terre labourée. Plus d'un kilomètre se passe sans une goutte de sang : rien n'indique qu'un éléphant ait quitté les autres; puis nous voyons que l'un d'eux s'est écarté de la colonne et est entré sous bois. En ce point nous trouvons des rougeurs sur le feuillage. Comme le vent est mauvais et que nous sommes sûrs d'être sentis, nous nous retirons, après un instant de réflexion, et faisons un long détour en arrière ; mais ces précautions sont bien inutiles : l'éléphant est mort; il n'est rentré sous bois que pour y rendre le dernier soupir. C'est encore un mâle, mais plus jeune que les deux autres.

Cette fois a été la seule, je crois, pendant mon long

séjour dans les bois, où le hasard ait amené des éléphants à notre rencontre sans que nous les ayons cherchés. Cette marche en bataille de onze colosses émergeant subitement de l'immense forêt est restée un des plus beaux coups d'œil dont j'aie jamais joui. C'est un de ces spectacles qu'il est donné à un chasseur de voir une fois dans sa vie, une seule, comme une manifestation unique de ce que la nature peut dévoiler à la fois de plus grandiose, de plus imposant...... et de plus inattendu.

J'ai encore deux chasses à raconter qui, toutes deux, ont eu lieu dans le courant de l'année 1897 : la première chez Moassi, à l'ouest du lac Nyassa ; la seconde dans l'Ouroua, partie du Congo belge qui touche au lac Tanganyika. C'est d'abord ma plus grande journée aux éléphants, où j'ai failli perdre Msiambiri ; c'est ensuite la mort du plus colossal éléphant que j'aie jamais vu et tué. J'ai abattu bon nombre d'éléphants avant et après ces deux chasses, mais aucun dans des circonstances aussi remarquables.

Le jour où j'ai failli perdre Msiambiri, j'avais couru moi-même pendant un instant le plus grand danger. Voici comment. Nous étions tombés au milieu d'un troupeau d'éléphants où il n'y avait qu'un beau mâle, une vieille femelle sans défenses, plus grande que lui, probablement sa mère, et deux mâles plus jeunes. Le reste se composait de femelles et de deux ou trois petits de tailles diverses. Après avoir été un instant en vue, en ordre de voyage, c'est-à-dire à la file indienne, les éléphants s'étaient éparpillés sur une ligne, pour se nourrir. Le gros mâle, qui fermait la marche tout à l'heure, était maintenant presque au centre, ayant à côté de lui la vieille femelle qui ne le quittait pas. Nous nous mîmes à courir parallèlement à eux tandis qu'ils avançaient doucement. A un certain moment, le gros porteur d'ivoire, toujours protégé par sa redoutable mère, était à l'aile droite... Je me plaçai derrière une termitière, à dix mètres de laquelle ils devaient passer : le vent était bon et les éléphants sans méfiance. Voyant qu'il était impossible de tirer sur le mâle, je résolus d'abattre la vieille femelle sans défenses d'abord et de tirer le deuxième coup sur lui. C'était jouer gros jeu, car, ayant dévié un peu vers moi, les éléphants étaient à peine à huit mètres de mon poste lorsqu'ils se trouvèrent à ma hauteur : si j'étais chargé, je n'avais plus le temps de m'esquiver. Je fis préparer mes hommes et leur donnai ordre de faire feu au cas où la dangereuse bête se tournerait pour foncer sur nous; après quoi, nous verrions...

Tandis qu'elle s'avance, continuant à couvrir son grand fils de son immense corps, je l'ajuste soigneusement entre l'œil et l'oreille avec mon express numéro 1 ; Msiambiri tient prêt le calibre 8, car je veux m'en servir aussitôt après.

Le coup part, et la femelle sans défenses, manquant des quatre membres à la fois, s'abat avec un bruit sourd, comme un paquet, découvrant brusquement son compagnon qui, deux secondes après, reçoit au cœur une balle calibre 8; ces deux coups de fusil sont répercutés par les échos ; les éléphants, ne se rendant pas compte du point exact d'où ils viennent, se mettent tous à trotter, allant et venant dans toutes les directions, ne sachant à quel parti s'arrêter ; mais les femelles prennent la tête avec leurs petits, et toute la troupe s'éloigne bientôt. Quant à moi, je profite du désordre d'abord pour tirer presque à bout portant (à quatre mètres, je crois) mon deuxième calibre 8 sur un éléphant qui passe à portée ; puis reprenant mon express et courant le long de la colonne, je rattrape les retardataires et de mes deux coups j'atteins deux animaux ; après quoi je m'arrête pour souffler, tandis que tous les éléphants, à l'exception de la femelle morte, rentrent sous un épais couvert situé à peu près à 300 mètres.

Bravement, nous entrons dans le taillis sur leurs traces, que nous suivons pendant près de dix minutes sans indice de blessure et qui nous mènent à un endroit où le fourré s'éclaircit, se réduisant à des massifs traversés de clairières, comme autant d'îlots boisés entourés de terrain dénudé : circonstance fort heureuse pour nous, car, si le bois avait été là aussi épais qu'à son entrée, un de nous n'en serait pas sorti vivant.

La première chose qui frappe nos regards dans une de ces éclaircies est un éléphant tombé : c'est le gros mâle ; un coup d'œil nous montre qu'il n'est pas arrivé en cet endroit par le même chemin que nous, mais bien par une piste parallèle qui est arrosée de sang. Il s'est isolé de ses camarades en pénétrant sous la futaie. Comme les autres animaux blessés peuvent en avoir fait autant, nous songeons à revenir sur nos pas pour chercher leurs traces; mais voulant auparavant nous convaincre que nous ne nous sommes pas trompés, nous poussons 50 mètres plus loin, à un endroit où la piste est très visible au grand jour; s'il n'y a pas de sang, nous reviendrons. Nous n'y sommes pas plus tôt arrivés qu'un cri de rage retentit, coup de trompette strident, semblable au hurlement d'une sirène à vapeur, et du fourré que nous longions, sort, lancée comme une locomotive, une gigantesque masse noire que nous n'avons même pas le temps de regarder en face, tellement elle est près de nous... D'un bond, chacun de nous cherche le salut..... Kambombé et Tchigallo, qui étaient en avant, filent à gauche; Tambarika et Rodzani s'esquivent en arrière, par le chemin qui nous a amenés; Msiambiri et moi piquons droit devant nous, par la trouée que le troupeau a laissée.....

Le sol tremble. Un froissement sinistre contre les feuilles, des branches qui éclatent, les coups de trompette de plus en plus aigus, de plus en plus près de nos oreilles, nous font comprendre à ce moment que l'éléphant est derrière nous... nous sentons qu'il rattrape sa distance..... C'en est fait!.....

Impossible de décrire la terreur mêlée de rage qui me pousse à ce moment-là! Pendant cette course folle, toute ma pensée se résume en ceci : Plus de fusil! Beaucoup d'éléphants tués impunément, voici l'heure du châtiment!..... Tant va la cruche à l'eau.....

Une rapide vision du pays natal..... et c'est tout..... Et maintenant, serrant les poings, je cours, je cours, je vole, dans cette lutte suprême pour la vie..... Quelques secondes se passent... elles paraissent des heures... A côté de moi, quelqu'un me frôle..... Sans le voir, je le reconnais : c'est Msiambiri... Nos pieds effleurent la terre... Il passe des arbres et encore des arbres à peine entrevus..... Derrière, ce cri assourdissant, infernal, se rapproche, puis s'interrompt. Sur nos talons, des pas pesants font trembler le sol, un souffle puissant s'entend, saccadé : Un air chaud passe sur mes épaules, sur mon cou..... Ciel! c'est sa trompe!... *Tchitamba! tchitamba!* (Trompe!) murmure le malheureux à côté de moi, et, par un suprême effort, nous redoublons, affolés, aveuglés, nous meurtrissant en frôlant les arbres, insensibles aux épines qui nous déchirent, aux branches qui nous fouettent le visage... C'est le désespoir!... je vais bientôt faiblir... tomber... Puis j'entends, comme dans un rêve, le cri : *A mâla* (1)! d'un accent désespéré : un corps monte dans l'espace, je vois des pieds qui s'élèvent... et je suis seul... Le bruit a cessé..... je cours encore quelques secondes, le corps entraînant l'esprit inconscient. Mais le réveil arrive... Je m'arrête, et la terrible réalité me frappe au cœur comme un coup de poignard : oui, je suis sauvé; mais l'autre est mort! et par ma faute!... Et le remords, les regrets, achèvent de me bouleverser... Je m'appuie contre un arbre, défaillant, accablé...

---

(1) C'est fini !

Toutefois, après un instant de réflexion, le calme me revient. J'écoute... Plus de bruit. Mon cœur hésite entre le danger qui est là et le désir de secourir mon serviteur. Après une courte lutte, je me décide à revenir sur mes pas.

Tout tremblant encore, sans armes, je m'avance avec circonspection et j'aperçois bientôt l'éléphant de dos, arrêté au milieu du fourré, la tête basse, la trompe pendante; il grogne légèrement et se met en mouvement d'un pas lent... Je m'approche aussitôt, mais il s'arrête et se retourne à moitié, l'air indécis. — Ah çà, va-t-il encore me charger? — Non : il reprend son chemin et s'éloigne.....

Je fouille du regard l'endroit où il s'est arrêté, cherchant un cadavre, ayant peur de le découvrir; je ne vois que quelques arbres morts; je regarde le tronc des végétaux avec l'appréhension d'y trouver du sang. Ah enfin! j'aperçois le pauvre Msiambiri étendu à terre. Comme je m'avance, il se soulève sur son coude, regardant du côté de l'ennemi. Son visage a cette teinte violette qui est la pâleur des nègres. Son pagne est taché de sang. Je me penche sur lui :

— Msiambiri, es-tu blessé?

— Non... rien de cassé, mais mal partout (contusionné).

— Qu'est-il arrivé?

— Il m'a pris par la ceinture et m'a jeté sous ses pieds pour m'écraser; mais il m'a jeté trop fort..... j'ai passé entre ses jambes et je suis venu tomber ici dans les feuilles; je n'ai plus bougé, et il ne m'a pas vu; il a cherché par terre, mais de l'autre côté seulement; le vent est bon, il ne m'a pas senti.

— T'a-t-il fait mal en te prenant avec sa trompe?

— Non : pas du tout. Je croyais qu'il allait me casser la tête contre un arbre ou me clouer contre un tronc avec ses défenses, comme il l'a fait pour le pauvre Katchépa autrefois; mais il voulait m'écraser avec ses pieds..... Avez-vous vu l'éléphant mort?

— Lequel, le gros, là-bas dans la clairière, au moment où nous avons été chargés?

— Non, un autre; nous avons passé tout près en courant. Vous ne l'avez pas remarqué?

— Non, j'avoue que je pensais à autre chose en courant; je croyais que je ne pourrais pas fuir aussi vite que toi, et que ce serait moi que l'éléphant prendrait....

— Vous m'avez fait peur tout à l'heure quand vous me cherchiez; vous étiez blanc comme si vous alliez mourir, mais vous êtes tout couvert de sang, comme moi (1).

— Ce n'est rien, Msiambiri; je n'ai pas encore l'habitude d'être piétiné par les éléphants! Mais ne perdons pas de temps. Je vais appeler les camarades.

Et pendant que Msiambiri se secoue de la terre, du sable et des feuilles sèches qui le recouvrent, je pousse le sifflement d'appel. Un signal semblable répond bientôt, et, cinq minutes après, deux de mes

---

(1) Les déchirures d'épines, les coups, les meurtrissures que nous avions reçues partout saignaient abondamment; de mes effets et du pagne de Msiambiri il ne restait plus que quelques lambeaux informes.

hommes sont près de nous. Sur leur question, je leur explique d'abord que nos blessures n'ont aucune importance. « Venez vite, dit ensuite Tambarika; comme nous revenions, nous avons vu l'éléphant entrer dans un fourré, les camarades le surveillent. En passant par ici, nous ne serons pas sentis. Voici un fusil, nous aurons le temps de chercher les autres après. D'ailleurs, vu l'endroit où ils sont tombés, ce serait trop dangereux, nous serions encore chargés. »

Tambarika me donne mon express numéro 2, et nous retournons par un chemin qui contourne le fourré. Arrivés à peu de distance, nous voyons au centre une masse sombre à peine distincte, immobile. « Voilà l'éléphant », disent mes hommes. Impossible de tirer de si loin avec précision. En voulant approcher encore un peu, je fais du bruit, et la bête se tourne vers moi, les oreilles levées, avec un grognement pas engageant du tout.

Si je tarde encore une minute, me dis-je, je vais être chargé, et cette fois cela me sera fatal, je ne pourrai plus fuir..... A défaut d'autre endroit, je vise la naissance de la trompe, juste entre les deux yeux, je lâche mes deux coups à la fois, et je saute de côté. *Affa!* (Il est mort!) s'écrient mes hommes avec un soupir de soulagement, tandis que l'éléphant s'abat lourdement, au milieu d'un long bruit de branches brisées (1).

(1) On peut tirer de cette façon un éléphant au repos; mais pendant la charge la tête est levée, et ce coup serait perdu. Voir, à l'Appendice, une note avec croquis explicatif sur le « coup à la tête ».

Les fusils ramassés, on va reconnaître l'éléphant qu'a vu Msiambiri, et nous le trouvons mort à dix mètres de l'endroit où nous avons passé, poursuivis par l'autre.

Ces trois éléphants ont dû rester dans le fourré, étant trop grièvement blessés pour suivre leurs camarades, et deux d'entre eux ont succombé pendant que nous venions; le troisième nous avait sentis et avait essayé de les venger.

Quatre éléphants dans une journée, c'est très beau; mais que j'ai donc failli payer cher cette victoire!

La photographie qu'on trouvera à la fin de ce chapitre (p. 272) représente le crâne de la femelle qui nous a chargés ce jour-là; il porte les traces des deux dernières balles qui l'ont abattue et figure dans ma collection de trophées.

Vers le milieu de l'année 1897, me rendant au Congo, j'avais essayé, avant de prendre la route du Manyéma, de passer par l'Ouroua; les tracas et la grosse inquiétude que me donnaient à ce moment mon sort et celui de mes hommes me laissaient peu de loisir pour me livrer à mon sport favori. Néanmoins, comme le pays était giboyeux, je fis quelques chasses aux éléphants pendant mon séjour dans la vallée du Louapoula.

Un matin, en allant en reconnaissance pour chercher des porteurs, — nous étions alors campés non loin des sources de la Louizi, — je trouvai les traces d'une dizaine d'éléphants. Il n'y avait pas plus d'un quart d'heure qu'ils étaient passés. A cette époque, Msiambiri et Kambombé, seuls de tous mes chasseurs, étaient encore avec moi : Tambarika et ses compagnons

MSIAMBIRI ET SON ENNEMI, LE SOIR DE LA VICTOIRE.
(Page 255)

étaient rentrés chez eux ; j'avais pris comme auxiliaires deux indigènes, des Baloubas, très braves gens, quoique anthropophages. Comme les porteurs me demandaient de la viande et qu'ils étaient nombreux, je me mis à suivre les éléphants en me promettant de tuer le premier que je verrais et surtout de ne pas pousser loin.

De même que les serments d'ivrogne, les promesses d'un chasseur sont de peu de valeur. A peine ai-je jeté les yeux sur la piste que j'y découvre les traces d'un mâle de forte taille; les empreintes sont si grandes que je ne me souviens pas d'en avoir jamais vu de semblables : je décide de le tirer, dussé-je pour cela parcourir 80 kilomètres! Nous nous engageons à la suite du troupeau dans un pays relativement facile consistant en petits bois épais de peu d'étendue entourés de terrain nu et dur, de véritables îlots de végétation au milieu de la plaine glabre et unie comme un lac. Nous rejoignons les éléphants après trois heures de poursuite. Au nombre de quatorze, ils avancent d'un pas modéré, et, au moment où je les aperçois, débouchant d'un taillis à leur suite, ils traversent un des espaces dénudés, se dirigeant vers un autre fourré. Mon mâle est au milieu, et il me semble ne voir autour de lui que des femelles. Une de celles-ci, une vieille fort grande, ferme la marche. Je l'eusse rejointe et tirée facilement si j'avais voulu, mais je convoitais le géant qui dépassait tous ses congénères d'une soixantaine de centimètres; il était large en proportion : un colosse comme j'en ai rarement vu.

Le vent était bon ; je résolus d'attendre des conditions plus favorables, et à distance je suivis les éléphants dans le taillis qu'ils ne firent que traverser. Je remarquai que le mâle, s'arrêtant à manger, perdait un peu de terrain; je pensai que peut-être il finirait par se trouver en queue. C'est, en effet, ce qui se produisit. Dans une nouvelle éclaircie de terrain, je le vis derrière, à côté de la vieille femelle qui, à côté de lui, paraissait maintenant toute petite. Je me mis à courir parallèlement à lui et j'arrivai à sa hauteur, à dix mètres de distance. La croupe d'un éléphant qui le précédait m'empêchait de voir s'il avait des défenses. Pourvu qu'il en ait! pensai-je. M'arrêtant un instant, retenant mon souffle, je lâchai mes deux coups de 8 à intervalle d'une seconde, puis me sauvai à toutes jambes pour ne pas être piétiné, car au même moment tout le troupeau donna des marques d'irritation, et les femelles se mirent à trotter dans tous les sens, revenant sur leurs pas et exécutant un quadrille dont les figures, pour ne pas être régulières, n'en étaient pas moins intéressantes. Une vieille femelle sans défenses cherchant l'ennemi, rendue furieuse par les détonations et poussant des cris de rage, fit plusieurs fois, au grand trot, le tour du groupe, comme un gigantesque chien de berger qui rassemblerait son troupeau. Je me tenais à distance, suivant des yeux les mouvements des éléphants. Bientôt le calme parut revenu parmi eux. Ils reprirent leur marche dans la direction d'un taillis; le mâle, que l'on continuait à distinguer par son dos élevé, était au milieu de la bande. Tout à coup, il ralentit, hésita, puis s'arrêta

Toutes les femelles, revenant sur leurs pas, entourèrent de nouveau le vieux mâle ;
je les vis distinctement le pousser, le faire marcher malgré lui...

brusquement et resta en arrière, immobile au milieu de la plaine. J'allais m'élancer pour l'achever, lorsque toutes les femelles, revenant sur leurs pas, l'entourèrent de nouveau; je les vis distinctement le pousser, le faire marcher malgré lui, le porter presque, pendant que le malheureux s'arc-boutait, refusant d'avancer. Enfin, à force d'efforts, au bruit de grognements, au milieu d'une confusion d'oreilles en mouvement et d'un enchevêtrement de trompes levées, baissées ou roulées, le blessé fit encore quelques pas et, bousculé, soulevé, soutenu par les femelles, entra dans le taillis où j'arrivai sur leurs talons.

J'aurais pu facilement tuer plusieurs femelles pendant cette scène et pendant celle qui l'avait précédée; mais, décidé à ne pas m'attarder dans le pays, je voulais me contenter du mâle. Quant à l'achever, impossible d'y songer, tant qu'il continuait à être entouré de ses épouses empressées, et j'aurais risqué fort de me faire charger par elles.

Après quelques minutes d'attente et afin de savoir si les éléphants étaient restés dans le fourré, j'en fis rapidement le tour et j'aperçus la bande qui fuyait, déjà loin et hors de portée; à cette allure, le mâle blessé ne pouvait les accompagner; d'ailleurs il n'y avait pas de sang sur la piste : il était donc dans le fourré. J'y retournai alors et, m'avançant avec précaution, car on y voyait à peine, je distinguai immédiatement, à une dizaine de mètres, au milieu d'une végétation épaisse, une des oreilles du mâle, et rien de plus. C'en est assez pour reconnaître qu'il n'est pas orienté dans la direction où ses compagnes sont parties : il s'est retourné et me fait face ; il est aux aguets, prêt à vendre sa vie le plus cher possible ; impossible de continuer à m'avancer par la trouée laissée par le troupeau.

Pas moyen non plus d'arriver derrière lui, à cause du vent ; il faut donc renoncer à se servir de la piste et venir de côté ; pour cela, je dois me frayer un passage à travers une végétation si dense que je ne puis pénétrer qu'en passant d'abord le bras et le fusil, puis la tête, puis le torse, et enfin le reste du corps. Être chargé là dedans, c'est la mort certaine ; aussi tenais-je à ne pas trop m'approcher. Avec mille précautions il me fallut plus d'une demi-heure pour revenir à dix mètres de l'éléphant : mais le fouillis des branches, et du feuillage était si épais qu'il me cachait sa tête, son épaule et sa croupe ; j'apercevais tout juste son échine et une partie de son ventre. Je me déplaçai donc de côté, de façon à tirer en biais, visant au flanc pour atteindre le cœur, et je lâchai ainsi une balle calibre 8. L'animal ne bougeant pas, j'en tirai une autre, puis une troisième. « Sur un arbre perché », Kambombé me renseignait sur les mouvements de l'éléphant, car la fumée m'aurait empêché de rien voir s'il avait chargé ; chaque fois qu'elle se dissipait, je tirais de nouveau. J'épuisai ainsi toute ma provision qui consistait d'habitude en dix cartouches calibre 8, sans que l'éléphant eût bougé ou semblé seulement s'en apercevoir. Prenant alors mon express, je recommençais une nouvelle série, lorsque, au premier coup, il tomba lourdement, écrasant tout autour de lui, couchant des arbres dont la cime faillit s'abattre sur notre tête, s'effondrant avec fracas au milieu de lianes, de branches et de troncs brisés.

Nous nous approchons, et mes yeux contemplent le plus colossal éléphant que j'aie jamais abattu ; ses défenses énormes dépassaient extérieurement sa bouche de 1^m,70, ayant à leur sortie une circonférence de 0^m,55. Elles mesuraient en totalité 2^m,41 et pesaient exactement même poids chacune, soit 52 kilogrammes. Quant à l'éléphant, sa taille, du garrot à la terre, était de 3^m,695 (12^p 1/2). Une fois le sol déblayé, la hauteur de son flanc couché atteignait 1^m,79 (5^p,11), c'est-à-dire qu'un homme de taille moyenne ne pouvait regarder par-dessus (1).

Je fis garder le crâne, avec l'intention de l'emporter en Europe avec les défenses ; il ne fallut pas moins de onze hommes supplémentaires pour ce trophée : six hommes pour le crâne nettoyé et vidé, sans le sous-maxillaire, deux pour chaque défense et un pour la mâchoire inférieure. Plus tard, les difficultés de transport et le manque de porteurs pour les objets indispensables m'obligèrent, à mon grand regret, à abandonner ces colis embarrassants ; cet énorme crâne resta dans les gorges des monts Mitoumba. Mais les défenses, elles, ont achevé le voyage. Elles constituent aujourd'hui les plus belles pièces de ma collection et font l'admiration de tous ceux qui les voient.

---

(1) Cette dernière dimension dépasse la moyenne que j'ai observée chez les mâles adultes : environ 1^m,66 (5^p,6).

Dans les chapitres qui précèdent, j'ai raconté au lecteur quelques-uns des principaux épisodes de mes chasses aux éléphants. Puisse-t-il y avoir pris quelque intérêt ! C'est certainement la plus grande, la plus noble, la plus périlleuse chasse qui se puisse faire au monde. Voici d'ailleurs sur ce sujet l'opinion du célèbre sportsman anglais, sir Samuel Baker, qui est une grande autorité en la matière (1) :

« Il est à la mode de soutenir que l'éléphant est une
« créature inoffensive, et que, comme la girafe, c'est
« péché de le détruire. Je puis dire que, pendant huit
« ans à Ceylan et presque cinq ans en Afrique, j'ai
« acquis la conviction que *l'éléphant est le plus formi-*
« *dable adversaire avec lequel un sportsman puisse se*
« *mesurer*. L'espèce africaine est bien plus dangereuse
« que celle des Indes, car le coup au front n'est pas pos-
« sible. Le chasseur est donc convaincu d'avance
« que, pendant la charge, son arme lui sera inutile. »

(1) *Nile Tributaries of Abyssinia*, petite édition, 1894, p. 360.

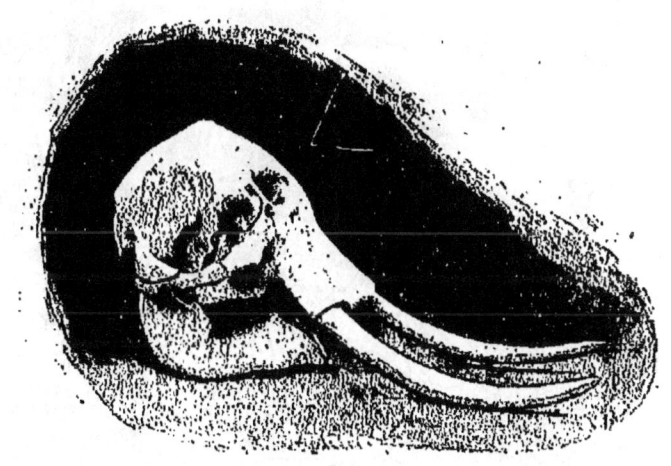

CRANE D'ÉLÉPHANT. (Voir p. 206.)

MORT DE L'ÉLÉPHANT GOLIATH.

LA MATINÉE DU 7 OCTOBRE 1896.

CHAPITRE XIV

GRANDES JOURNÉES AVEC DES LIONS.

Rencontre d'une troupe de lions. — Poursuite inutile. — La canne oubliée. — Mort du gros mâle. — Les coups mortels.
Rugissements nocturnes. — A la rencontre des fauves. — Face à face. — Lion blessé. — Le coup à la nuque. — Photographie et dépouillement. — Une alerte. — Les lionnes : mort d'une d'elles. — Recherche et découverte du premier lion. — Trois lions dans une matinée !
Troisième épisode. — Mort d'une mère. — Les lionceaux. — Conclusion.

Les deux aventures que je vais rapporter ici eurent lieu à des dates différentes, mais je les réunis comme étant, après celles que j'ai relatées dans le chapitre précédent, les plus belles pages de mes souvenirs de chasseur. Elles me semblent dignes en tous points de leur servir de pendants.

Ce sont des rencontres qui ont eu lieu de jour; j'ai donc pu observer mes adversaires mieux que je n'ai été à même de le faire la nuit, à la lueur mouvante et précipitée d'un projecteur électrique.

Le 3 novembre 1895, à l'aube, nous partons à la poursuite de buffles qui étaient venus boire pendant que nous étions à l'affût la nuit. Vers dix heures du matin, nous nous trouvons fort loin, dans un pays montagneux, et, renonçant à la poursuite, nous songeons à rentrer, en coupant au travers de la plaine, pour regagner notre campement par le plus court.

Il peut être midi : la chaleur est accablante; chacun de nous marche sans mot dire, choisissant le terrain le plus facile. Çà et là quelques bouquets de hautes herbes que le feu a épargnés : un entre autres, sur ma droite, au pied d'un grand arbre. Deux de mes hommes sont en avant, je ne me rappelle plus lesquels. Kambombé me suit à une quinzaine de mètres, portant le 303; les autres marchent derrière lui. On chemine sans penser à rien, dans l'éblouissement de ce soleil incandescent qui tombe sur le paysage désolé.

Au moment où j'arrive à hauteur du grand arbre, un grondement soudain me fait sursauter : un lion paraît, un lion énorme, qui me semble encore plus grand parce qu'il est juché sur une termitière. Il me montre les dents, tandis que je m'arrête, jetant mon bâton à terre comme de coutume, et que je tends la main en arrière par un geste qui m'est habituel pour recevoir mon fusil; mais personne n'est là. Enfin Kambombé me rejoint, mais trop tard. Me voyant resteen place à le regarder, le lion a disparu dans les herbes, et la famille entière, composée de cinq individus, les parents et trois lionceaux déjà grands se montre filant au petit trot. Nous nous lançons à sa poursuite; mais, les herbes non brûlées devenant plus nombreuses, nous les perdons de vue. Du haut d'un arbre, Msiambiri les revoit et il distingue, derrière la termitière où nous les avons dérangés, les cornes d'un koudou. Ils sont donc repus, et peut-être se laisseront-ils approcher. Aussi continuons-nous à les suivre à grandes enjambées, et bientôt je les aperçois; mais ils sont trop loin pour que je puisse tirer. Un d'eux monte un instant sur une termitière pour nous regarder, puis il repart. Nous accélérons l'allure et voyons à plusieurs reprises toute la famille; la femelle marche devant avec les petits, le mâle ferme la marche. Il se retourne de temps à autre et nous lance un regard oblique. Quel colosse! Et il est sans crinière!!!

La chaleur est terrible, je l'ai déjà dit, et les lions font halte de temps en temps, à l'ombre, comme las de marcher. Ah! nous voudrions bien en faire autant! A un certain moment ils reprennent le trot et franchissent une plaine presque nue sans me donner l'occasion d'un coup de fusil : ils sont à plus de cent mètres. Un petit bois de « mitsagnas » commence bientôt; nous le traversons à leur suite, et la lionne disparaît avec ses petits dans une étendue herbeuse où il est inutile d'aller les chercher! Il fait si chaud que nous n'avons pas la force d'exprimer des regrets.

Découragés, nous soufflons un instant sous un arbre; je remets mes chiens au cran de sûreté, je rends mon fusil à Kambombé, comme de coutume, et je tends la main pour recevoir mon bâton; mais Kambombé a oublié de le ramasser quand je l'ai jeté. Il ne manque pourtant jamais de le faire; cette fois, dans l'émotion de la rencontre, il l'a complètement oublié. Je tiens à ce bâton qui est un vieux souvenir de chasse; je me décide donc à retourner là où nous l'avons laissé, et, au lieu de reprendre notre route, nous revenons sur nos pas, traversant la plaine et rentrant dans le petit bois. Alerte! Rodzani, qui marche en avant, tombe presque sur le gros lion!..... Celui-ci, qui était couché, se lève péniblement, s'écarte de notre route sur la droite et passe derrière nous pendant que, ayant repris mon fusil, je cours me poster dix mètres plus loin à une clairière où il va passer, car ici je suis gêné par les arbustes pour tirer.....

Accablé lui aussi par la chaleur, ainsi que par sa ventrée de viande, comme je l'ai vu après, il marche la tête basse, si basse que l'on ne voit que son dos qui ondule et ses épaules puissantes; il ne me regarde même pas, bien qu'il sache sûrement que je suis là. Je vise à la nuque, et quand il passe bien devant moi, à six mètres, feu!... Il s'abat comme un paquet avec un bruit mat.

Si le hasard n'avait pas voulu que l'oubli de ma canne nous fît rebrousser chemin, ce lion serait resté là tranquillement couché, tandis que nous le croyions

ÉPISODE DE LA CANNE OUBLIÉE : LE GROS LION SANS CRINIÈRE.

parti avec ses compagnons. Par surcroît de chance, notre bonne étoile nous fait repasser à l'endroit même où il somnolait ; nul doute qu'il nous eût laissés passer une seconde fois près de lui sans se déranger si on n'avait pas, bien involontairement, marché pour ainsi dire sur lui.

J'envoie immédiatement des hommes au camp chercher l'appareil photographique, et nous allons revoir le koudou. Les lions n'en ont guère laissé que les os ; il reste néanmoins un morceau de viande dans le cou, et nous en faisons une grillade, en attendant le retour des envoyés.

Nous traînons le lion à l'ombre après l'avoir mesuré et nous le couvrons de feuillage ; il était énorme, ce que la photographie ci-jointe montrera mieux que n'importe quelle description : on n'a qu'à comparer mon casque, bien plus grand que ma tête, à la sienne.

Les hommes reviennent vers quatre heures avec de l'eau, que nous attendions impatiemment ; en les faisant partir pour le camp, je leur avais donné tout ce qui m'en restait, et nous mourions de soif.

Après la photographie, nous nous mettons à dépouiller le lion, qui était déjà en décomposition, tellement la chaleur était intense, et nous rentrons le soir au camp avec notre trophée, fort contents de notre journée, mais très las.

Un an après, encore au moment des affûts, le 7 octobre 1896, les lions rugissent toute la nuit à environ un kilomètre de nous, mais ils ne viennent pas boire, et ils nous tiennent pendant cinq ou six heures dans un état de surexcitation que vous comprendrez facilement, quand vous saurez que, cette nuit-là, nous étions simplement assis à terre sous un gros arbre, sans la moindre termitière pour nous protéger par derrière !

Dès que le jour paraît, comme on entendait encore la voix puissante des lions à proximité, je me décide à aller les trouver, guidé par le son, et nous nous mettons en marche dans leur direction. Sur notre route se trouvait une rivière large et profonde dont le lit, complètement à sec, était plein de feuilles mortes : de hautes herbes épargnées par le feu couvraient ses rives, bordées de grands arbres et d'une épaisse végétation.

Avant d'y arriver, nous nous arrêtons pour écouter un peu. Il nous semble que les rugissements se rapprochent : deux lions, à l'organe retentissant, ont l'air d'échanger leurs impressions ; la troisième ou la quatrième fois, nous n'avons plus de doute : ils viennent vers nous et marchent, selon toute apparence, vers le lit de la rivière, peut-être avec l'intention de la traverser et d'aller boire. Nous tenons rapidement conseil : quelques-uns proposent de retourner à la mare, de nous cacher et de les attendre ; mais est-il bien sûr qu'ils y aillent ? Dans le doute, je préfère, moi, aller à leur rencontre en me rapprochant de la rivière.

Guidés par la voix des lions qui continuent à

avancer, nous nous portons vers la droite, de façon à nous trouver sur leur passage, et nous choisissons un endroit où un léger promontoire nous permet de bien voir aux environs, car ici les herbes sont hautes. Le vent est bon; dix mètres à peine nous séparent du bord du cours d'eau. Le bruit se rapproche toujours, ce qui nous fait changer encore une fois de place; au moment où nous arrivons à côté d'une termitière, un bruit de feuilles sèches froissées nous prévient : les lions sont en train de traverser... Nous attendons, regardant vers les grands arbres... Moment plein d'émotion !... Comment seront-ils ? Ensemble ou isolés ? Faudra-t-il tirer tout de suite ou les laisser passer ?...

Le 303 est prêt, les chiens armés, les cartouches bien en place; l'amorce a été inspectée; je regarde cet instrument merveilleux, cet auxiliaire puissant sorti des mains de l'homme... Son canon bien propre brille au soleil levant... La mort va-t-elle en sortir encore ? En tout cas, l'express est là à côté, tout prêt ! Le winchester aussi, comme dernière ressource... Attention !... Les voilà !...

Le hasard fait qu'ils émergent du lit de la rivière, cachés par la termitière, et un de nous, se penchant pour les voir, fait craquer de la paille sous ses pieds; ce bruit imprudent, si près des lions, les fait tressaillir, et un d'eux, allant à la découverte, sort à notre gauche, à dix mètres à peine, mais au trot, hélas ! Au lieu de viser la nuque, c'est aux omoplates que je tire. A mon coup de fusil, l'animal, qui est passé sans nous avoir vus, ébauche une charge, dresse la queue et se lance en avant, la gueule ouverte et la griffe levée. Mais il n'y a pas de fumée, nous restons immobiles : rien ne dénonce notre présence. Tournant alors à droite, il disparaît.

J'ai déjà rechargé, et nos yeux cherchent son camarade que nous n'avons pas encore vu ; l'attente n'est pas longue : le voici ! Il sort aussi sur notre gauche, un peu plus loin, à vingt mètres environ, et, intrigué sans doute du coup de fusil et du détour de son camarade, il s'avance au pas, s'arrête et enfin se retourne, me donnant la plus belle cible que j'aie jamais eue. Jamais lion ne m'a paru si grand. Je vise à la nuque, contenant les battements de mon cœur dans ma poitrine, et... feu !...... Il s'abat comme une masse, à ce qu'il me semble, mais il a disparu dans les hautes herbes, et je ne puis me prononcer... Nous montons sur la termitière, rien... Enfin, du haut d'un arbre, Kambombé nous apprend qu'il est là couché, comme mort.

Après lui avoir jeté quelques morceaux de bois pour être bien sûrs qu'il l'est, nous nous approchons, et je puis admirer à ma grande joie un lion aussi beau et presque aussi grand que celui que les vautours m'ont fait retrouver l'année dernière, mais intact cette fois, avec une crinière magnifique ; au cou, un trou minuscule fait par la petite balle du 303.

On court chercher la chambre noire, et, quand tout est prêt, je prends une photographie de cet animal splendide. Les hommes du camp se mettent alors à

1. CINQ MINUTES AVANT.. AUX ÉCOUTES !

aider Tchigallo à enlever la dépouille sur place ; Tambarika et Rodzani y travaillent aussi.

L'opération est à moitié achevée, et je suis assis à la regarder, quand nous arrive un bruit, d'abord mal défini, puis très reconnaissable, qui vient encore du lit de la rivière : ce sont de ces rugissements bas que les lions font entendre quand ils communiquent entre eux...

Panique générale de la part des hommes du camp ! « Le blessé revient ! » s'écrient-ils, et les voici qui grimpent tous sur un même arbre au point de le faire plier. Mes chasseurs saisissent leurs fusils ; quant à moi, je cours à l'éminence dont j'ai parlé. Au moment où j'arrive sans bruit, deux échines fauves passent au ras des herbes, à quelques mètres... J'ai juste le temps d'ajuster l'une d'elles au moment où elles vont disparaître dans une végétation plus haute. Un bruit mat répond à ma détonation, tandis que l'agitation des herbes, écartées avec violence, montre que l'autre animal s'enfuit.

Ce sont les lionnes qui, à la recherche de leurs seigneurs et maîtres, suivaient presque la même piste ; si nous n'avions pas entendu le bruit, elles auraient passé inaperçues à quelques mètres du groupe occupé à dépouiller le lion mort.

On devine aisément ma joie d'avoir ajouté à mon lion une magnifique lionne. Celle-ci était déjà vieille et d'une grande taille.

L'appareil photographique fait de nouveau son office, et le dépouillement commence aussitôt, mon intention étant de faire sécher les deux peaux le jour même. Les hommes emportent le tout, et nous nous disposons à rentrer au camp derrière eux, car il va être bientôt onze heures du matin, quand l'idée me vient de suivre un instant la piste du premier lion blessé. Quelques gouttes de sang indiquent son passage dans les herbes; je suis ces traces par simple curiosité, me trouvant très satisfait avec ma chasse de ce jour-là, et ne regrettant pas outre mesure la perte de cet animal. Au bord de la rivière à sec qu'il a retraversée, nous jetons un coup d'œil dans le lit sombre : rien ! Je suis déjà sur le point de m'en retourner, quand il me prend comme un regret. — Attendez-moi, dis-je à mes hommes : je vais jusqu'au bord opposé regarder dans la plaine. (Sur l'autre rive, en effet, s'étendait une grande étendue où le feu n'avait rien épargné et, par conséquent, rase comme une table : la vue pouvait donc y porter fort loin.)

Je descends, je traverse le lit où le sang marque les feuilles sèches, et, remontant de l'autre côté, j'écarte les arbustes pour regarder. D'abord, je ne vois rien; mais peu après j'aperçois quelque chose de fauve, à plus de deux cents mètres, comme une antilope couchée là-bas... Mais une antilope couchée en plaine rase à onze heures du matin, ce n'est pas croyable !

— « Hé là ! venez : il y a quelque chose là-bas ! » Mes hommes arrivent et regardent : on dirait un bubale ou un reedbuck? Allons voir ! A quarante mètres, nous sommes fixés : c'est le lion ! Il est mort et déjà enflé. Ce qui nous a trompés, c'est que nous n'avions pu distinguer sa crinière, qui, soit dit en passant, était fort belle. Ma balle a traversé les poumons et atteint le cœur en éclatant en deux endroits; j'avais manqué les omoplates, ce que je savais d'ailleurs, puisque le lion avait continué à courir. Quand il avait bondi en avant, j'avais bien pensé qu'il était fortement touché, mais je ne l'aurais pas cru si gravement atteint en le voyant disparaître au galop.

Trois lions dans une matinée! J'étais tellement heureux que tout le monde au camp reçut une triple gratification. L'opération de la photographie et du dépouillement fut répétée de nouveau. Quel dommage de m'être tant pressé les deux premières fois! Si j'avais différé jusqu'à midi, j'aurais pu photographier mes trois lions ensemble et moi avec. Mais je ne pouvais prévoir que j'aurais tant de chance ce jour-là, et les animaux se décomposent si vite, surtout les félins, qu'on ne saurait trop se dépêcher de mettre leur dépouille en sûreté. Je pourrais retourner dans la brousse pendant vingt ans encore sans retrouver pareille aubaine. Ce qui est exceptionnel, ce n'est pas d'avoir rencontré quatre lions, c'est d'avoir pu en tirer trois l'un après l'autre, posément, au fur et à mesure qu'ils se sont présentés.

J'arrive maintenant à une troisième chasse, moins extraordinaire à coup sûr, mais qui mérite d'être notée parce qu'elle s'est terminée par la capture de lionceaux.

Deux mois après la journée des trois lions, en décembre, l'expédition était en marche, et nous arrivions à l'eau vers trois heures de l'après-midi. A ce moment, je tue pour notre dîner un sanglier que j'aperçois. Les porteurs arrivent, le camp s'installe pour la nuit, et je vais, comme d'habitude, faire un tour aux environs, en quête de gibier. Kambombé seul m'accompagne. En descendant en aval du cours d'eau sur lequel nous avons campé, j'y vois de nombreuses traces de lions et je réfléchis à la façon d'installer un affût en cet endroit. Mais ces traces sont d'hier ; y en a-t-il d'aujourd'hui ? Je reste à explorer sur l'une des rives tandis que j'envoie Kambombé chercher sur l'autre. Je marche ainsi sans bruit sur le sol humide du bord, longeant une plaine à la végétation touffue qui surplombe la rivière d'un mètre environ. Voulant jeter un coup d'œil dans la plaine, je grimpe sur l'escarpement et je risque d'abord la tête, puis les épaules, puis le buste, au fur et à mesure que j'examine les environs ; ceux-ci me paraissent déserts. A cent mètres pourtant je distingue quelque chose dans l'herbe : est-ce un tronc d'arbre coupé ? est-ce un animal ?

Je me lève un peu plus, l'objet remue. Je fais signe à Kambombé de venir, il m'a bientôt rejoint... Il ne peut pas se prononcer, lui non plus. Approchons. Pour cela, redescendons au niveau de la rivière, suivons sa rive sans bruit, puis remontons de nouveau. « C'est un lion ! » dis-je, tandis que la tête de l'animal est maintenant à quatre-vingts mètres...
« Ou un léopard », murmure Kambombé. En effet,

de loin et vue par derrière, la tête de ces animaux se ressemble.

La bête se penche et se relève encore; elle a l'air occupée à quelque chose qui l'absorbe. Craignant de faire du bruit et de la déranger en m'approchant davantage, je décide de rester où je suis, et je tire, visant entre les deux oreilles rondes, juste à la nuque...

Allons voir ce qui est advenu, car l'animal, léopard ou lion, a disparu. Longeant de nouveau le cours d'eau, nous avançons avec prudence..... Kambombé grimpant sur un arbre découvre que c'est une lionne : elle est étendue, immobile, la tête ensanglantée... Il aperçoit aussi des petits... Après quelques précautions destinées à nous assurer que la bête est bien morte, nous nous montrons. Deux lionceaux sont à côté du cadavre de la mère; elle en a écrasé un troisième dans sa chute : il agonise. Nous le retirons à la hâte de dessous le cadavre, mais il ne tarde pas à expirer.

La lionne est de taille moyenne; les petits doivent avoir quatre ou cinq jours; ils sont gros comme les deux poings.

Kambombé file immédiatement avec un lionceau dans chaque main. Je lui recommande de se dépêcher et de revenir au plus tôt avec des hommes et ses camarades armés. Je reste à garder le corps de la lionne, me cachant derrière un arbre, immobile, avec l'espoir de voir arriver le père de famille. Le moindre bruit me fait dresser l'oreille, car je m'attends d'un instant à l'autre à son retour : s'il s'aperçoit que sa femme est morte et que ses enfants ont disparu, il ne va pas être de bonne humeur, et gare à celui qui se trouvera sur son chemin !... Mais il ne vient pas (1)... Du bruit dans les herbes et un sifflement connu ne tardent pas à m'annoncer l'approche de mon monde. Leur signal signifie : peut-on se montrer ? Sur ma réponse affirmative, ils paraissent. Les pieds de la lionne sont ligotés, une perche est passée entre eux, et en route pour le camp !

A Rodzani, qui conseillait de faire une palissade pour la nuit, me raconte-t-on, les autres avaient d'abord déclaré que cette précaution n'était pas nécessaire, et que l'on dormirait bien comme cela ; que d'ailleurs il n'y avait pas d'épines, etc. Mais, après que Kambombé a apporté les petits lions au camp, après qu'on a compté les traces nombreuses de leurs parents au bord de l'eau, après qu'on a ramené le cadavre de la lionne, tout le monde change d'avis avec une rapidité et un accord parfaits ; on a bientôt fait de trouver des monceaux d'épines et de construire une véritable fortification où on amoncelle assez de bois pour en brûler pendant deux nuits.

C'est dans cette place forte que nous nous retirons, et toute la nuit, à la lueur de grands feux, nous jouissons d'un concert de lions comme jamais nous n'en avons entendu. Le malheureux veuf a dû ameuter tout le voisinage, et l'on vient rugir jusque sous la palis-

---

(1) J'ai regretté, mais trop tard, de ne pas avoir attendu le lion à cet endroit ; il avait laissé les siens pour se mettre, sans doute, en quête de nourriture ; il fût sûrement revenu avant la nuit.

sade; à une proximité effrayante, du côté où le vent révèle la présence de nos nouveaux pensionnaires.

J'ai déjà parlé de l'impression profonde, saisissante, que le rugissement d'un lion produit sur l'homme; rien de plus terrifiant dans l'obscurité que cette voix puissante qui résonne à plusieurs kilomètres, et qui fait trembler le sol; de l'entendre à un ou deux pas seulement, il y a de quoi secouer les nerfs de l'homme le plus froid.

Les femelles paraissent être les plus furieuses : sans doute, elles nous accablent, dans leur langage, des pires invectives, et le vacarme est tel que personne ne peut dormir. A plusieurs reprises, pour les éloigner tout au moins, j'ai essayé des coups de fusil, mais la nuit est d'un noir d'encre, le temps très couvert, et je cherche en vain la caisse où est emballé le projecteur électrique.

Vers le matin, un orage se met de la partie; le ciel gronde : d'abord sourdement, puis avec éclat, il mêle sa voix à celle du roi des félins. L'aube s'annonce enfin lentement, par un temps sombre; une pluie torrentielle éteint tous nos feux : les coups de tonnerre finissent par avoir raison des rugissements, et les lions se retirent dès que le jour point.

Je tente une sortie, mais sans rencontrer aucun des membres de cette famille, et nous partons, emportant dans un panier les jeunes lions qui, dès la première nuit, font bon accueil au biberon.

Plus tard, ils ont pris l'habitude de teter à même la chèvre, mais il fallait attacher celle-ci, la tête au vent, car l'odeur de ses nourrissons l'affolait; cette nourrice ne fut bientôt plus suffisante, et il fallut en avoir deux. A l'âge de trois mois, les lionceaux étaient déjà de la taille d'un gros bouledogue. Ils m'accompagnaient partout, s'en allant devant moi sur les sentiers, trottant tout de travers, comme le font souvent les chiens; et se retournant pour me voir venir et m'attendre. Mais la marche leur était contraire. Ils se fatiguaient beaucoup; les pattes leur faisaient mal, et ils tiraient la langue comme des chiens harassés. Il eût fallu du repos ou du moins une existence moins agitée que la nôtre pour arriver à les élever. L'un d'eux mourut bientôt, et je cédai l'autre près du lac Nyassa pour ne pas lui voir subir le même sort. Ainsi se termina cet essai d'élevage.

Un mot encore, à propos de la mort de la mère. L'expérience m'a appris que le coup à la nuque est excellent et préférable à tout autre, si l'animal est de profil; de face, tout dépend de la façon dont le lion tient sa tête : s'il la tient haute, inutile de tirer; s'il la baisse, comme il fait souvent pour charger, il faut viser, soit entre les deux yeux, soit entre les deux omoplates, que l'on voit distinctement lorsque la tête est baissée; si la charge a commencé, on doit attendre que la bête soit très près. Le coup à la nuque, à quatre doigts en arrière des oreilles et au centre de l'épaisseur du cou, je l'ai tenté bien souvent, et toujours avec le même succès; il a un avantage que je recommande à ceux qui font cette chasse pour la première fois : si on touche, le lion est mort; si on manque — chose facile, car le cou n'est pas très gros à vingt mètres, — il s'en va indemne, et vous aussi. Voit-on le lion bien de profil, la balle aux omoplates, bien au centre, est excellente; le projectile brise ces deux os et touche presque toujours l'épine dorsale qui passe au milieu ; l'avant-train est paralysé, la bête hors de combat; mais si l'on dévie, on a beau avoir des chances de faire une blessure grave, on risque d'être entraîner à une poursuite longue et dangereuse. Je sais fort bien qu'il n'est pas toujours possible d'atteindre un lion où on le veut; mais si on le tire n'importe comment, on doit en supporter les conséquences.

Les animaux dangereux doivent, en principe, être anéantis du premier coup, ou tout au moins mis hors d'état de nuire. Pour y arriver, il faut bien décider ce que l'on va faire, et, je le répète, les tirer relativement de près afin d'être bien sûr de son fait. Avec les omoplates ou l'épine dorsale brisées, l'animal ne peut plus ni se servir des pattes de devant, ni remuer : on peut l'achever aisément, tandis que, s'il est simplement blessé, fût-ce même au cœur, un lion vend encore chèrement sa peau.

Les trois épisodes que je viens de raconter terminent ce récit, transcrit de mes carnets et illustré de mes photographies. Puisse le lecteur, en lisant ces chasses, avoir éprouvé un plaisir qui approche de la très vive passion avec laquelle je les ai faites!

Plus tard, quand mes forces auront faibli, quand j'aurai dit adieu aux voyages et définitivement accroché mon fusil au râtelier, je pourrai, au coin de mon feu, et le cœur gros de regrets, feuilleter ces souvenirs, et, en relisant ces impressions, en revoyant mes photographies et mes trophées, revivre quelque peu la vie d'aujourd'hui. Comme le vieux soldat qui se rappelle ses batailles, plus d'une fois je me retrouverai, par la pensée, face à face avec mes grands fauves africains, et nous recommencerons, mes braves compagnons noirs et moi, les combats d'autrefois.

MES LIONCEAUX.

(Page 290)   ÉDOUARD FOA   (Cliché Waléry)

Tableau de mes chasses d'août 1894 à novembre 1897.

A. — A la carabine.
GRANDS ANIMAUX

Eléphants	39
Rhinocéros	14
Girafe	1
Hippopotames	19
Lions	16
Buffles de Caffrerie	56
Buffles du Congo	8
Panthères ou léopards	5
Loup	1
Chacal	1
Civette	1
Loutre	1
Lynx	1
Phacochères	31
Sangliers	2
Elands	28
Zèbres	11
Antilopes noires	13
Antilopes rouannes	5
Koudous	17
Bubales (*kaama*)	2
Bubales (*lichtenstein*)	57
Bubales (*lunatus*)	3
Kobs	43
Nsoualas	21
Reedbucks	22
Guibs	12
Inyalas	5
Sitoutoungas	2
Pookoos	23
Letchoués	6
Duikers	4
Crocodiles	18
Total	**488**

MENU GIBIER ET DIVERS
B. — Au fusil de chasse.

29 pintades, 6 perdrix, 1 lièvre, 233 oiseaux divers (ces derniers avec le concours de mes compagnons de voyage), 91 canards ou sarcelles, 21 oies sauvages, 58 oiseaux aquatiques : ibis, hérons, pélicans, crabiers, aigrettes, flamants, marabouts, etc. ; 37 singes divers et lémuriens, 1 aigle pêcheur, 2 nyangombas, 1 pangolin, 1 fourmilier, 1 python, 38 oiseaux divers : perroquets, ibis, canards, etc., sur le Congo.

— 520 pièces. —

C. — I. *Au lacet, au piège, au filet, etc.*

2 oribis (1), 8 bluebucks, 2 civettes, 11 agoutis, 165 insectivores de Smith, 1 léopard, 2 hyènes, 1 oréotrague.

— 192 pièces. —   192

II. *Empoisonnés.*

1 léopard, 3 hyènes.   — 4 pièces. —   4

III. *Capturés vivants.*

2 lions, 2 zèbres, 1 bubale, 2 reedbucks, 4 bluebucks, 2 civettes, 2 mangoustes, 3 singes, 2 phacochères, 1 kob, 1 léopard, 1 fourmilier.

— 24 pièces. —   24

Total ... **220**

RÉCAPITULATION (2).

Grands animaux	488
Petit gibier	520
Divers	220
Total général	**1228**

(1) Petite antilope dans le genre du duiker.
(2) Voir *Mes grandes chasses dans l'Afrique centrale*, p. 320.
Tableau des chasses de 1891 à 1893 :

Grands animaux	319
Petit gibier	271
Divers	114
Total	**704**

APPENDICE

PREMIÈRE PARTIE

QUELQUES MŒURS DE L'ÉLÉPHANT, DU RHINOCÉROS
ET DU LION.

Pendant les sept années consécutives que j'ai passées dans les régions sauvages à la recherche des grands fauves, j'ai eu occasion de remarquer plus d'une particularité intéressante de leurs mœurs ou de leurs habitudes. Je considère comme un complément indispensable à des chasses quelques renseignements sur les animaux qui en sont l'objet. Je vais donc déposer le fusil pour étudier en naturaliste, chez eux, les trois hôtes principaux de la brousse africaine : l'éléphant, le rhinocéros et le lion.

ÉLÉPHANT
(Elephas Africanus).

ÉLÉPHANT. — Age. — Signes de vieillesse. — Taille. — Tour du pied. — Reproduction. — Petits en marche ou en danger. — Façon de teter. — Sollicitude maternelle. — Les défenses : poids et longueur. — Éléphants sans défenses. — Les défenses ne repoussent pas. — Usages que fait l'animal de ses défenses. — La trompe et ses emplois multiples. — Faculté de rendre de l'eau. — L'œil et l'oreille. — Nourriture des éléphants. — Importance du vent. — Ordre de marche en voyage et en mangeant. — Bains d'eau, de vase et de sable. — Vers intestinaux. — Sons émis par les éléphants. — Habitudes journalières de ces animaux. — Cimetières d'éléphants. — Tendreté de leurs os. — Ivoire mort. — Pays à éléphants. — Guerre qu'on fait partout aux éléphants. — Leur extinction prochaine. — Accidents causés par eux — Le coup à la tête et au cœur. — Pistes d'éléphants. — Façon d'enlever les défenses. — Le seul ennemi de l'éléphant. — Le vrai roi des animaux. — Quelques mots sur sa domestication.

Je commence par le roi des animaux, le vrai, celui que désignent l'étude, l'expérience et le sens commun, en dépit du bon La Fontaine et même de quelques naturalistes. Je veux parler de l'éléphant (1).

L'âge auquel peut arriver cet animal est très difficile à fixer; dans l'Inde, il ne vit pas au delà de cent vingt ans; mais dans ce pays la captivité abrège, croit-on, son existence. On peut donc présumer que cent cinquante ans constituent l'extrême vieillesse pour un éléphant d'Afrique.

Les traces extérieures de l'âge avancé sont malaisées aussi à bien définir chez lui; j'ai remarqué que les vieux éléphants ont des creux très profonds aux tempes, la mâchoire saillante, en un mot la tête osseuse, comme si la peau était tendue directement sur le crâne; le reste du corps est aussi plus maigre, plus anguleux. Naturellement leur taille a atteint son maximum.

J'ai noté sur mes carnets la taille de presque tous mes éléphants. Le tableau comparatif qui termine cet ouvrage en donne une vingtaine à titre de renseignements. La moyenne que j'ai trouvée est à peu près de $3^m,19$ ($10^p,7$) pour les mâles

---

(1) On trouvera dans *Mes grandes chasses*, p. 202, 291, 293, 296, quelques mots sur les mœurs de cet animal. J'ai à rectifier deux assertions que l'expérience m'a fait juger inexactes. L'éléphant ne s'affaisse pas toujours lorsqu'il est frappé au cœur : il rend du sang par la trompe et donne des signes de gros abattement; quelquefois, il reste sur place et ne s'abat qu'ensuite, mais il peut encore marcher pendant une centaine de mètres. D'autre part, sérieusement frappé aux poumons, il ne va guère à plus de 3 ou 400 mètres.

adultes portant des défenses de vingt kilos et au-dessus. Elle est de 2ᵐ,93 (9ᵖ,8) pour les femelles. J'ai tué des femelles sans défenses et un mâle bien au-dessus de cette taille, mais c'est, je crois, exceptionnel, sauf dans quelques régions encore peu fréquentées où les éléphants peuvent arriver en toute tranquillité au terme de leur croissance.

Chez l'éléphant de l'Inde la circonférence du pied antérieur représente, à peu près exactement, dit-on, la moitié de la hauteur au garrot. Cette base ne peut être adoptée pour celui d'Afrique : je n'ai jamais constaté pareille concordance; sir Samuel Baker non plus (1). Généralement ce tour du pied est inférieur à la moitié de la hauteur. Cela ferait supposer que l'éléphant d'Afrique a le pied relativement plus petit que son congénère asiatique.

La plante du pied de devant du mâle et celui de la femelle diffèrent sensiblement par la dimension, d'abord, et ensuite par la forme : légèrement ovale pour le mâle, tout à fait ronde pour la femelle; ce caractère permet au chasseur de distinguer sur le sol la trace d'un petit mâle de celle d'une grande femelle. Les deux sexes ont les pieds de derrière d'un ovale allongé. Le système pileux est plus développé aussi chez le mâle; la lèvre, l'intérieur des oreilles, le bouquet qui termine la queue, sont plus touffus; il y a aussi entre eux, comme chez tous les animaux, différence de grosseur du cou, du poitrail, des membres, etc.

Vécût-on cinquante ans dans un pays à éléphants, il est impossible de se rendre compte exactement de la façon dont ils se reproduisent, mais j'emprunte à M. Sanderson, qui est une autorité incontestée, ayant été chargé pendant treize ans par le gouvernement anglais de capturer des éléphants et de les dresser pour le travail, les renseignements suivants, qui ne concernent à la vérité que ceux de l'Inde, mais qui

---

(1) *Nile Tributaries of Abyssinia*, petite édition, p. 199.

doivent pouvoir s'appliquer à peu près à leurs congénères de l'Afrique (1).

« Les femelles, commencent à reproduire vers seize ans
« et à intervalle de deux ans et demi (2). Elles portent
« vingt-deux mois pour un mâle, mais dix-huit mois leur
« suffisent pour donner naissance à une femelle. Il n'est
« pas rare de voir une mère ayant deux petits d'âges diffé-
« rents; dès sa naissance, le jeune mâle a de petites
« défenses qui pointent; il mesure alors 0^m,90 de haut et pèse
« déjà deux cents livres. Il ne vit que de lait jusqu'à six
« mois. »

J'ai souvent aperçu des femelles avec leurs petits, et j'ai remarqué que ceux-ci suivent leur mère avec la plus grande facilité dans ses longues marches; au moindre danger, ils se réfugient immédiatement entre ses jambes, généralement sous la poitrine. (On sait que l'éléphant a les mamelles en cet endroit.) Pour teter, ils jettent leur trompe de côté et se servent des lèvres, bien que les indigènes soient persuadés qu'ils tettent avec le nez, comme ils boivent. Buffon le croyait aussi. La mère est pleine de sollicitude pour sa progéniture : elle soutient son petit pendant la traversée d'une rivière. J'ai déjà conté que j'en avais été témoin. Pour monter une côte, elle l'aide également en le poussant par derrière avec sa trompe repliée.

Les défenses des mâles pèsent en moyenne une quinzaine de kilos; leur grosseur et leur longueur diffèrent selon les pays. Ainsi j'ai remarqué que les éléphants du haut Zambèze portaient peu d'ivoire, ceux du Congo beaucoup; les défenses des premiers sont courtes et grosses; celles des autres, longues et minces. Chez les femelles adultes, elles

---

(1) G.-P. Sanderson, *Thirteen years amongst the wild beasts of India*.
(2) Il parle de l'état sauvage, car à *l'état domestique elles ne reproduisent pas*. On cite des femelles ayant reproduit en domesticité, mais il e[st] prouvé qu'elles étaient grosses lors de leur capture.

sont en général de la grosseur de l'avant-bras, longues d'un mètre environ et pesant en moyenne 4 kilos; celles des mâles vont dispue 15 kilos jusqu'à des chiffres extraordinaires. Je répète que la généralité est dans les 15 à 20 kilos, mais j'en ai tué dont les défenses pesaient 30, 38, 42 et même 52 kilos chacune. A l'Exposition d'Anvers figurait, parmi les produits du Congo, une défense de 91 kilos! Ces chiffres sont tout à fait exceptionnels. La longueur ordinaire des dents de 15 à 20 kilos est d'environ 1^m,50, mais, parmi les exceptions, j'en ai vu qui atteignaient presque le double. Je crois que le milieu dans lequel vivent les éléphants, pays sec ou humide, plaine ou forêt, peut influer beaucoup sur la qualité et la quantité de l'ivoire, comme il influe sur la taille.

A côté des éléphants pourvus de défenses, qui sont la généralité, on rencontre certaines anomalies : les éléphants sans défenses sont, pour moi, des phénomènes de la nature, résultant de quelque caprice de la dentition. Je n'ai jamais vu de mâle qui en fût dépourvu, et M. Selous n'en cite qu'un; par contre, j'ai rencontré nombre de femelles qui n'en avaient point, surtout dans l'Afrique centrale méridionale. A partir de la région des lacs et au Congo, ces femelles sans défenses me semblent plus rares. Elles se distinguent des autres éléphants par une grande irascibilité et une taille supérieure. L'aigreur de leur caractère me paraît inexplicable, à moins que le manque de défenses ne constitue une souffrance, ce qui est difficile à admettre; quant à la grande taille, elle doit provenir de ce que les chasseurs indigènes redoutent ces animaux et les épargnent à cause de leur méchanceté et aussi de leur inutilité commerciale; ils les laissent donc se développer à leur aise. Non seulement l'absence de défenses n'est pas héréditaire, mais tout au contraire, à en croire les indigènes expérimentés, les femelles sans défenses sont toujours les mères de gros mâles à ivoire. J'ai vu plusieurs exemples de cette particularité; j'en ai cité un cas au chapitre XIII.

Une défense cassée repousse-t-elle? On le croit généralement, mais c'est une erreur. J'ai vu plusieurs éléphants avec une seule défense, l'autre ayant dû être perdue, soit pendant un combat entre mâles, soit à la suite d'un coup de fusil maladroit.

L'usage que font les éléphants de cet accessoire est tout indiqué par le nom très juste qu'on lui a donné. Il constitue une arme redoutable avec laquelle les mâles se battent entre eux, marquent leur supériorité ou inspirent la crainte dans la troupe. Les femelles l'utilisent dans le même but entre elles, et il n'est pas rare de trouver des éléphants blessés ou marqués en plusieurs endroits par les défenses de leurs congénères.

Accessoirement ils s'en servent en outre pour déterrer des racines, pour écorcer des arbres, etc., ou même pour se reposer : ils les appuient, à cet effet, contre une branche transversale ou tout autre support pendant qu'ils sommeillent. Pour mâcher leur nourriture, ils n'ont que de grosses molaires au nombre de quatre ou six à chaque mâchoire.

J'ajouterai que la moitié à peu près de la longueur de la défense émerge seule de la bouche de l'éléphant; un tiers est encastré dans une puissante alvéole osseuse située sous la base de la trompe; un sixième est entouré par les gencives et les lèvres, le reste sort au dehors. La défense est creuse à peu près jusqu'à sa moitié; le creux intérieur va en diminuant et affecte la forme d'un cornet.

Quant à la trompe, quoique douée d'une force prodigieuse, c'est la partie la plus délicate que possède l'éléphant. Chaque fois qu'il y a du danger et que l'animal se jette sur un ennemi, il la replie et la rentre avec soin, laissant ses défenses bien en avant. Les gravures sur lesquelles est représenté un éléphant chargeant un chasseur et ayant la trompe levée font honneur à l'imagination du dessinateur, mais dénotent son ignorance complète des mœurs du pachyderme; même quand il court, celui-ci replie sa trompe à moitié; afin de ne pas frôler les obstacles, il ramène sous sa tête et tourne vers l'avant l'ouverture par laquelle il saisit les émanations qui lui servent à se diriger; la trompe se trouve alors protégée, en cas de heurt, par les défenses. Dans les endroits où l'animal ne marche qu'avec méfiance et lentement, sa trompe, dont l'extrémité est repliée en dedans, pend jusqu'à terre et tâte le terrain en avant. La finesse de son odorat lui permet de sentir l'homme à quatre ou cinq kilomètres, si le vent est favorable.

Le plus souvent il déracine les arbres avec sa tête, en appuyant son front dessus, et non avec sa trompe; celle-ci lui sert pour les objets de moindre importance : c'est une main parfaite qui va chercher les fruits, qui les palpe, les choisit et les rapporte, qui prend délicatement une branche grosse comme un crayon, la pèle, garde l'écorce et jette le bois, ou va ramasser dans les hautes herbes des fruits tombés que l'œil ne peut découvrir. A l'eau, l'éléphant s'en sert comme d'une pompe aspirante. Il l'emplit jusqu'à moitié environ, la ferme, la replie et déverse dans sa bouche le liquide qui le désaltère. Il la transforme aussi en appareil à douches pour s'asperger dans tous les sens, entre les jambes, sur la tête et sur les côtés; ou bien, si l'eau manque, la trompe recueille de la terre ou du sable frais et en saupoudre le dos et les oreilles brûlés par le soleil; dans le cas de grande chaleur et de fatigue, lorsque la bête est exténuée, c'est dans son propre gosier qu'elle aspire l'eau qu'elle dégorge afin de s'arroser et pour se rafraîchir la tête et les épaules (1). Une lance ennemie s'est-elle enfoncée dans les chairs, la trompe la saisit et l'arrache pour la jeter au loin. Tout à la fois bras puissant, main sensible, nez délicat : tel est l'organe admirable dont la nature a doté l'éléphant.

---

(1) L'éléphant possède la faculté d'emmagasiner environ 50 litres d'eau dans une poche spéciale, isolée de son estomac. Cet organe supplémentaire ressemble assez à celui dont est pourvu le chameau dans le même but.

La vue et l'ouïe sont, en revanche, des sens imparfaits chez lui : l'œil semble manquer de la qualité de discerner les objets qu'il aperçoit; il voit bien l'homme, mais, sans l'aide de l'odorat, il ne le distingue pas d'un animal quelconque (1). Bien souvent, lorsque le vent était en ma faveur, des éléphants m'ont regardé fixement en remuant leurs immenses oreilles, mais sans donner aucun signe d'inquiétude, tandis que je m'avançais sur eux. Leur trompe s'agitait en tous sens, cherchant à se renseigner, mais, comme le vent n'apportait rien de fâcheux, ils ne bougeaient pas. Ceux qui ont déjà été blessés par un homme se sauvent pourtant quelquefois rien qu'en en voyant un à courte distance.

Quant à l'ouïe, elle n'est guère meilleure chez l'éléphant que chez l'homme. Je ne saurais la comparer à quelque chose de plus pauvre (2) : quel animal, en effet, même domestique, n'est pas mieux doué que nous au point de vue de l'ouïe et de l'odorat? J'ignore comment étaient nos ancêtres, les chasseurs des cavernes, mais, s'ils avaient les sens aussi imparfaits que nous, leur vie devait être le jouet des animaux contemporains. J'admettrais plutôt que conformément aux théories transformistes la sécurité et le bien-être ont émoussé nos sens.

Je reviens aux éléphants. J'ai achevé leur description physique. Un mot de leurs mœurs, maintenant.

La grande quantité de nourriture qu'il leur faut les oblige à parcourir journellement de grandes étendues; de là, leurs continuels voyages.

Ils consomment beaucoup d'herbe, verte de préférence, ou, à son défaut, de la paille, des roseaux, des feuilles, des

---

(1) Il faut d'ailleurs remarquer que la plupart des animaux sauvages sont dans le même cas.

(2) La voix humaine leur est particulièrement désagréable : il suffit quelquefois d'un cri ou d'un appel, quand ils sont blessés, pour les mettre en fureur et les déterminer à charger.

écorces d'arbustes épineux. (Ils en sont très friands et les sentent à distance). Ils aiment également les fruits nombreux que la brousse africaine leur offre à différentes époques. Parmi ces derniers j'ai cité les « matondos » en décembre, les « foulas » en mai. Ajoutons-y les « mtoudzi » en juin, les grappes de l'*hyphænæ* en septembre, les « tchendjés », etc. Ils les avalent entiers, sans les mâcher. Ils affectionnent les jeunes pousses des bambous qui croissent dans les lieux humides et en mangent également les racines (*tsoungoui*); ils sont friands de sorgho, de maïs, de cucurbitacées, de tout ce qui compose les plantations indigènes, voire même de tabac; aussi font-ils souvent dans ces cultures des ravages toujours nocturnes. Il faut à un éléphant d'Afrique une moyenne de 400 à 450 kilogrammes de vivres par vingt-quatre heures. S'ils sont une vingtaine, on comprend fort bien qu'ils ne puissent faire nulle part de longs séjours. Comme c'est l'odorat seul qui les guide dans le choix de leurs aliments comme en tout, ils prennent leur nourriture indifféremment le jour ou la nuit : ayant senti à distance le genre spécial de végétaux qu'ils désirent, ils marchent droit dessus, puis, de là, se dirigent sur un autre point; de même ils flairent l'existence de l'eau à de grandes distances et ils y vont par le plus court. C'est pour cela qu'une piste d'éléphants est une série de lignes droites jalonnées, sur tout leur parcours, par des arbustes épineux, des arbres fruitiers, des mares d'eau : en un mot, par tout ce qui est nécessaire à leur subsistance. Voilà pourquoi aussi ils marchent presque toujours contre le vent; ils ont ainsi la certitude qu'il n'y a en avant aucun danger à craindre, ils savent où se trouve l'eau et ils sentent leurs mets préférés. Pour prendre leurs repas, les éléphants se déploient sur une ligne, comme des tirailleurs, et ils tracent des pistes parallèles, tout en marchant et en mangeant; de cette façon, chacun d'eux peut se nourrir à sa guise.

En voyage, en « formation de marche », au contraire, ils se

suivent à la file indienne et, pour passer le temps, ils arrachent de droite et de gauche, sans s'arrêter, quelques bouchées d'herbe ou d'arbustes. En tête sont généralement les femelles qui ont des petits, ou bien un mâle; les autres seigneurs ferment la marche. A l'arrêt, les mâles sont très souvent au milieu, entourés de tous côtés par des femelles. Quand ils se déploient, au contraire, il n'y a pas de règle bien suivie : chacun pour soi, et c'est ce qui cause la mort de plus d'un éléphant.

Quand ils arrivent au bord d'une mare ou d'un fleuve dans la journée ou pendant les nuits chaudes, ils commencent par boire longuement, puis ils entrent dans l'eau et s'arrosent dans tous les sens ; souvent alors ils poussent imprudemment des cris de joie qui préviennent le chasseur de leur présence. Quand il y a de la boue, ils s'en couvrent le corps; une fois qu'elle est sèche, ils se frottent aux arbres pour arracher ainsi les énormes tiques et les parasites qui s'attachent à leur peau épaisse. Souvent aussi ils avalent de la vase ou de la terre (1), sans doute pour se purger. Ils ont d'ailleurs dans les intestins une quantité considérable de vers courts et gros qui doivent les gêner (2).

Les éléphants émettent divers sons. J'ai déjà décrit celui qui indique la colère ; c'est un barrit aigu comme une sirène à vapeur et qui se répète comme une sonnerie de trompette. L'éléphant le pousse lorsqu'il est arrivé au paroxysme de la fureur ; il le produit, à ce que je crois, au moyen de la trompe (3). Par le gosier, l'animal pousse des grognements profonds et sauvages sous l'action de la souffrance, lorsqu'il

---

(1) Surtout lorsqu'elle contient des principes salins, potasse, sel gemme, nitre, etc.

(2) Les mêmes vers se rencontrent dans l'estomac du zèbre et dans la boîte cervicale du bubale. Ce sont des larves que ces animaux doivent absorber avec l'eau.

(3) Il pousse des cris analogues, la nuit, quand il prend son bain. C'est alors probablement un cri de joie.

est blessé, mais bas et semblables à ceux d'un énorme porc lorsqu'il semble vouloir communiquer avec ses compagnons, ou bien quand il médite une charge. Dans ce cas, il grogne d'abord doucement, puis violemment, et lance le « coup de trompette » au moment où il se jette sur l'ennemi (1). J'ai déjà parlé du grondement sourd et profond que les indigènes attribuent au ventre de l'animal et qu'on n'entend que de très près ; ce bruit ressemble à s'y méprendre au ronflement d'une chaudière qui entre en pression. Comment est-il produit ? Je l'ignore. Il est possible que ce soit avec la trompe.

Les habitudes des éléphants changent selon le degré de sécurité que leur offre le pays où ils se trouvent. Dans les régions calmes, où les chasseurs ne les troublent pas (et leur instinct les leur fait bientôt connaître), ils se reposent pendant les heures les plus chaudes de la journée dans des taillis impénétrables au soleil, généralement appuyés contre un arbre ou simplement plantés sur leurs jambes, avec les défenses posées sur une branche. On les voit sommeiller ainsi la tête basse. Ils remuent de temps à autre leurs grandes oreilles, soit pour s'éventer, soit pour écouter; leur trompe pend ou bien se pose sur une des défenses, l'ouverture tournée du côté du vent ; les yeux clignotent ou se ferment. Toute la troupe est là dans des positions diverses, immobile. Vers quatre heures, elle se remet en marche, en quête de nourriture, jusqu'au commencement de la nuit ; à ce moment, nouvelle halte, généralement en un endroit où il y a des arbres, mais cette fois découvert. Les uns se couchent, les autres s'appuient contre une termitière, d'autres sommeillent debout. Dès la fraîcheur du matin, ils reprennent de nouveau leur route ou leur pâture, jusqu'à ce que le soleil leur fasse chercher un abri. Ils boivent pendant leurs heures de promenade.

(1) Je suppose que les éléphants doivent échanger entre eux, au moyen de grognements, leurs sentiments respectifs, mais je n'ai jamais pu m'approcher assez d'eux pour m'en rendre compte.

Au contraire, dans les districts suspects, où ils se sentent en danger, les éléphants boivent, mangent ou dorment quand ils le peuvent, mais généralement ils suppriment le repos de la nuit qu'ils remplacent par des marches forcées ; ils allongent celui du jour, de façon à se mettre en route à la nuit tombante après être restés cachés la plus grande partie de la journée. Pendant les repos mêmes, aucun animal ne se couche, un ou plusieurs d'entre eux étant continuellement sur le qui-vive, levant la trompe en l'air d'une façon inquiète, pour saisir toutes les émanations suspectes. A la moindre alerte, sur un signal inconnu, le troupeau entier disparaît, avec une légèreté et dans un silence dont on ne croirait guère ces énormes animaux capables. On a vu, par l'exemple que j'ai donné de ce vieux mâle aidé par les femelles, que les éléphants sont susceptibles de solidarité.

On m'a souvent demandé si j'avais rencontré de ces cimetières où les éléphants sont censés se réunir pour mourir. Je n'en ai jamais vu aucun vestige, et ne crois pas à leur existence (1). Ce qui a donné naissance à cette idée, c'est que nulle part on ne trouve d'ossements d'éléphants. La raison me semble en être toute simple : les os de l'éléphant sont très spongieux et très tendres ; au lieu d'être creux et remplis de moelle, comme ceux des autres animaux, ils sont homogènes et poreux, composés d'une infinité de cellules creuses et longitudinales où la moelle coule sous forme de liquide : j'ai déjà dit qu'on pouvait briser les côtes sans l'aide d'une hache et simplement avec la main. Il est donc probable que le squelette tombe très vite en poussière et ne tarde pas à être dispersé aux quatre vents ; trois ou quatre ans doivent suffire pour cela. Le crâne, qui est plus épais et plus dur,

---

(1) Je suis presque certain qu'il n'en existe pas ; les noirs cernaient autrefois des bandes entières de ces animaux et les exterminaient jusqu'au dernier ; peut-être a-t-on pris pour d'anciens cimetières les ossements laissés par les indigènes à la suite de ces hécatombes.

subsiste fort longtemps, quand les hyènes l'épargnent, et j'en ai rencontré quelques uns dans la brousse.

Les os des autres animaux, au contraire, se conservent plus longtemps. J'ai parlé, à la page 317 de *Mes grandes chasses*, d'un camp, où j'avais vu, de ma tente, passer un lion; je suis repassé au même endroit en 1896, c'est-à-dire quatre ans après, et j'y ai retrouvé les ossements d'animaux que j'avais tués là, entre autres le lion, quelques reedbucks, des kobs, des zèbres, etc. Ces quatre années d'intempéries ne les avaient pas du tout altérés : à peine blanchis. En revanche, je n'ai jamais rien retrouvé dans des endroits où j'avais tué des éléphants : pas un os, pas le moindre vestige de la lutte qui avait eu lieu; les arbres marqués ou à demi renversés, les rochers, les détails de paysage qui avaient marqué dans notre souvenir, étaient les seuls témoins du drame; sur le sol, depuis, l'herbe s'était plusieurs fois renouvelée.

Il faut donc croire que, exposés aux pluies et au soleil, à la rosée et aux feux de brousse, les os des éléphants s'en vont rapidement en poussière, et ainsi s'explique que l'on n'en retrouve jamais. Les défenses pourtant seraient de nature à résister; mais, si quelque passant les voit, il les emporte. D'ailleurs, l'ivoire mort, qui se voit sur les marchés, n'a pas d'autre provenance; sa teinte mate, la réduction de son poids spécifique, sa couleur, indiquent qu'il a longtemps subi les intempéries.

Il reste encore beaucoup d'éléphants au Congo, dans la région du Nil, du Tchad, du Victoria-Nyanza; mais partout ils sont traqués, poursuivis, chassés et blessés surtout, ce qui est pire que la mort pour eux. Les chasseurs indigènes sont très maladroits avec une arme à feu; ils tirent toujours à la tête, sans se douter que ce coup, d'une extrême difficulté, demande une étude préalable et une précision qui n'est pas à leur portée, comme je l'expliquerai tout à l'heure. Aussi manquent-ils souvent l'éléphant ou le blessent-ils simplement sans autre résultat que de le faire saigner et le rendre furieux, ou bien ils lui cassent les défenses. Voilà pourquoi on trouve tant de celles-ci qui sont ébréchées, abîmées ou brisées. Dans la région du Zambèze, je n'ai jamais tué un éléphant qui n'eût plusieurs balles indigènes dans le corps ou ne portât des traces de blessures anciennes ou récentes; je l'ai noté dans le tableau qu'on verra à la fin de ce volume. Quelquefois ces plaies étaient pleines de pus et de vers, et devaient faire souffrir horriblement la victime infortunée de tant de maladresse. Il n'est pas étonnant que, dans ces conditions physiques, connaissant déjà l'effet d'une arme à feu et exaspéré par de vieilles blessures, l'éléphant charge immédiatement son agresseur. On s'explique aussi qu'il devienne de plus en plus rare dans le bassin du moyen Zambèze.

Dans la région des lacs, où les armes à feu sont moins répandues, comme le Moero, le Bangouéolo, le haut Louapoula, les indigènes chassent l'éléphant à la sagaie; ils en blessent aussi un grand nombre avant d'en tuer un, mais leurs ravages ne sont pas à comparer à ceux que faisaient les armées de chasseurs du Zambèze. Je dis : faisaient, puisque les éléphants ont déserté ces régions depuis plusieurs années, et que les chasseurs ont dû chercher un autre métier.

Dans le Congo, sur la lisière de la grande forêt, les indigènes construisent des pièges à fosse où parfois un éléphant vient tomber. Ou bien ils cernent un troupeau en construisant en grande hâte une palissade à une certaine distance autour de lui. Les négrilles ou pygmées décochent au pachyderme des flèches empoisonnées avec lesquelles il va mourir misérablement à de grandes distances pour servir de pâture aux seuls vautours. Enfin, dans le Darfour, dans le nord de l'Ouganda, quelques Arabes ou Éthiopiens, les « Agager » chassent l'éléphant à cheval et, après l'avoir forcé à la course, lui tranchent d'un coup de sabre le tendon du jarret;

l'extrême difficulté et le péril de ce genre de chasse, ils n'en détruisent que peu ainsi. En résumé, l'humanité tout entière est en guerre contre ce malheureux éléphant, moi compris; mais je ne demande qu'à déposer les armes si l'on décide une trêve générale, trêve qu'il est grand temps de conclure si on veut qu'il y ait encore des éléphants d'Afrique ailleurs que dans les musées. Du train dont on va actuellement, et malgré leur reproduction, il n'en restera plus un seul dans cette partie du monde dans cent cinquante ans; l'espèce sera classée parmi celles qui ont disparu; comme les rhinocéros *simus*, les lophiodons, les anoplothérium, ce pachyderme appartiendra désormais à la paléontologie.

Mais il ne sera pas anéanti sans s'être défendu. On ne s'attaque pas impunément à un aussi gigantesque animal, et nombreuses sont ses victimes. J'ai eu connaissance, directement ou indirectement, de bien des accidents arrivés aux chasseurs indigènes de 1891 à 1897; en fait d'Européens, j'ai trouvé dans le haut Zambèze la tombe d'un Anglais enterré par un mulâtre portugais au pied de l'arbre même où il avait été cloué par la bête; on voyait encore sur le tronc, cinq ou six ans après, les marques profondes des défenses. Une croix de bois vermoulu, quelques mots en partie effacés, rappelaient cette triste histoire. Dans l'ouest du lac Nyassa, près de la Boua, un autre Anglais est saisi par un éléphant qui lui casse des côtes, les deux bras et les deux jambes. Par bonheur pour lui, un établissement européen se trouve à proximité, à Kotakota; on l'y transporte dans un état désespéré. En 1896, M. W..., encore un Anglais, chassait au lac Moero. Il est saisi par un éléphant qui s'agenouille deux fois pour le percer avec ses défenses et qui, manquant son but par un hasard providentiel, ne réussit qu'à labourer la terre à côté de lui. Moi-même, j'ai failli être enlevé plusieurs fois et n'ai dû mon salut qu'à mon agilité; enfin on se rappelle qu'un de mes hommes ne s'est tiré d'une aventure de ce genre que grâce à une chance exceptionnelle. Remarquez que cette petite statistique ne concerne qu'un coin de l'Afrique centrale ; étendez-la au reste du continent, et vous aurez une idée assez exacte de la mortalité annuelle causée par les éléphants, et du danger qu'il y a à affronter un aussi redoutable adversaire.

J'ai dit plus haut que le coup à la tête était très difficile. Voici pourquoi : la cervelle occupe dans la masse de la tête d'un éléphant une place minime ; protégée de tous côtés par des masses osseuses qui ont jusqu'à 0^m,25 d'épaisseur et dont quelques-unes, comme le frontal, sont d'une dureté exceptionnelle, elle ne peut être atteinte d'une façon certaine qu'en un point qui se trouve un peu au-dessus de la ligne joignant l'œil à l'entrée de l'oreille, c'est-à-dire sur une surface ayant tout juste dix centimètres carrés. Étant donnés la distance à laquelle doit se tenir le chasseur, l'ombre des taillis et des végétaux, ainsi que les mouvements de l'animal, on comprend que ce coup soit des plus incertains.

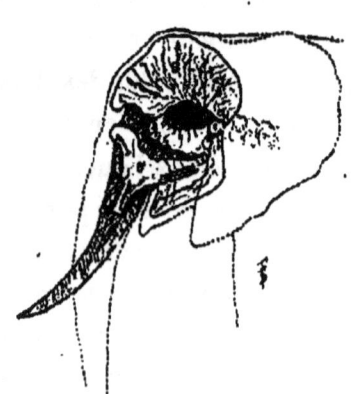

COUPE TRANSVERSALE DU CRANE.

A, boîte cervicale et emplacement restreint qu'elle occupe. — BB, masses osseuses. C, conduit auriculaire. — D, position de l'œil.

De face, si l'éléphant *a la tête baissée* et si sa trompe pe[nd] jusqu'à terre, on peut le tuer en tirant au dernier pli de trompe, exactement entre les deux yeux, un peu au-des[sus] toutefois. La balle atteint alors le cerveau, pourvu, bien entendu, qu'elle ait de la force de pénétration.

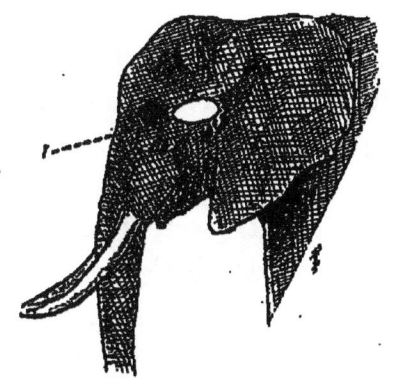

ÉLÉPHANT AU REPOS.

A, emplacement du cerveau de profil. — F, direction à suivre par un projectile venant de face.

Mais si l'éléphant vous charge ou vous regarde, c'est-à-dire s'il *a la tête levée*, le front en oblique, inutile de tirer; c'est du temps perdu, et l'on a risqué inutilement sa vie. Dans ce cas, si, ayant la tête levée, l'éléphant tient sa trompe roulée comme pour charger, le chasseur peut, en se baissant, l'atteindre mortellement au cou, juste au ras de la mâchoire inférieure, au creux du sternum. Mais on ne doit tenter ces chances que lorsqu'on est bien sûr de soi et que la nature du terrain empêche la fuite momentanée.

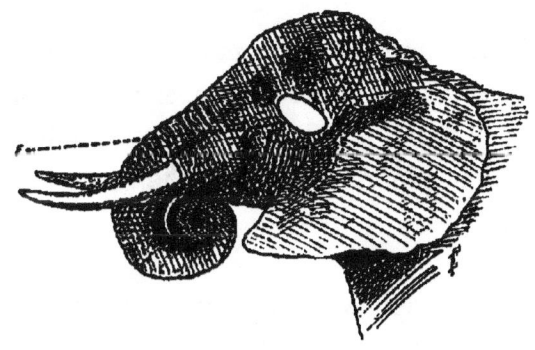

ÉLÉPHANT CHARGEANT.

A, emplacement du cerveau de profil. — F, direction à suivre par un projectile venant de face.
NOTA. — *Ce coup est à peu près impossible.*

Le dessin ci-joint donne exactement, sur un crâne d'éléphant, l'endroit à atteindre, mais c'est surtout le coup au cœur que je recommande aux chasseurs.

La piste d'un troupeau d'éléphants est très difficile à reconnaître et à juger; quoiqu'il semble aisé, au contraire, de suivre d'aussi grands animaux, il faut beaucoup de pratique et de patience pour y arriver : la majorité des Européens chasseurs d'éléphants seraient incapables de suivre une piste s'ils n'avaient des indigènes pour la leur montrer. A mon avis, il faut pouvoir se passer d'eux, et puis n'est-ce pas humiliant de ne pouvoir déchiffrer ces traces sur le sol, alors que d'autres les lisent couramment?

Pour en finir, je dirai comment on extrait les défenses d'un éléphant mort. Il y a deux façons d'opérer, selon le temps dont on dispose. Est-on pressé, on dépouille de la chair les alvéoles osseuses qui portent les défenses et on les taille sur le côté avec une petite hache; l'ouverture doit être faite doucement et avec grand soin, si on ne veut pas abîmer l'ivoire. Quand on a du temps, on enterre la tête, ou plus simplement on la couvre de terre humide; au bout d'une semaine, les défenses, lui branlant déjà fortement dans leurs alvéoles, peuvent être arrachées avec facilité.

Dans le haut Zambèze et le pays de Moassi, les indigènes appellent « koungourou » un éléphant mâle adulte, « katchendé » le jeune mâle, « nioungoua » les femelles sans défenses. Le nom générique de l'éléphant est « nzôou » ou « ndjovo ».

Dans le pays, l'éléphant passe pour avoir deux ennemis : les fourmis carnivores, qui lui montent dans la trompe pendant qu'il dort (!), et les serpents qui le piquent au ventre (?). Je n'ai pas besoin de dire combien ces deux assertions sont fantaisistes. Je voudrais voir l'accueil que recevraient les premières fourmis qui s'aventureraient dans la trompe d'un éléphant, appendice qui est un vrai fusil à air comprimé : un ouragan les jetterait bientôt dehors avec violence. Quant au serpent, ses crochets ont déjà assez de peine à percer la peau humaine, où ils se cassent souvent, sans aller chercher à entamer du cuir d'éléphant.

Non : l'éléphant n'a qu'un seul ennemi : c'est l'homme. Quant aux animaux, il n'en craint aucun : avec une intelligence relativement supérieure, il possède la force, la taille, le courage au besoin, et de plus un toucher qu'aucun d'eux, même le singe, n'a aussi délicat. Il passe partout, il nage comme un amphibie, et traverse indistinctement et indifféremment ravins et rivières, forêts et taillis; tout se brise, tout cède pour lui faire place; il monte et descend des pentes que l'on croirait inaccessibles pour lui, traverse en une nuit des pays entiers, comme un maître incontesté dans ses vastes domaines; il est à la fois partout et nulle part; malgré sa masse, il se cache comme une souris et disparaît sans bruit comme un insaisissable protée, laissant le chasseur déconfit; enfin, si on veut épargner sa vie, il est prêt à redevenir, comme autrefois lorsqu'il se battait à ses côtés, l'allié, l'ami, le serviteur, le protecteur de l'homme.

Voilà le vrai roi des animaux. Va-t-on le comparer au lion, animal inutile, rôdeur nocturne, au lion qui est à la merci d'une bande de loups?

En parlant de la colonisation (1), je traite d'autre part de la domestication de l'éléphant appliquée au développement économique des colonies africaines. Mais je résumerai ici ce que je pense de cette domestication au point de vue des difficultés matérielles.

Ah! ils se trompent étrangement, ceux qui croient possible

(1) *La traversée de l'Afrique du Zambèse au Congo français*, 1 vol. (sous presse).

d'opérer la capture de l'éléphant, en l'état actuel des choses, c'est-à-dire avec la guerre à outrance qu'on lui fait de tous côtés.

Jamais sa domestication ne sera possible tant que sa chasse ne sera pas interdite. Il faudra même plusieurs années pour qu'il retrouve sa confiance et ses habitudes. On pourra alors surveiller un troupeau, le suivre, le capturer, parce qu'il restera dans une région bien définie; il aura repris ses mœurs naturelles qui le portent à séjourner à demeure dans un grand pays où il trouve, selon les saisons, l'herbe, l'eau, les marécages, les arbres, les abris qu'il affectionne.

Actuellement, au contraire, traqué de tous côtés, le troupeau qui est ici aujourd'hui sera demain à 50 kilomètres, après-demain ailleurs. Peut-être ne le reverra-t-on jamais, on en rencontrera d'autres qui apparaîtront et disparaîtront à leur tour par ce besoin de se mouvoir qu'engendrent l'inquiétude, l'insécurité, la détonation des armes à feu, l'odeur des hommes qui rôdent aux alentours. Le besoin de nourriture a fait de l'éléphant un animal nomade; la crainte du danger le rend insaisissable.

Bien qu'animés des meilleures intentions du monde, ils sont dans l'erreur la plus complète, ceux qui projettent de s'emparer d'éléphants dans ces conditions; en quelque circonstance particulière, ils pourront en prendre un; mais qu'est-ce qu'un éléphant? C'est par centaines qu'il en faut; si on veut créer des établissements comme ceux qui existent dans l'Inde; c'est par centaines qu'il en faut, si on veut essayer de remédier d'une façon notable au manque de moyens de transport : et combien d'années faudra-t-il avant que la colonisation africaine profite de cette tentative? D'ici là, la chasse continuera, et, quand on aura créé les établissements, il n'y aura plus d'éléphants à y mettre!

On ne réussira, à mon avis, que si les nations européennes, d'accord avec l'État du Congo, interdisent sévèrement la chasse à l'éléphant. Ce moyen est radical, et il nuira momentanément au commerce; mais cent ans plus tôt, cent ans plus tard, on doit arriver à la fin de l'ivoire; autant vaut aviser dès maintenant à le remplacer. Une fois la chasse défendue, une fois l'exportation et la vente de l'ivoire absolument interdites d'une façon générale, on procédera dans chaque colonie à la confiscation de celui qu'on trouvera entre les mains des indigènes. L'ivoire n'ayant plus de valeur ni pour l'indigène ni pour l'Européen, la chasse s'arrêtera d'elle-même; des peines rigoureuses pourront être édictées contre quiconque massacrerait des éléphants par amusement ou pour se procurer de la viande. Une fois ces résultats acquis, on pourra aviser aux moyens de capturer des éléphants (1), et l'on trouvera sans peine alors, avec ces garanties, les capitaux nécessaires à l'organisation de grandes compagnies de capture et d'élevage, qui revendront aux colons et aux gouvernements des animaux dressés aux transport.

En appliquant en Afrique les méthodes qui réussirent dans l'Inde, en y employant même les cornacs et les éléphants de ce pays, on réussirait très probablement : j'en suis absolument persuadé. Quant à la possibilité de domestiquer l'éléphant d'Afrique, peut-on la mettre en doute un instant? L'histoire ne nous apprend-elle pas que, dans l'antiquité, Carthage capturait et faisait dresser des centaines d'éléphants à la guerre et aux transports? Ce qui a été fait autrefois en Afrique, ne peut-on le refaire aujourd'hui? Quelques années suffiront, sous la direction d'un personnel hindou, à former des cornacs experts sur le continent noir. Dans l'état actuel des choses, il faut y renoncer. Pas plus que les mouches avec du vinaigre, on n'attrape les éléphants à coups de fusil.

(1) Aux Indes, on est opposé à la capture des jeunes éléphants dont l'entretien est très onéreux; on préfère capturer des animaux adultes.

RHINOCÉROS

(*Rhinoceros bicornis*)

Rhinocéros. — Sa disparition graduelle. — Ses derniers refuges. — Age supposé. — Signes auxquels on peut le reconnaître. — Taille des adultes. — Dimension des cornes. — Corne chez les petits. — Usage de la corne. — Oreilles déchirées. — Degré d'acuité des sens. — Endroits et végétaux préférés. — Habitudes. — Façon de dormir. — Accidents causés par le rhinocéros.

Je disais tout à l'heure que l'éléphant africain est appelé à disparaître dans un siècle si l'on continue à lui faire la guerre. Le rhinocéros est bien plus près encore de son extinction totale : il a un pied dans la tombe ! Déjà son congénère, le *simus*, a disparu ; le bicornis en fera autant, en vertu de cette loi de la nature qui réduit, avec le temps, la taille des hommes et des animaux, en vertu de cette évolution qui fait insensiblement disparaître de notre planète les géants qui y ont existé en grand nombre aux époques tertiaire, glaciaire et quaternaire.

Outre la destruction, les raisons qui me semblent causer la disparition graduelle du rhinocéros sont la lenteur avec laquelle cet animal se reproduit et ses habitudes farouches qui ne peuvent s'accommoder de l'empiétement toujours grandissant des populations humaines : un pays devient-il habité, il le quitte. On a bien inutilement sacrifié autrefois un grand nombre de ces animaux ; des expéditions dans l'Afrique méridionale de 1824 à 1879, dans l'Afrique orientale de 1880 à 1890, en ont abattu des centaines en quelques mois. Partout les indigènes leur font la guerre dans le seul but de se procurer de la viande, car il n'est rien que ne fassent certains d'entre eux pour ce genre de nourriture. Ce qui a été tué en éléphants et rhinocéros pour ce motif doit bien s'élever à de nombreux milliers.

Aussi est-il facile de compter les points où il s'en trouve encore : la limite est de la province d'Angola, sur la rive du Zambèze; les environs des chutes Victoria, et le Barotsé; l'Afrique orientale allemande et anglaise, le nord du Victoria-Nyanza, le haut Nil : soit à peu près le centre, le cœur de l'Afrique, qui est devenu leur dernier refuge.

Je ne dis pas que le rhinocéros personnifie la beauté, la grâce, l'élégance ou l'utilité ; mais, tel qu'il est, il est intéressant, bien que je le croie incapable de servir à quoi que ce soit au point de vue de la colonisation. En outre, il n'est nuisible qu'exceptionnellement; il charge le chasseur quand il le sent; c'est que celui-ci est allé le chercher dans ses retraites éloignées. Jamais il ne va dévaster les cultures, comme l'éléphant, l'hippopotame, le phacochère; il fuit, au contraire, les endroits fréquentés par l'indigène, et, quoique sa disparition ne soit un mal pour personne, il est toujours triste de voir anéanties par la faute de l'homme des races puissantes, faites pour vivre et se développer.

Dans les chapitres qui précèdent j'ai parlé de quelques-unes des habitudes du rhinocéros; je vais rapporter ici quelques remarques complémentaires sur cet animal étrange qui vit difficilement dans nos pays tempérés, et dont on connaît, en général, assez mal les mœurs.

L'âge auquel il peut atteindre ne sera probablement jamais déterminé. A en juger par les dents, comme pour le cheval, il doit vivre fort longtemps : selon les individus, les molaires ou mâchelières sont intactes ou usées, sans que la taille et l'apparence des animaux changent. Les cornes également cessent de pousser à un certain moment, et, comme l'animal continue à les user en se nourrissant, elles finissent par se raccourcir et s'abîmer; avec l'âge, il se produit de l'amaigrissement, le flanc se creuse, la méchanceté s'accentue. Le degré de vieillesse peut donc, selon moi, se déterminer chez un rhinocéros à ces trois indices : degré d'usure des mâchelières, dépérissement extérieur, mauvais état et exiguïté des cornes par suite d'usure. Pour fixer à peu près un chiffre, j'estime que ce pachyderme ne doit guère dépasser cent ans.

La taille moyenne d'un mâle adulte est d'environ 1^m,66 (5^p,6). La femelle adulte est généralement un peu plus grande. La longueur totale d'un rhinocéros, du bout du nez à la naissance de la queue, est en moyenne de 3^m,40 (11^p,3); quant aux cornes, chez les individus dans la force de l'âge, elles atteignent des dimensions très diverses; le mâle les a toujours beaucoup plus longues et plus grosses que la femelle. La première corne (celle qui est au-dessus du nez) peut mesurer en moyenne 0^m,45 (1^p,6), la seconde quelquefois autant, quoiqu'elle n'ait le plus souvent que de 0^m,15 à 0^m,25 (0^p,6 à 0^p,10).

Je n'ai vu que rarement des femelles de rhinocéros avec leur petit, et je ne saurais me prononcer d'une façon quelconque sur la reproduction de ces animaux. Je sais seulement que le petit hérite, dès sa naissance, de la laideur de ses parents, et qu'il ne commence à avoir de corne sur le nez que lorsqu'il ne tette plus; il court fort bien et suit sans peine ses parents dans leur galop rapide.

La corne qu'il a sur le nez sert au rhinocéros d'arme de défense et de pioche; lorsqu'il charge, il a toujours la tête très basse, tenant par conséquent sa corne presque horizontale; au moment de frapper, il relève la tête violemment et frappe généralement de bas en haut. Pour manger, l'animal utilise également cet appendice et s'en sert pour déterrer les racines dont il fait une grande partie de sa nourriture; il les saisit et les mâche ensuite avec sa lèvre supérieure qui est légèrement préhensible. La deuxième corne ne lui sert guère pas, étant placée trop en arrière pour toucher à terre ou frapper avec facilité.

Je ne sais si les rhinocéros se battent souvent entre eux, ni comment ils s'y prennent dans ce cas, mais j'en ai tué souvent qui avaient les oreilles déchirées, comme s'ils s'étaient mordus mutuellement, hypothèse peu admissible, puisqu'ils n'ont ni canines, ni incisives. Mais il ne faut pas croire non plus que ce soient les marques d'autres animaux, car si le rhinocéros jeune court quelque danger, aucun animal ne s'attaque à lui quand il est adulte. Je me borne donc à mentionner ce que j'ai remarqué, sans essayer de l'expliquer.

L'odorat du rhinocéros est d'une finesse extrême et presque aussi puissant que celui de l'éléphant; comme chez ce dernier, l'oreille et l'œil sont imparfaits.

Le rhinocéros trotte et galope avec une vitesse extraordinaire; son allure habituelle est un pas lent, la tête toujours baissée.

Il affectionne les taillis obscurs, épais et impénétrables; il y passe la journée pendant la saison sèche, quand l'herbe est brûlée. Lorsque celle-ci est très haute, il n'est pas rare de le rencontrer en plaine à l'ombre de grands arbres. A la tombée de la nuit, il se met en quête de nourriture et arrive généralement à l'eau, comme je l'ai déjà dit au chapitre X, soit vers dix heures du soir, soit le matin avant le jour, sauf exception. Il ne voyage pas à proprement parler, mais il est néanmoins grand marcheur. Quand il a choisi un district, il n'en sort pas en général; il a deux ou trois endroits favoris, souvent fort éloignés l'un de l'autre, où il va se reposer le matin, après avoir fait quelquefois vingt kilomètres dans sa nuit en marches et contremarches. Par les temps couverts et pluvieux, il reste souvent toute la journée dehors; comme il est très méfiant, la présence d'hommes dans son voisinage suffit pour lui faire changer totalement ses habitudes.

Les rhinocéros vont généralement seuls ou par paires. Friands de racines, de cactées de toutes sortes et de certaines plantes, ils mangent peu de paille. Après avoir bu, ils prennent plaisir à se vautrer dans la vase et à se couvrir de boue des pieds à la tête.

Les oiseaux insectivores les débarrassent d'un grand nombre de leurs parasites, lorsqu'ils se promènent de jour.

Aux heures chaudes de la journée, le pachyderme se couche sur le côté, comme un cheval, se plaçant le nez au vent, et s'endort; quand son sommeil est profond, on voit souvent une écume blanche autour de sa bouche; à ce moment-là, avec bien des précautions et si le vent est excellent, on peut s'approcher de lui et le tuer à bout portant; mais c'est un jeu dangereux.

Après l'éléphant, le rhinocéros est le plus gros animal qui existe, et son approche, de nuit ou de jour, est toujours émotionnante.

Le nombre est considérable de gens que ce pachyderme, en chargeant, a fait grimper sur un arbre dans des positions parfois comiques; quoique moins communs qu'avec l'éléphant, les accidents arrivent souvent avec un animal aussi irascible.

LE LION

(*Felis leo*)

Le lion. — Il n'y en a qu'une seule espèce. — Différence entre le lion sauvage et le lion de ménagerie. — Dimensions et poids d'un adulte. — Couleur de la robe. — Légendes répandues sur le lion. — Leur manque de fondement. — Différentes façons de se comporter d'un lion. — Symptômes de colère. — La charge. — Essais d'intimidation. — Heures des rugissements. — Combats nocturnes. — Les ennemis du lion. — Ses repaires. — Portée de la lionne. — Robe des jeunes. — Troupes de lions.

Sur les mœurs du lion, je compléterai ici en peu de mots ce que les chapitres précédents ont appris. Je répéterai une fois de plus qu'il n'y a, à mon avis, et d'après tous les chasseurs de quelque expérience, *qu'une seule et unique espèce de lion*, dont la robe change de couleur ou d'épaisseur selon le milieu qu'il habite : celui des plateaux de l'Atlas et du Kilimandjaro, à quatre mille mètres d'altitude, doit naturellement en avoir une plus touffue que celui qui fréquente les plaines sablonneuses des régions équatoriales, et la crinière qui s'arrache aux fourrés épineux est moins belle que celle qui croît en liberté dans les plaines herbeuses; mais, jaune ou brun, avec ou sans crinière, c'est le même animal, et au Cap comme au Tanganyika, aussi bien que chez les Somalis, on trouve des lions adultes dont nos spécimens de ménageries n'offrent que de bien pauvres réductions.

Prenez le petit Parisien, pâle et débile, gringalet né dans un logis dépourvu d'air et de lumière, manquant de sang, comparez-le au robuste gars de la campagne, à l'hercule développé au grand air, au milieu d'exercices physiques : vous aurez à peu près le rapport qui existe entre le lion de ménagerie et le lion sauvage. Le premier a été pris très jeune, s'il n'est pas né en captivité. Avec son existence sédentaire dans une cage, avec la régularité de repas qui ne demandent aucun effort, ses muscles atrophiés sont perdus, quand il est soigné, sous une épaisse couche de graisse. Sa crinière, à l'abri des taillis, se développe librement d'une façon anormale, soit parce qu'elle ne s'accroche à rien, soit peut-être aussi en raison du climat. (Le zèbre ne se couvre-t-il pas, dans nos pays, d'un poil inconnu en Afrique?) Pour le faire paraître plus grand, on hisse sa cage sur une estrade, et quand il a $0^m,70$ de haut, c'est un colosse.

Le lion sauvage, lui, a dû, depuis son âge le plus tendre, conquérir sa nourriture de haute lutte, en s'attaquant toujours à des animaux plus forts que lui; aussi se développe-t-il sans entraves, et ses muscles puissants se dessinent, à l'âge adulte, en lignes nettement accusées. Sa crinière, lorsqu'il en a, paraît plutôt rare, ayant laissé journellement quelques-uns de ses longs poils aux buissons épineux, au tronc des arbres auxquels il se frotte. Quant à ses dimensions, j'ai dit au chapitre IX qu'il faut se représenter une bête haute d'environ 1 mètre au garrot (se rappeler que la tête est plus haute que le corps), qu'elle mesure plus de 2 mètres de long (non compris la queue), qu'elle a de 0^m,40 à 0^m,45 de poitrail, qu'elle pèse entre 200 et 250 kilogrammes.

En faisant abstraction des jambes, on peut donc dire que le corps d'un lion est à peu près aussi gros que celui d'un cheval moyen. On conçoit parfaitement qu'un pareil adversaire se rende maître d'un buffle qui a 1^m,70 de garrot.

La couleur des lions varie toujours selon les milieux habités ; le lion sans crinière est généralement d'un fauve pâle, le lion à crinière, plus brun, d'un brun qui va du clair jusqu'au marron foncé ; sa crinière est ou fauve rougeâtre ou mélangée de poils foncés, quelquefois même entièrement brun foncé ; cette dernière particularité, plus rare, est très appréciée des amateurs.

Dans un district de quelques kilomètres de rayon, la nuit, au même abreuvoir, il m'est arrivé de voir ensemble des lions pouvant appartenir à la même famille et dont les uns avaient une crinière, les autres non. Dans les endroits sablonneux, où tout est jaune ou rougeâtre, comme certaines régions des Somalis, les antilopes et les lions ont des couleurs analogues. La nature leur permet ainsi de se dissimuler parfaitement. Leur couleur se confond aussi avec celle des herbes et des feuilles sèches dans les pays de plaines ; le brun foncé se marie bien avec les régions boisées et couvertes. Le bout de la queue et un point à l'intérieur des jambes sont toujours noirs, ainsi que le derrière des oreilles.

Il court aussi sur le compte du lion de nombreuses légendes que des naturalistes, même parmi les plus brillants, ont contribué à répandre et que l'on reproduit et réimprime toujours, les faisant apprendre à la jeunesse, en dépit de ce qu'écrivent depuis quelque vingt ans ceux qui sont allés l'étudier chez lui. On continue à nous parler du lion jaune ou brun du Cap, du Sénégal, de Barbarie, etc., à nous dire qu'il est le roi des animaux par sa magnanimité, par sa force et par l'effet terrible de sa queue (?), par son aptitude à emporter des animaux énormes à de grandes distances ; on nous dit encore qu'il est impropre à la course, que ses yeux sont phosphorescents?, qu'il est lâche une fois prisonnier, au point de se laisser ligotter sans murmure, etc. Aussi, quand on rencontre un chasseur qui a quelque expérience du lion, la première chose que l'on fait, c'est de lui poser une questions que je viens d'énumérer.

Je respecte le travail difficile par lequel les naturalistes arrivent à nous renseigner sur l'anatomie, les dispositions naturelles et la vie des animaux; mais, comme l'a dit M. Milne-Edwards, l'éminent membre de l'Institut, directeur dv Musém, « ce qui nous intéresse, ce sont les mœurs de « ces animaux, que nous connaissons mal et nous ne « pouvons pas étudier comme le chasseur ».

En ce qui concerne le lion, je l'ai étudié de près : ou a vu dans les chapitres précédents que je l'ai poursuivi, traqué, attendu avec une patience que rien n'a découragé, et le lecteur doit reconnaître qu'une passion comme celle que je possède peut seule déterminer un homme à faire un pareil métier. Je me crois donc à même de donner une opinion éclairée par sept années d'expérience. Eh bien, je répète qu'il n'y a *qu'une seule espèce de lion*. J'ai chassé dans les différentes régions de l'Afrique, et j'ai gardé les peaux et les crânes de mes lions; il sera donc facile aux incrédules de comparer et de vérifier mon assertion.

Les animaux de la taille d'un buffle, le lion peut les traîner à une cinquantaine de mètres sur un terrain uni, mais avec beaucoup de peine et en s'arc-boutant de toute sa force. Il est incapable d'enlever, sans qu'il touche terre, un animal plus gros qu'une chèvre et, avec ou sans fardeau, de sauter un mur ou une palissade.

Il peut aller plus vite que le cheval le plus rapide, et M. Selous dit qu'il faut une monture hors ligne pour échapper à la poursuite d'un lion; d'ailleurs, on sait qu'il force des antilopes à la course : kobs et élands deviennent sa proie de cette façon.

Pour ce qui est de sa queue, je ne sache pas qu'il puisse en faire autre chose que de se battre les flancs avec. S'il en frappait un homme, je doute qu'il lui fasse grand mal; il a d'autres armes, et meilleures, à sa disposition.

Ses yeux, eh bien! ils sont comme tous les yeux : exposés d'une certaine façon à la lumière, sous un certain angle, ils sont vert clair ou ont un reflet rougeâtre; n'en est-il pas de même pour le chat que vous poursuivez sous votre lit avec une bougie? Mais éteignez la lumière, c'est-à-dire faites disparaître la cause, l'obscurité sera complète : vous ne verrez pas plus les yeux d'un félin que vous ne l'apercevrez lui-même. D'ailleurs, ce serait contre la nature, si cet animal, qui est un chasseur de nuit invisible, faisait fuir sa proie en lui montrant deux lanternes de bicyclette; il mourrait de faim! Voyons : est-ce assez absurde? Il ne lui manquerait plus qu'un collier de sonnettes!

Je ne crois pas davantage à sa magnanimité, dont je n'ai jamais vu d'exemple; il craint l'homme et lui cède presque toujours la place; quelquefois il grommelle en se retirant, mais enfin il s'en va. S'il n'est pas habitué à manger de la chair humaine, il l'attaque rarement, et j'ai vécu des années entouré de lions sans qu'il me soit rien arrivé, alors que souvent aucune palissade ne me séparait d'eux; quelques feux mi-éteints dans le camp les tenaient en respect. Je n'ai éprouvé d'accidents de leur part que dans le voisinage des villes ou dans les villages, accidents tous causés par des « mangeurs d'hommes ». Autour du camp, c'est la viande que nous avions qui attirait les lions.

Lorsqu'on les rencontre en plein jour, ils s'en vont généralement au pas, d'un air très digne et fort imposant, en se retournant de temps à autre (1); dès qu'ils se croient hors de vue, ils prennent le galop et s'éloignent aussi vite qu'ils peuvent.

---

(1) Voir la photographie du « lion aux écoutes », chap. XIV, p. 280.

La vérité, c'est qu'on ne sait jamais comment va se comporter un lion qu'on rencontre ; il peut s'enfuir tout aussi bien que vous faire tête, soit que sa progéniture se trouve à proximité, soit qu'il ait été dérangé par votre approche de quelque festin, soit simplement encore que vous l'ayez mis de mauvaise humeur en le réveillant, ou pour mille autres causes que vous ignorez.

Les premiers symptômes de la colère se manifestent chez lui de la façon suivante : sa queue se tortille de droite à gauche avec précipitation, la base se soulevant légèrement, le gland noir qui la termine fouettant l'air ; il baisse la tête encore plus que d'habitude et il gronde, montrant les dents par intervalles. Puis sa voix augmente, il rugit par à-coups en ronchonnant, découvre ses crocs sous ses lèvres retroussées et baisse les oreilles, tandis que les mouvements de la queue s'accélèrent.

Au moment de la charge, c'est-à-dire au paroxysme de l'irritation, la queue se dresse en l'air, toute droite, presque verticale, le gland noir continuant à remuer ; les oreilles s'aplatissent complètement, et il part sur vous au petit trot, puis au galop, et finit par un bond en ouvrant la bouche et lançant ses deux pattes de devant aux griffes hérissées. Il lui arrive de montrer quelquefois ces divers symptômes sans charger, retenu qu'il est par un reste de prudence, mais il ne charge jamais sans les montrer. Quand la queue se lève, le chasseur peut épauler et attendre l'occasion propice. A la chasse, un homme averti en vaut quatre. Une charge est extrêmement périlleuse, presque toujours fatale, quand elle est inattendue ou si la végétation la rend invisible ; mais, si vous la voyez se préparer, la fuite ne sert à rien : attendez de pied ferme ; il ne vous faut que du sang-froid et de la confiance en vous et en votre arme. Si vous n'en êtes pas là, il est prudent d'éviter de se mesurer avec ces animaux.

Souvent un lion essayera de vous intimider ; il fera quelques pas vers vous en grommelant et montrant les dents, puis il s'arrêtera; s'il voit que vous ne bougez pas, il est très probable qu'il se retirera. Mais lorsqu'il fera cette feinte, vous ne verrez ni sa queue levée, ni sa tête basse, et il vous regardera bien en face.

J'ai déjà dit l'impression intense que fait le rugissement du lion de près, quand on l'entend pour la première fois; j'ai aussi raconté sa façon de capturer les animaux; j'ajouterai qu'il rugit généralement dans la nuit ou le matin de très bonne heure, quelquefois jusqu'à huit ou neuf heures, mais c'est exceptionnel. Il ne devient aussi bruyant que lorsqu'il est rassasié. J'ai entendu une nuit, tout près de mon camp, une lutte entre un lion et un buffle; les mugissements de rage, le souffle puissant du buffle, les piétinements, les coups de corne contre les arbres, faisaient contraste avec le silence de son terrible adversaire; la lutte a dû être formidable; on devinait au bruit la plupart des phases du combat; enfin le buffle mugit plaintivement et tout bruit cessa. Au milieu de la nuit, le lion annonça son triomphe et la fin de son repas par des rugissements formidables, puis le craquement des os nous apprit qu'il avait cédé la place aux hyènes. Le buffle était énorme, et le lion aussi. Quels combats magnifiques se livrent ainsi journellement dans la brousse africaine!

J'ai déjà dit que le lion a un ennemi en la personne du loup africain; tout ce qui ressemble de près ou de loin à un serpent produit également sur lui une horreur très marquée; en lui jetant une liane ondulée et grimpante qu'on appelle *péça*, et qui a plus ou moins l'air d'un de ces reptiles, deux indigènes réfugiés sur un arbre se débarrassèrent un jour d'un lion quelque peu gênant. Les épines lui sont également désagréables, et il s'en éloigne avec soin; plusieurs fois j'ai trouvé sous ses pattes des plaies causées par des épines; ces plaies le font boiter et sans doute l'empêchent de chasser.

Pendant la journée, le lion se réfugie dans les hautes herbes et les broussailles; il se met rarement sous bois; dans les pays montagneux, il utilise comme retraite les anfractuosités granitiques. Dans les hautes herbes, il entend venir l'homme de fort loin et s'écarte de lui-même sans que celui-ci s'en doute, comme le léopard, d'ailleurs. C'est ce qui explique qu'on aperçoive rarement des félins en plein jour.

J'ai rarement vu des lionnes avec plus de deux ou trois petits; je crois qu'elles portent trois mois et demi et allaitent six mois; les petits sont couverts, jusqu'à trois mois, d'un poil frisé rayé longitudinalement de lignes brunes, comme des tigres; ces taches disparaissent bientôt. J'ai pourtant vu sur la peau d'une jeune lionne, tuée chez les Somalis par un de mes amis, ces raies encores très distinctes; mais c'est une exception.

Les lions vont-ils par paire ou par famille? Il est difficile de formuler la règle; j'ai vu quatre, cinq et jusqu'à onze lions dans une troupe, mais la moyenne est de quatre.

Imposant, magnifique dans sa démarche, d'une physionomie qui exprime la fierté, le lion est un des plus nobles animaux qui habitent la brousse africaine, en même temps qu'un des adversaires les plus redoutables avec lesquels l'homme puisse se mesurer.

DEUXIÈME PARTIE

CONSEILS ET RENSEIGNEMENTS A L'USAGE DES CHASSEURS-NATURALISTES.

Dans le but d'être utile aux chasseurs et aux voyageurs qui voudraient collectionner, je termine par quelques renseignements sur la façon de mesurer exactement les animaux, sur la manière de préparer leur peau pour les collections ou les musées, ainsi que sur les lois de protection et les tarifs des permis dans les différentes colonies africaines.

Comme les ouvrages les plus autorisés publiés sur la chasse, tant en France qu'en Angleterre, manquent de données sur la taille des éléphants, j'ai essayé de combler cette lacune en mesurant soigneusement les miens chaque fois que j'en ai eu le temps et les moyens, et j'ai réuni ces mensurations en un tableau comparatif. De même pour les lions et les rhinocéros. Je regrette de n'avoir pas été à même d'exécuter ce travail pour tous les animaux tués sans exception, mais les circonstances ne permettent pas toujours de faire ce que l'on veut. Si incomplets qu'ils soient, ces tableaux serviront à donner une idée de la taille et des proportions des trois principaux hôtes de la jungle africaine. J'ai aussi réuni quelques données sur les dimensions des cornes d'antilope, pour servir de comparaison, le cas échéant, et j'ai indiqué les noms indigènes par lesquels les animaux sont connus dans les parties de l'Afrique que j'ai visitées.

Façon de mesurer les animaux. — Mesures à prendre. — Dépouillement des animaux. — Préparation des peaux. — Séchage. — Préparation des os

APPENDICE. 327

destinés au montage. — Collections de têtes. — Collections de crânes ou de massacres. — Façon de préparer les os dans ce cas. — Entretien des spécimens; précautions à prendre. — Envois en Europe. — Petits mammifères. — Préparation des oiseaux. — Instruments nécessaires.
Lois de protection et permis de chasse dans les colonies africaines.
Mensurations : éléphants, rhinocéros, lions, antilopes.
Vocabulaire.

GRANDS ET PETITS MAMMIFÈRES.

Avant de toucher à l'animal, la première chose à faire est de le mesurer. Pour cela, on le couche sur le côté, les jambes bien allongées et étendues l'une sur l'autre autant que possible, avant que la raideur cadavérique ait rendu cette opération difficile. A l'aide de deux sagaies ou de deux morceaux de bois, ou bien encore avec deux fusils que l'on place bien perpendiculairement, l'un contre la plante du pied de devant et l'autre contre le garrot, on mesure la hauteur de l'animal. Puis on prend la longueur totale, du bout du nez à la naissance ou à l'extrémité de la queue en passant sur le front, entre les deux oreilles et le long de l'épine dorsale; on note la circonférence du cou et celle du poitrail, en prenant celle-ci exactement derrière les jambes de devant en passant sur le garrot.

Chez les éléphants, on peut ajouter la circonférence du pied de devant autour des ongles, et chez les lions celle de l'avant-bras : cet élément indique le degré de force.

Les mesures prises et inscrites sur un carnet, on procède au dépouillement de l'animal. A cet effet, on l'étend sur le dos, et, le faisant maintenir dans cette position par des aides, les pattes écartées, on pratique, toujours soi-même, l'incision première, qui part de sous le menton ou du coin de la lèvre, longe la gorge et passe au milieu du sternum et du ventre. Les parties sexuelles sont laissées adhérentes à la peau du côté droit, ainsi que le rectum, et on continue l'incision dans toute la longueur de la queue. De cette incision centrale en partent de transversales qui dégagent les membres et qu'on peut comparer aux branches d'un arbre se détachant du tronc : partant de la poitrine, on en fait une au centre de la patte droite, une autre à la patte gauche, jusqu'au paturon ou au poignet, que l'on laisse adhérent à la peau. Même opération pour les membres postérieurs. Si on a des aides expérimentés, on peut leur laisser faire le reste, qui consiste à dégager la peau du corps en respectant toutefois les cartilages des oreilles, ainsi que l'intérieur des paupières et de la bouche. Le mieux est de couper sommairement ces parties en y laissant la masse de chair adhérente ; une fois la peau enlevée, on finit ensuite le travail, on ouvre de même les paturons, les poignets ou les pattes, on en retire tout ce qui est inutile et on ménage aux liquides conservateurs une voie pour pénétrer jusqu'aux extrémités ; on met de côté les tibias et le crâne, qui doivent être gardés avec la peau.

Chez les animaux à cornes, on dégage la peau de la tête en incisant la peau tout autour de la base des cornes, de façon à les dégager ; si elles sont droites, cela suffit ; si elles sont évasées, on fait communiquer par une incision latérale les deux trous pratiqués autour des cornes et on en trace une troisième perpendiculaire allant vers la nuque ; celle-ci doit être proportionnée à la largeur des cornes que l'on fait passer par cette ouverture en tournant la peau de façon que l'incision soit dans le sens de la largeur des cornes. Mais pour un buffle, par exemple, il faut ouvrir tout le côté de la tête en allant d'une corne à l'oreille et de celle-ci au cou. Chez les animaux à crinière, comme le koudou, le zèbre, l'antilope noire, mieux vaut fendre la crinière en deux par un trait longitudinal, de façon que la couture soit aisément dissimulée lors du montage ; c'est de ce dernier point qu'il faut surtout se préoccuper avec les spécimens destinés à être empaillés.

La peau ayant été bien nettoyée et complètement débarrassée de la chair et de la graisse, on enlève les caillots de sang, s'il y en a, en la lavant à grande eau, et on fait recoudre immédiatement avec une alène et du fil solide les trous qui peuvent s'y trouver : blessures de balles, coups de sagaie ou maladresses des dépeceurs. On tend ensuite la peau au soleil, le poil en dessous contre la terre préalablement balayée, au moyen de chevilles de bois ou bien avec des crochets dans lesquels passent des cordes attachées à des piquets plantés en terre tout autour.

En Europe, on recommande de tanner la peau avec un mélange d'alun et de sel et en la plaçant à l'ombre; tout cela est impraticable en Afrique. Si l'on ne se dépêche de la sécher, les mouches et les insectes de toute espèce s'y mettent, et, avant que la peau soit sèche, elle est gâtée et pleine de larves. En plein soleil, au contraire, où les mouches ne vont pas, on a des chances de la conserver. Quant aux ingrédients à employer, le savon arsenical et le sublimé sont plus efficaces que l'alun. L'usage du sel doit être repoussé, d'abord à cause de sa rareté, et aussi parce que l'humidité contenue dans l'air fait suinter les peaux qui en contiennent.

La peau étant bien piquetée à terre, on y passe une première couche de savon ou de préparation arsenicale en en mettant en abondance sur les parties charnues : tête, pattes, etc.; il faut généralement recommencer cette opération à plusieurs reprises.

Le soir venu, si ces parties ne sont pas sèches, on recouvre la peau avec une toile à voiles afin qu'elle passe la nuit à l'abri de l'humidité, et on la laisse un jour de plus au soleil, ou bien on la roule, ne laissant exposées que la tête et les pattes, si elles ne sont pas sèches. Le côté chair étant bien sec, on retourne la peau et on la brosse soigneusement; puis avec un chiffon ou un pinceau on passe sur le poil de l'alcool additionné de sublimé, à raison de dix grammes par litre; l'alcool s'évapore, et le sublimé reste dans le poil, tenant éloignés les myriades d'insectes qui sont les ennemis des matières animales et contre lesquels le naturaliste doit lutter continuellement.

Pour les os et crânes destinés au montage des peaux, on se contente de les faire bouillir pendant une heure. On les débarrasse ainsi des chairs et, après les avoir lavés à grande eau, on y passe un peu d'alcool au sublimé afin de leur enlever l'odeur. Enfin on les expose au soleil. Dès qu'ils sont secs, on les inscrit avec la peau dans un carnet spécial qui doit porter les indications suivantes : numéro, désignation de l'animal, taille et dimensions, lieu et date de la capture, date de l'envoi, nom indigène, observations diverses, mœurs, etc.

La peau étant complètement sèche, on la roule soigneusement avec de la naphtaline, du poivre, du tabac en poudre, du camphre ou toute autre matière similaire ; on l'enveloppe d'une toile de sac ; on y joint les tibias et le crâne, qui doivent porter sur leurs étiquettes respectives les mêmes numéros que la peau, et on fait au paquet une étiquette générale reproduisant toutes les indications du carnet.

Quand on ne veut conserver que la tête et le cou de l'animal, on coupe la peau autour du garrot et des épaules et on procède de la même façon que pour la peau entière ; seulement, comme le cuir de la tête est très épais, et qu'on ne peut le rouler une fois sec, on a soin de lui donner au séchage une forme commode pour qu'on puisse l'emballer au retour. Les têtes d'antilope et d'autres animaux montées sur des écussons de chêne forment une jolie collection ; mais elle est éphémère ; les vers s'y mettent au bout de deux ou trois ans, et le poil tombe par places ; les animaux prennent ainsi un air galeux ; de plus, comme cela arrive souvent, s'ils ne sont pas bien montés (car c'est un art véritable que de donner à chaque bête l'expression de sa physionomie), l'effet général est piteux ou grotesque. On ne peut conserver intacts des animaux ou des fractions d'animaux naturalisés pendant longtemps, qu'en les mettant sous des cages en verre, comme on le fait dans les musées.

Les collections les plus pratiques et qui se conservent presque éternellement consistent en crânes d'animaux nettoyés ou en massacres (cornes avec l'os du front seulement), selon la place dont on dispose. Pour avoir une belle collection de ce genre, il faut bien se garder de faire bouillir les os, comme je l'ai indiqué plus haut pour les spécimens destinés à être mis en peau. J'ai appris à mes dépens que c'était une erreur, car la graisse s'infiltre dans l'os, et il est difficile ou impossible de le faire blanchir ensuite sans l'abîmer. Voici comment il faut s'y prendre pour les crânes que l'on destine à être blanchis et conservés tels quels : si l'on est pressé et en marche, se contenter d'enlever avec un couteau la plus grande partie des chairs, vider la cervelle avec un bâton et laisser sécher *à l'ombre et au frais* (le soleil ferait fondre la graisse), y passer un peu de sublimé afin que les insectes ne s'y mettent pas, non qu'ils puissent faire aucun mal à l'os, mais parce qu'ils se communiqueraient aux autres spécimens délicats que le voyageur peut avoir avec lui.

Si, au contraire, on a le temps, mettre le crâne dans l'eau courante jusqu'à ce que les chairs ramollies puissent s'enlever à la main ou avec un morceau de bois, sans l'aide du couteau, et que l'os soit devenu bien blanc; le laisser ensuite le jour au soleil, la nuit à la rosée, pendant une semaine. Plus tard, en Europe, il suffit d'un simple nettoyage pour avoir des spécimens bien blancs.

Au moins une fois par mois il faut visiter ces spécimens en évitant de les secouer ; on les entr'ouvre et on y jette un coup d'œil. On flaire les pieds, pattes, etc. : à la moindre odeur, il faut remettre des préservatifs. J'ai fait souvent usage de térébenthine au sublimé du côté poil ; c'est également bon. Le sublimé corrosif ou bichlorure de mercure étant un poison violent, ainsi que l'arsenic, il faut, autant que possible, ne pas mélanger dans ses bagages les spécimens d'histoire naturelle avec les comestibles.

On doit éviter de garder les spécimens trop longtemps en

Afrique, surtout pendant la saison des pluies, qui leur est funeste; il faut les envoyer en Europe chaque fois que l'on en trouve l'occasion.

OISEAUX.

La préparation des oiseaux est un travail très délicat que l'on ne peut confier aux indigènes. Tchigallo était devenu un excellent préparateur, et je ne craignais pas de lui confier un lion sans m'en occuper davantage; mais nous étions obligés, Bertrand et moi, de préparer nous-mêmes les oiseaux. Il faut en moyenne vingt minutes à une main exercée pour mettre en peau un oiseau de la taille d'un moineau.

Pour commencer l'opération, j'incise la peau, non sur le milieu du ventre, mais sur le côté, sous l'aile gauche, ce qui a l'avantage de cacher complètement l'incision quand l'oiseau sera empaillé. La peau des oiseaux se détache, en général, très facilement avec les doigts ou à l'aide d'un manche de scalpel. On doit chercher à faire sortir le corps de l'oiseau de sa peau par l'incision pratiquée. Pour cela, on opère avec soin : dès qu'on rencontre la cuisse ou l'aile, on coupe celle-ci, avec des ciseaux, à l'articulation qui est au ras du corps, ainsi que le cou et le coccyx qu'il faut trancher à leur base, et on enlève rapidement le tronc de façon à éviter que le liquide ou le sang ne maculent les plumes; on sèche la peau entièrement en la saupoudrant de cendre ou de toute matière capable d'absorber l'humidité. Saisissant ensuite les membres restés à l'intérieur de la peau, on les tire à soi en les dégageant; on enlève toute la viande, on la remplace à volume égal par de l'étoupe ou par du coton imbibé de savon arsenical, et on les repousse définitivement dans leur gaine; on tire le cou de la même façon et on le coupe à la base du crâne; la cervelle est sortie ensuite à l'aide d'une petite palette en bois, la langue et ses cartilages sont enlevés; on pousse la peau jusque sur le bec et on vide les yeux; on remplace tout cela par un volume égal d'étoupe imbibée; on substitue au cou un morceau de bois de même longueur entouré d'étoupe, et, après avoir bien passé du savon arsenical sur la peau, on la rabat sur ce cou artificiel. Quand la tête est plus grosse que le cou et ne peut y passer, comme chez les canards, par exemple, on fait une incision à la nuque pour terminer l'opération; le cou et les membres bien remis en place et dans leur position naturelle, on fait un petit paquet de la grosseur du torse et destiné à le remplacer, on imbibe bien la peau de savon et on y introduit le petit paquet; on referme la peau dessus, en dissimulant l'ouverture au moyen d'une couture. Cela fait, on ouvre l'abdomen de l'oiseau afin de reconnaître son sexe; on consigne cette indication, ainsi que la couleur des yeux, des caroncules, des tibias et des pattes, sur une étiquette qu'on fixe au spécimen; on lisse les plumes, on met l'oiseau en position naturelle, on l'enveloppe de papier et on le met à sécher.

INSTRUMENTS NÉCESSAIRES.

Pour les mammifères de grande taille, quelques couteaux courts de lame, ayant la forme de couteaux de cuisine et sans pointe, sont ce qu'il y a de mieux. Il faut en plus deux grands scalpels, quelques petits, et, pour les oiseaux, deux paires de préselles, dont l'une de grande taille, une pierre à aiguiser, un gros pinceau pour mettre le savon arsenical sur les peaux.

LOIS DE PROTECTION
ET PERMIS DE CHASSE

Depuis quelques années, dans certaines colonies et pays placés sous l'influence européenne en Afrique, on a adopté des mesures destinées à empêcher la destruction totale des animaux, soit en réglementant les époques de la chasse, soit en prohibant complètement celle-ci. Dans d'autres colonies, au contraire, entre autres dans la plupart des colonies françaises, aucune mesure n'a été prise. Voici le résumé de quelques-uns des règlements existants :

I. — *Afrique orientale anglaise*. — Permis de £. 1 (25 fr.) par an pour chasser l'antilope. Permis de £. 25 (750 fr) par an pour le rhinocéros, l'éléphant et la girafe. — L'éléphant est rare dans cette colonie. On parlait dernièrement d'y interdire la chasse de cet animal; je ne sais si cette mesure a été prise.

II. — *Afrique orientale allemande*. — Sont prohibées en principe les chasses à l'éléphant et au rhinocéros, ainsi qu'à la girafe et à la grue couronnée (?). Comme il y a fort peu d'éléphants, la loi qui les concerne n'a pas grande importance. On peut néanmoins, en adressant aux autorités une demande spéciale, être autorisé à chasser l'éléphant (s'il y a lieu) et le rhinocéros aux conditions suivantes, capables de faire reculer le plus brave : délivrance du permis, 500 roupies (1); pour le premier éléphant tué, 250 roupies;

---

(1) La roupie peut être évaluée à 1 schelling 3, c'est-à-dire 1 fr. 50 environ.

pour les suivants, 200. Pour le premier rhinocéros, 250 roupies; pour les suivants, 50. Garantie à verser pour l'introduction d'indigènes étrangers dans le pays, 10 roupies par homme. Défense de faire sortir les indigènes de la contrée. Taxe sur les fusils, 10 pour 100 de leur valeur. Droit de sortie sur l'ivoire, 10 pour 100.

Tels sont les renseignements qui m'ont été donnés à Oudjiji sur le lac Tanganyika en juillet 1897; autant vaut, à mon avis, prohiber la chasse.

III. — *Afrique orientale portugaise.* — Droit de 100,000 reis par an (500 francs) pour le permis de chasse à l'éléphant. Droit élevé (chiffre facultatif pour l'autorité locale) sur les fusils et munitions. 10 pour 100 à la sortie de l'ivoire. — Il ne reste guère d'éléphants dans la colonie.

IV. — *Afrique centrale anglaise.* — *Nyassaland.* — Permis de £. 1 (25 francs) pour chasser l'antilope. Permis de £. 25 (750 francs) par an pour chasser le rhinocéros, l'éléphant et la girafe. (Ces deux derniers animaux n'existant pas dans la colonie, on paye 750 francs la chance de rencontrer un des rares rhinocéros qui s'y trouvent encore.) La chasse au zèbre est prohibée. Certains terrains de chasse sont réservés. La chasse aux derniers hippopotames et crocodiles qui restent dans la colonie est gratuite. Droit de 10 pour 100 *ad valorem* sur les fusils et munitions. Port d'armes, £. 10 (250 fr.) par an. Taxe d'introduction d'armes à feu et de munitions dans la colonie, 2 schellings 6. On ne peut introduire de carabines rayées de gros calibre (8, 10, 12) qu'avec un permis de chasse à l'éléphant de £. 25. Sortie de gros ivoire, 5 pour 100 de la valeur (au-dessus de 15 livres). L'exportation de défenses au-dessous de ce poids est interdite (1).

V. — *Transvaal.* — Au Transvaal, les lois sont mieux définies, quoique le gibier ne reste plus qu'à l'état de souvenir. En effet, on trouve encore quelques animaux sur les

(1) Cette mesure est excellente, car elle engage les chasseurs à épargner les animaux trop jeunes et les femelles.

confins de la colonie, mais ils sont tous les jours repoussés par l'invasion.

N° 1. — Petits oiseaux; 15 janvier au 15 août, £. 0,10 par an;

N° 2. — Autruche (?); 1ᵉʳ février au 15 juillet, £. 10 par an;

N° 3. — Petites antilopes; 1ᵉʳ février au 15 septembre, £. 1,10 par an;

N° 4. — Grandes antilopes et zèbres; 1ᵉʳ février au 15 septembre, £. 3 par an;

N° 5. — Éland, buffle, rhinocéros, girafe (?); 1ᵉʳ février au 15 septembre, £. 10 par an.

La chasse aux éléphants et aux hippopotames est prohibée. Cette dernière interdiction sera facilement observée, et pour cause. Les numéros 2 et 5 sont des permis qui n'enrichiront pas ceux qui les prendront, et il y a beau temps qu'on n'a plus vu ni une autruche, ni une girafe, ni un rhinocéros au Transvaal.

Fusils : droit d'entrée — £. 1 par canon; 5 pour 100 sur les munitions.

VI. — *Afrique méridionale anglaise. Colonie du Cap.* — Est prohibée la chasse des éléphants, hippopotames, buffles, élands, koudous, bubales, oryx, reedbucks, zèbres, gnous ou antilopes de toutes variétés. Des licences spéciales sont accordées sur demande par le gouverneur de la colonie, mentionnant le genre, le nombre et la variété des animaux que l'on désire poursuivre. Il reste, dans certains endroits de la colonie du Cap, quelques troupeaux d'éléphants que le gouvernement fait protéger. (Les permis accordés vont de £. 10 à £. 100, selon que l'on veut tuer une gazelle ou un éléphant.) Il est bon d'ajouter que, malgré tout, il reste fort peu d'animaux dans la colonie.

La chasse au serpentaire est interdite; la chasse aux autres animaux, tels que koorhans, outardes, pintades, faisans, perdrix et lièvres, est autorisée à des époques fixées, variant continuellement, sur la délivrance d'un permis de £. 5 par an.

Bechuanaland. — Toute chasse est fermée du 1⁰ʳ septembre au 1ᵉʳ mars. — Mêmes règles que ci-dessus.

Droit de £. 1 par canon à l'entrée dans ces deux colonies.

VII. — *Afrique occidentale portugaise.* — Mêmes droits que dans l'Afrique orientale portugaise.

VIII. — *État indépendant du Congo.* — Port d'armes et permis de chasse aux animaux autres que l'éléphant, 20 francs. Permis de chasse à l'éléphant, 500 francs par an; 10 pour 100 à la sortie de l'ivoire; 5 pour 100 sur l'entrée des armes et munitions.

IX. — *Congo français.* — Pas de règlement concernant la chasse.

Bassin conventionnel : armes et munitions, 10 pour 100 d'entrée.

Bassin non conventionnel : armes, 20 francs pièce; cartouches prohibées (que diable peut-on faire de celles-là sans celles-ci?); ivoire, 7 pour 100 à la sortie.

X. — *Cameroun.* — Il n'existe pas, à ma connaissance, de réglementation sur la chasse. Droit d'entrée, 10 pour 100 sur les armes et munitions; 5 pour 100 à la sortie sur l'ivoire.

XI. — *Niger.* — L'ancienne compagnie du Niger, qui est aujourd'hui en transformation et devient une colonie anglaise, prohibait l'entrée des armes, des munitions et même..... des Européens. D'ailleurs, on n'exporte guère d'ivoire de cette région.

XII. — *Dahomey — Côte d'Ivoire — Sénégal.* — Pas de réglementation sur la chasse. Droit de sortie, 5 pour 100 *ad valorem.*

TABLEAUX DE MENSURATIONS
I. — ÉLÉPHANTS

ANNÉE	SEXE	HAUTEUR au garrot	CIRCONFÉRENCE du pied antérieur	NOMBRE de balles tirées	NOMBRE de balles indigènes trouvées dans la peau	POIDS des défenses en kilos		OBSERVATIONS
						Droite	Gauche	
1892	mâle	3m18	1m31	3	11	23,050	24, »	3 cicatrices (balles ou défenses d'autres mâles).
1893	—	3,01	1,29	3	1	22,340	20,240	
—	femelle	3,04	1,18	2	3	4,180	4,160	1 plaie vive.
—	—	2,895	1,09	1	30	2,724	3,178	
—	—	2,52	1,00	2	19	2,500	3,00	
1894	—	2,92	1,21	1	11	5,00	5,100	Oreille : longueur, 1m05 ; largeur, 0m70.
1895	—	2,87	1,085	1	1	4,950	1,100	Défense gauche brisée.
—	—	3,32	1,33	2	4	»	»	Sans défenses.
—	—	3,04	1,26	1	»	3,170	3,170	1 cicatrice.
—	—	2,88	1,23	2	6	3,175	3,00	
—	—	2,915	1,235	7	4	4,160	4,540	Oreille : longueur, 1m10, largeur ; 0m71.
1896	mâle	3,05	1,285	2	17	16,790	16,320	2 cicatrices.
—	femelle	2,92	1,23	1	5	2,500	2,550	
—	mâle	3,125	1,31	2	8	12,250	13,150	Racine de la défense droite perforée par une balle
—	femelle	2,695	1,21	2	7	3,500	3,500	(Environ.)
—	mâle	3,19	1,33	3	»	38,100	37,00	Oreille : longueur, 1m25 ; largeur, 0m80.
—	—	3,12	1,23	2	1	32,100	31,750	2 cicatrices.
—	—	3,09 1/2	1,31	6	2	29,800	29,700	Oreille : longueur, 1m22, largeur, 0m76.
1897	—	3,255	1,37	5	»	41,00	42,800	
—	femelle	3,195	1,335	4	5	»	»	Sans défenses.
—	mâle	3,695	1,56	11	5	52,00	52,00	Oreille : longueur, 1m20 ; largeur, 0m74. 1m41 ; 0m93.

MOYENNES D'APRÈS LES MESURES CI-DESSUS :

Éléphant mâle : taille, 3m19 ; tour du pied, 1,332 ; oreille { longueur, 1m29 ; largeur, 0m83. | Éléphant femelle : taille, 2m934 ; tour du pied, 1,195 ; oreille { longueur, 1m1 ; largeur, 0m71.

MENSURATIONS (Suite).

II. — RHINOCÉROS

ANNÉE	SEXE	HAUTEUR au GARROT	TOUR du PIED	CORNES		LONGUEUR TOTALE du nez à la queue
				Devant	Derrière	
1892	mâle	1ᵐ68	»	0ᵐ47	0ᵐ40	»
1895	femelle	1,66	»	0,41	0,21	»
—	—	1,60	0ᵐ63	0,51	0,37	3ᵐ37
—	mâle	1,55	0,61	0,67	0,43	3,35
—	femelle	1,71	0,60	0,695	0,38	»
—	mâle	1,63	0,595	0,58	0,39	3,40
—	femelle	1,60	»	0,65	0,38	»
1896	mâle	1,74	0,67	0,75	0,49	»
—	—	1,71	0,56	0,58	0,29	»
—	femelle	1,70	0,59	0,51	0,31	3,45
—	mâle	1,68	»	0,49	0,19	»
1897	—	1,63	0,615	0,57	0,23	3,51
MOYENNES	mâle	1,66	0,608	0,57	0,347	3,41
	femelle	1,65				

MENSURATIONS (Suite).

III. — LIONS

ANNÉE	SEXE	LONGUEUR du bout du nez au bout de la queue	LONGUEUR du CRANE	CIRCONFÉRENCE de L'AVANT-BRAS	HAUTEUR au GARROT	CRINIÈRE
1892	lion	2m71	0m35	0m40	0m91	Petite, fauve.
—	—	2,74	0,375	»	0,89	(Pas de crinière.)
1894	lionne	2,745	0,31	»	0,88	—
1895	lion	2,87	0,39	»	1,04	Fauve.
—	lionne	2,78	0,35	»	0,81	—
—	lion	2,65	0,35	0,43	1,08	(Pas de crinière.)
—	—	3,12	0,415	0,47	0,94	Fauve.
1896	—	2,91	»	0,42	1,08	Demi-noire.
—	—	3,54	0,42	0,53	1,02	Noire.
—	lionne	2,68	»	»	0,88	
1897	—	2,59	0,335	»	0,87	
MOYENNES.	mâle	2,93	0,38	0,44	0,99 1/2	(0m99 1/2.)
	femelle	2,69	0,33	»	0,86	(0m86.)

NOTA. — Cette moyenne ne porte que sur la moitié environ des animaux tués.

MENSURATIONS (Suite).
Dimensions moyennes des cornes d'antilopes adultes (1) et buffles.

NOMS	SEXE	LONGUEUR DE CHAQUE CORNE		CIRCONFÉRENCE	ÉCART entre les pointes	DISTANCE entre les courbes extérieures
		De la pointe à la base	En suivant les courbes			
Éland (2)* (Oreas canna).	mâle	0ᵐ65	»	0ᵐ25	variable	
—	femelle	0,75	»	0,20	»	
Antilope noire* (Hippotragus niger).	mâle	»	0ᵐ65	0,20	variable	
—	femelle	»	0,55	0,16	»	
— rouanne*(— leucopheus).	mâle	»	0,50	0,18	»	
—	femelle	»	0,40	0,14	»	
Gnou (bleu)* (Cannochœtes taurinus).	mâle	»	0,40	»	0,33	
—	femelle	»	0,30	»	0,25	
Bubale* (Bubalis kaama).	mâle	»	0,45	0,18	»	
— *(— lichtenstein).	—	»	0,35	0,16	variable	
— *(— lunatus).	—	»	0,31	0,15	»	
Koudou (Strepsiceros kudu).	—	d,88	1,14	0,25	0,75	
Inyala (Tragelaphus angasi).	—	d,45	0,55	0,18	0,15	
Sitoutounga (— spekei).	—	0,47	0,58	0,20	0,20	
Guib (— sylviaticus).	—	0,30	»	0,10	0,10	
Kob (Kobus ellipsiprymnus).	—	»	0,62	0,20	0,35	
Pookoo (Kobus vardoni).	—	»	0,35	0,15	0,18	
Letchoué (— letché).	—	»	0,52	0,18	0,30	
Nsouala (Œpyceros melampus).	—	»	0,50	0,13	0,25	
Reedbuck (Cervicapra arundinacea).	—	»	0,28	0,12	0,22	
Oréotrague (Oreotragus saltator).	—	0,075	»	0,05	0,06	
Duiker (Cephalophus ocularis).	—	0,085	»	0,05	0,07	
Bluebuck (— pygmeus).	—	0,06	»	0,04	0,06	
Oribi (Nanotragus scoparius).	—	0,08	»	0,06	0,08	
Buffle* (Bos caffer), largeur sur le front.	mâle	0,30	»	»	0,80	0,90
—	femelle	0,20	»	»	0,60	0,70

OBSERVATIONS. — BUBALES : Les cornes de la femelle sont aussi grandes, mais plus minces que celles du mâle.

(1) Ce tableau est donné afin de guider le chasseur sur ce qui constitue ou non un trophée digne de figurer dans sa collection. Les cornes qui atteignent ou dépassent ces dimensions peuvent être gardées, et celles qui sont trop au-dessous, laissées de côté.
(2) Les femelles des animaux non marqués d'un astérisque ne portent pas de cornes.

VOCABULAIRE A L'USAGE DU CHASSEUR

Noms divers donnés aux grands animaux cités dans cet ouvrage, chez les Anglais, les Boërs et les indigènes des différentes régions de l'Afrique.

DÉSIGNATION des ANIMAUX	ANGLAIS	AFRIQUE AUSTRALE		AFRIQUE CENTRALE ET ORIENTALE		ARABES
		BOERS	INDIGÈNES Mashonas-Matabélés	Zambèze, Atchécoundas Magandjas, Lac Nyassa	Souahili Zanzibar, Grands Lacs Haut Congo	
Éléphant.	Elephant.	Oliphant.	Inkoubou (1).	Nzôou, Ndjovo.	Tembo.	Fil.
Rhinocéros.	Rhinoceros.	Rhinaster.	Oupeygan.	Pembéré.	Kifarou.	Karkaddan.
Hippopotame.	Hippopotamus.	Zee-Kue.	Infoubou.	Nvoûo.	Kiboko.	Frass el mâ.
Buffle.	Buffalo.	Buffel.	Nari.	Niati.	Mbogo.	Djamous.
Lion.	Lion.	Lieuw.	Isilouan.	P'andoro(2)Mkango.	Simba.	Essed.
Léopard ou Panthère.	Leopard or Panther.	Teegre.	Nkouaï.	Niarougoué.	Tchouï.	Nimmer.
Loup.	Wild dog.	Vilde Honde.	»	P'oumpi.	Mbouâ-mouïtou.	Dïb.
Hyène.	Hyena.	Teegre woolf.	Piri.	Fissi.	Fissi.	Dâb.
Phacochère.	Wart-Hog.	Vlaakte Vaark.	Koloubi.	Ndjiri.	Ngouroué, Ndoumé.	Khanzîr.
Sanglier.	Bush Pig.	»	— (3).	K'oumba.	Ngouroué.	
Girafe.	Giraffe.	Cameel.	Ngabé.	—	Touïga.	Zéraf.
Zèbre.	Zebra.	Quagga.	Pitsé.	Bidzi.	Poundomilia.	Hmar el-ouoouch.
Eland.	Eland.	Ehland.	Mohou.	Nchefou, nt'ouka.	Mpofou.	
Koudou.	Kudu.	Kudu.	Noro.	Ngoma.	Pourou.	
Antilope noire.	Sable.	Zwart-witpens.	Omé.	Pâlâpala.	Palahala.	
Antilope rouanne.	Roan.	Bastard Ehland.	Ikuba.	—	—	
Bubale Kaama.	Hartebeest.	Hartebeest.	Kaama.	—	—	
Bubale Lichtenstein.	Hartebeest.	Hartebeest.	Inkulanondo.	Ngondo, Gondonga.	Kongoni.	
Bubale Lunatus.	Tsessebe.	Bastard hartebeest.	Incolomo.	—	—	Razâl el Kbar.
Gnou (bleu).	Blue wildebeest.	Brindled gnu.	Inkonékoué.	Nyoumbou.	Nyoumbou.	(Grandes Gazelles.)
Kob.	Waterbuck.	Kring-ghat.	Litoumoga.	Niakoboué, Tchieuzou, Tententsidia.	Kourou.	
Nsouala.	Impala.	Rooibok.	Impala.	Nsouala.	Souala.	
Reedbuck.	Reedbuck.	Reitbok.	Inziji.	Mp'oïo.	Porké.	
Guib.	Bushbuck.	Boshbok.	Imbabala.	Mbaouala.	Mbaouara.	
Inyala.	Inyala.	—	Inyala.	Bôo.	Parahara.	
Sitoutounga.	Situtunga.	Waterskaap.	Sitatunga.	—	—	
Pookoo.	Pookoo.	—	Pookoo.	—	Sounou.	Rzâl.
Letchoué.	Letchwe.	Letché.	Lekoué.	—	Cheroua (?).	(Gazelles) nom général donné à toutes les petites antilopes.
Oribi.	Oribi.	Oribi.	Oribi.	Kasségné.	Icha.	
Duiker.	Duiker.	Duiker bok.	Impouzi.	Nyassa, Gouapi, Insa.	Icha.	
Bluebuck.	Bluebuck.	Blauw Bok.	—	Roumza.	—	
Oréotrague.	Klipspringer.	Klipbok.	Egogo.	Mbararé, Tchiokoma.	—	—
Crocodile.	Crocodile.	»	»	Ngoma, Niakoko.	Maamba.	Timsah.
Gibier en général.	Game.	»	Nyama.	Nyama.	Nyama.	El Ham.

(1) *In* dans toutes les langues autres que le français se prononce : *inne*.
(2) Une ' (apostrophe) indique une *h* aspirée.
(3) Un trait indique les animaux qui me paraissent inconnus dans la région.

TABLE ALPHABÉTIQUE

A

Abeilles. Nid d'—, 132. Miel d'—, 132.
Achats. Contre de la viande, 59.
Accident à un chasseur barotsé, 227.
— Causés en cours de chasse, 228, 307. — Causés par les panthères dans le Manyéma, 245. — À Msiambiri et à moi, 263.
Affûts (de nuit). Voir *Nuits d'affût*.
— de jour, 201.
Agouti, 126. Chair de l'—, 223.
Angonis. Pays des —, 170.
Animaux tendres, 9. — massifs, 9. — habitant l'Afrique centrale, 1. Difficultés d'élever des — en camp volant, 123, 124. Récolte de petits —, 146. — qui ne boivent pas, 202. — à l'abreuvoir, 203. — destructeurs de serpents, 234. — du Congo, 241 à 250.
Antilope noire tuée, 147. — à l'abreuvoir, 203. Mœurs de l'—, 184. Chair de l'—, 222. Photographie d'une —, 144.
Antilopes. (Voir *Eland Kob Bubale*, etc.) — flairant le lion, 179, 196. Chair des petites —, 222.

Appareil photographique (voir *Photographie*).
Armement, 1, 2, 3, 4, 5.
Aroangoua, fl., 208, 210.
Aspect désert de la brousse lorsqu'on marche en colonne, 247.
Ava (paquebot), 15.

B

Babouin (singe), tué, 201.
Baker, (Samuel), chasseur anglais.
Balles. Variétés de —, 5, 6. Essai de —, 6. — explosives, leurs inconvénients, 7. — expansives, leurs avantages, 8. — express 577, 9. — diverses, 10. — de petit calibre, 5, 6. Puissance de la —, 577, 10.
Barils à eau, 13.
Barotsé (pays des), 208. Chasseurs —, 211. Chasses dans le —, 251.
Biltong. Confection de —, 37, 58. Chevalets à —, 56.
Bertrand, portrait, 1. Attributions de —, 17. Arrivée avec —, 16. — cité, 17, 52, 57, 180, 197, 224 (dessin), 124.
Bêtes (à bon Dieu), 206.
Blessure au cœur, 31.
Bluebucks, 15.

Bousier, 206.
Borely (de), portrait, 1. Attributions de —, 17. Arrivée avec —, 16. — cité, 17, 59, 65, 224.
Bubale (Lichtenstein), tués, 30, 61. — à l'abreuvoir, 203. Photographie d'un —, 61 (autres espèces, voir *Kaama, Tsessébé*).
Bras nus, 52.
Brigade (des renseignements), 25, 61, 171, 172, 182.
Briquet, 12.
Buffles à Tchiromo, 28. Bonne saison pour les —, 35. Traces de —, 36. Chasse au —, 37, 76. — dans la végétation dense, 37, 76. Cornes de —, 37, 78. Rencontre de —, 75. Ruses avec le —, 77. Taille d'un —, 78. Mœurs du —, 76, 184. — à l'abreuvoir, 203. Chair du —, 221, 222. Photographie d'un —, 78. — du Congo, 243. Description du — du Congo, 244. — du Congo (dessin), 241.
Bushmen. Usage de — dans l'Afrique australe, 19.

C

Camp d'hivernage à Tchiromo, 16. Installation d'un —, 35, 56, 62, 65. Matins pluvieux au —, 35, 50, 65. Retour au —, 61. — du Niarougoué, 62. La porte du —, 66, 67. Coin de — (photographie), 167.
Carabines (voir *Fusils*).
Carnassiers. Nécessité de dépouiller rapidement les —, 79. Intestins des —, 200. Absence de —, 233.
Carnet, 12.
Cartouches tirées, 4. — emportées, 5. Variétés de —, 5. Inconvénient de recharger ses —, 7. — de réserve, 11, 13.
Cartouchières (de ceinture), 11. Sacs —, 11. Volume des sacs —, 12.
Casque, 12.
Ceinturon, 12.

Chacal, 138.
Chasse au tam-tam, 90. — à l'affût, 146. — au lion (voir *Lion*). — à l'éléphant (voir *Éléphant*), etc.
Chasseurs. Portrait de mes — *Frontispice*. — Mes —, 18. Réorganisation du personnel de —, 18. Arrivée de mes —, 20, 21. Portrait de mes —, 21, 22, 23. Dévouement de mes —, 19. Services rendus par mes —, 19. Habitude de la vie des bois de mes —, 23, 24. Rôle de mes —, 24. Attributions de chacun de mes —, 25. — barotsés, 209 à 214, 225. — indigènes, 255.
Chaussures de chasse, 12. — de marche, 12.
Cheval. Usage du — dans l'Afrique australe, 19.
Chiens indigènes. Essai de —, 27, 129. Utilité des — pour la chasse au lion, 85. Portrait de — (dessin), 125. Description des —, 126. Achat de —, 126. Inutilité de mes —, 127, 128, 129, 130.
Chiens d'Europe. Inutilité des —, 137.
Chiré (riv.). Chasse sur les bords du —, 33.
Chouette (cri de la), 150.
Cible. Tirs à la —, 24.
Cochon sauvage, 202.
Congo. Animaux du — (photographie), 241. — Oiseaux du —, 249. — comme pays de chasse, 250.
Conseils à l'usage des chasseurs naturalistes, 326.
Cordial, 12.
Costume de chasse, 11, 12. — de pluie, 51.
Couteaux de chasse, 11. — de ceinture, 12.
Crocodile. Invulnérabilité du —, 10. Crâne de — (photographie), 27, Chasse au —, 33, 34. Trouvailles dans le ventre des —, 34. Taille des —, 34. Chair du —, 223.

Crosse cuirassée, 4. — de pistolet, 11.
Collections d'histoire naturelle, 326 à 333.

D

Départ pour l'Afrique centrale, 15.
Drummond (chasseur anglais), 128.
Dum-dum (voir *Hollow*).
Dynamite. Employée à la pêche, 239.

E

Eau. Manque d'—, 146. Barils à —, 13.
Écureuil chair de l'—, 223.
Eland. Chasse à l'—, 31. Variétés d'—, 147. — tués 147. — à l'abreuvoir, 203. Photographie d'un —, 32.
Éléphants. Les pays à — sont rares, 2. Traces d'—, 32. Saison favorable aux —, 35. — friands de foulas, 36. Barrit d'—, 51, 111. Mœurs des —, 46, 53, 54, 55, 76, 111, 116, 120, 121, 226, 259, 293 à 313. Charges pour la chasse à l'—, 51. Poursuite d'—, 53, 74, 75, 112, 113, 120, 229, 250 à 272. — tués, 55, 56, 75, 114, 115, 225, 230, 255 à 272. Dépeçage d'un —, 57 (photographie), 58. Os de l'—, 57. Porteurs nécessaires à un —, 59. Poids d'un —, 59. Chair de l'—, 59, 222. Cœur de l'—, 59. Trompe d'—, 59. Pied d'—, 59, 60. Défenses d'—, 60, 75, 119, 271, 296, 310. — difficiles à suivre pendant la saison sèche, 109.— traversant une rivière, 112. Charge d'—, 114, 115 (dessin), 116, 255, 261. Agonie d'un —, 115. Capture d'un jeune —, 117, 118, 119. Difficulté de tirer à la tête d'un —, 119, 308. Grondements et bruits émis par les —, 120, 302. Facilité de se dissimuler d'un —, 121. Jeune — (dessin), 124.— sans défenses, 226, 259, 268. Difficulté d'élever le jeune —, 123. — solitaires, 229. — pneumatique, 233. — en bataille (dessin), 251, 253. Crâne d'—, 266. — Goliath, 267, 268, 269, 272. Caractères physiques de l'—, âge, taille, pied, reproduction, la trompe, etc., de 293 à 313. Cimetière d'—, 304. Domestication de l'—, 311.
Eley et Kynoch, fabricants de cartouches, 6.
Embarcations, 17.
Épinards du pays, 224.
Épines. Abondance d'— en Afrique sauvage, 48.
Équipement de chasse, 11.
Express (rifle), 2. Modifications à l'—, 2. — emportés, 2, 3. Poids de l'—, 3. Pénétration de l'—, 194.

F

Faune différant selon les régions, 210.
Félins. Chair des —, 222.
Feux de Bengale, 11, 157. — de brousse, 141, 143. Protection des villages contre les —, 143. Vitesse du —, 144. Façon d'éviter les —, 144. Oiseaux qui suivent les —, 144. Animaux fuyant devant les —, 145. Aspect du pays avant et après les —, 145.
Fièvres occasionnées par les pluies, 51. — contractées à l'affût, 176.
Foà (Edouard), portrait, 290.
Forêt équatoriale, 142. Pauvreté en gibier de la —, 246. Richesse en singes de la —, 247.
Foula, arbres et fruits du —, 36.
Fourmilier, 68. — tué, 68.
Fourmis carnivores, 38. — à sucre, 206. — noires, 207.
Fusées à hyènes, 11, 12.

Fusils de gros calibre, 2. Opinion sur les — de gros calibre, 2. — importés, 2, 3, 4. — 303 (voir *Metford*). — non rayés, 4. — de collectionneur, 5. Meilleurs systèmes de fermeture de —, 11. — — *Hammerless*, 11. Porteurs attitrés de mes —, 25. Nettoyage de mes —, 25. Winchester, 4. Nécessaire de nettoyage des —, 12. Précautions à prendre avec les —, 93. (Voir aussi *Express*.)

G.

Galand, fabricant d'armes, 2.
Girafes. Trace de —, 208. Poursuite de —, 209 à 214. — tuée, 214. Mœurs de la —, 216, 217. Portrait d'une — mâle, 215 (photographie), 216. Dimensions d'une —, 215. Chair de la —, 222.
Gnous. Premiers — vus au N. du Zambèze, 32.
Gordon Cumming, chasseur anglais, 128.
Gourdes à eau, 13.
Guêpes, 207.
Guibs tués, 147. Chair du —, 222.

H

Habitude des bois, 23, 24. — de regarder où l'on pose le pied, 236. — des animaux dangereux, 244. — des épines, 52.
Haches, 11.
Herbes. Variétés d'—, 122, 123. Etendues d'—, 142.
Hippopotames. Chasse à l'—, 33, 218, 219, 220. Mœurs de l'—, 218 à 221. Façon de chasser l'—, 221. — sur le Congo, 250. Photographie d'un —, 250.
Hivernage à Tchiromo, 18.
Hollow. Description de la balle dite —, 6. Emploi de la —, 8.
Hyènes autour du camp, 51, 58, 61.

— à la curée, 81. Mœurs de la —, 138 à 140. — rôdant, 196. — blessée, 197. Photographie d'une —, 140.

I

Iguane comestible, 223.
Indigènes étonnés par la poudre sans fumée, 30. Appréciations des distances par les —, 38. Insouciance des —, 39. Coutumes — avec les mangeurs d'hommes, 44. Superstitions — à l'égard du fourmilier, 69. Ignorance des — sur le gibier, 69. Les — aiment la vie des bois, 69. Demandes des renseignements aux —, 105. Chasseurs — comme guides, 107. Délicatesse de l'odorat des —, 200. Défauts des chasseurs —, 228. Usages entre chasseurs —, 255.
Insectes, 205 à 207.
Inyala. Photographie d'une —, 205, 238. Chasse à l'—, 237, 238. Description de l'—, 238. L'— au Congo, 245.
Instruments pour préparation des collections, 333.

J

Jambes nues, 52.
Jeffery. Balle dite —, 6.
Jumelle (voir *Lorgnette*).

K

Kaama (bubale) au Congo, 244.
Kambombé. Arrivée de —, 21. — domestique, 21, 25. — grimpant aux arbres, 41. — éclaireur, 76, 83.
Kapotche (fl.). Arrivée au —, 34, 62, 67. Vue sur le — (photographie), 28.
Katanga. Lion au —, 245. Chasse à l'éléphant au —, 306.

Kirby, 128.
Kobs tués, 147. — à l'abreuvoir, 203. Photographie d'un —, 164.
Koudous tués, 147. — à l'abreuvoir, 203. Photographe d'un —, 164.

L

Laine. Mon opinion sur la —, 12.
Lamentin sur le Congo, 250.
Légendes accréditées, 10.
Léopard (voir *Panthère*).
Letchoué, 210.
Lions. Mauvaise saison pour les —, 35. Concert de —, 37, 286. — mangeurs d'hommes, 38, 87, 88. — enlevant un enfant, 39. Poursuite de —, 40. Mensuration d'un —, 43, 161. Mœurs du —, 43, 47, 48, 49, 50, 84, 85, 150, 156, 318 à 325. — blessé, 84. — tués, 42, 84, 160, 180, 191, 196, 272 à 290. Rencontre de —, 75, 80, 162, 190, 196, 272 à 290. Crâne de — (photographie), 45. — rôdant autour du camp, 49. Battue au —, 88, 94. Aventures avec les —, 94, 272, 290. Venue des — à l'affût, 152 et suivantes. Recherche d'un — la nuit, 157. — sous le projecteur, 178. A l'affût du —, 178. — blessé et perdu, 197. — retrouvé, 199. — à l'abreuvoir, 203. — allant charger (dessin), 42. Recherche d'un — (photographie), 84. — agonisant (dessin), 160. — sous le projecteur (dessin), 178. — transporté au camp (photographie), 204. Absence de — au Congo, 245. Conseils sur la façon de tirer le —, 288.
Lionceaux. Capture de —, 285. Photographie de —, 290.
Lorgnette de nuit, 14. Usage de la — (voir aux *Nuits d'affût*).
Loups africains, 130, 131. — ennemis du lion, 131. Mœurs des —, 135, 136. Cri du —, 134.

M

Mafsitis, Rencontre de —, 85. Bandes de pillards —, 62.
Makauga, gros de l'expédition à —, 65.
Maonda laissé de côté, 20.
Marabout. Mœurs du —, 165, 166.
Maravie, 63, 64.
Mares. Affût autour des —, 176 à 182. Photographie d'une —, 168.
Massacre de buffles, 28, 29.
Metford, (303). — emporté, 3. Description du —, 3. Eclatement de —, 3. Poids du —, 4. Essais du —, 29. Le — porte haut, 43. Pénétration du —, 61. Précision du —, 29. — trop petit pour l'éland, 31.
Menu de l'Afrique centrale, 223.
Mensurations. Eléphant, 338. Lion, 340. Rhinocéros, 339. Antilopes, 341.
Méthode de chasse, 26.
Mètre pour les mensurations, 12.
Mires télescopiques, 10. — en diamant, 10. — en platine, argent ou ivoire, 10. — de nuit, 11. — — de rechange, 12. — électriques, 177.
Mitsagnas. Forêts de —, 124.
Moucherons, 207.
Mouches piquantes, 207.
Moustiques, 67, 207.
Mpéséni. Arrivée chez —, 110.
Msiambiri. Arrivée de —, 20. — domestique, 21, 15. Portrait de —, 21. — fait un pari, 73. — enlevé par un éléphant, 262.
Munitions (voir *Cartouches*).
Muséum de Paris, 124. Récolte de mammifères pour le —, 146.

N

Ndïou, ragoût indigène, 20.

Nécessaire de pansement, 12.
Niakoumbaroumé (mon nom indigène), 20.
Nsoualas tuées, 30. — à l'abreuvoir, 203.
Nuits d'affût, 27, 148 à 160, 172 à 200. Impressions pendant les —, 151, 152, 153, 154, 159, 178, 179, 184, 185, 186, 187, 188, 189. Insuccès des —, 175. Nombre de —, 175. Monotonie des —, 176, 184. Installation pour les —, 173. Organisation des —, 169, 170, 171, 177, 182, 195, 196.
Nyangomba, 166.
Nyassa (Lac). Arrivée dans la région du —, 16.

O

Oiseaux à l'eau, 203. — de proie à l'eau, 203. Préparation de peaux d'—, 332.
Oiseaux insectivores. Mœurs des —, 37. Présence d'—, 109.
Oublis à chaque voyage, 17.

P

Pachydermes. Invulnérabilité des —, 10.
Pangolin tué, 202.
Panier à vivres, 14.
Panthère, 46. — tuée, 50. — qui tombe dans le camp, 74. — rôdant autour du camp, 78. — tuée, 79. Dimensions d'une —, 79. Photographie d'une —, — nombreuses au Congo, 245.
Pays. Façon de battre le —, 26.
Paysages admirables, 103. — sauvage, 105. — africains, 141, 142, 194, 252. — Photographie d'un —, 146.
Peaux. préparation des —, 327 à 330.
Pêche dans la Louyia, 111. — à la dynamite, 239. — dans les Grands Lacs, 240.

Pèlerine molleton. Avantage de la —, 12.
Permis de chasse en Afrique, 334.
Phacochères. Différence du — avec le cochon sauvage, 202. — à l'abreuvoir, 203. Chair du —, 222. Photographies de —, 146.
Pharmacie de poche, 12.
Phosphore, 11.
Phosphorescence de l'œil du lion, 10.
Photographie. Appareil de —, 14, 15. Collection de —, 15. Objectifs, 15. Plaques de — en celluloïd, 15.
Pièges à grands animaux, 49.
Pipe et tabac, 12. Inconvénient de la —, 185.
Pluies torrentielles, 35.
Pochette à montre, 12.
Pookoo, 210. Tête de —, 244. Chasse au —, 244.
Porteurs du matériel, 14. — d'eau, 76.
Poudre sans fumée, 3. Avantage de la —, 30.
Procédés de chasse, 26.
Projecteur Trouvé, 11, 175.
Projectiles (voir *Balles*).
Puces, 207. — chiques, 207.
Punaises, 206, 207. — des bois, 206.
Python comestible, 223.

R

Rat rôti, 224.
Rat terrier, 137.
Râtelier d'armes rustique, 133.
Reedbucks tués, 147. — à l'abreuvoir, 203. Chair du —, 222.
Région. Changement de —, 34, 35, 95, 124, 208.
Règlement concernant la chasse dans les différentes colonies, 334.
Revolver Galand, 5.
Rhinocéros. Traces de —, 32. Por-

trait d'un —, 63, 86. Poursuite de —, 70, 71, 98, 101. — tué, 72, 73, 102, 189, 193. Mœurs du —, 70, 71, 72, 73, 76, 95, 96, 97, 98, 99, 181, 184, 185, 187, 314 à 318. Dimensions d'un —, 72. Préparatifs de dépeçage d'un —, 87. Pays à —, 95. — blessé, 101. — retrouvé, 101. Cornes de —, 102. Crâne de —, 104. — à la mare N, 181. Précautions nécessaires avec —, 182. — venant près du camp, 191. — à l'abreuvoir, 203. Chair du —, 222. Crâne d'un — (photographie), 104. Photographie d'un —, 62, 86, 102, 188, 194. — absent du Congo, 245.

Rhumatismes causés par les vêtements mouillés, 51.

Riz au lait. Repas d'affût, 149.

Rodzani. Arrivée de —, 20. Portrait de —, 21. — capitaine de camp, 25. — chargé par un éléphant, 75.

S

Sacs-cartouchières, 11. Volume des —, 12.

Saison avancée, 17. — des marécages, 17. — des pluies, 35, 208. Discomfort de la — des pluies, 35. Où l'on se met à l'abri, 52. Difficulté de marcher pendant la — des pluies, 65. — propice aux grands animaux, 67. — de chasse, 108, 109. — Sèche, 145, 146, 208.

Scolopendre, 206.

Scorpion, 206.

Selous, 128.

Serpents. Mœurs des —, 234. — python, 235. — divers, 235.

Sérum antivenimeux, 12.

Singes curieux, 201. — cynocéphale, 201. — à l'eau, 203. Chair du —, 223.

Sitoutounga au Congo, 245.

Soko (ou chimpanzé), 248, 249.

Solid. Description des —, 6, 7. Emploi des —, 9.

T

Tabac et pipe, 12.

Table des gravures, xi.

Tableau des chasses, 291.

Tableaux de mensurations, 338.

Tambarika. Arrivée de —, 20. Portrait de —, 22. Attributions de —, 25.

Tchandiou (mon nom indigène), 20.

Tchigallo. Arrivée de —, 21. Portrait de —, 22. — préparateur naturaliste, 25.

Tchipéroni (M^t). Expédition au —, 32.

Tchiromo. Arrivée à —, 17. Hivernage à —, 18. Sauterelles, incendie, inondation à —, 18. Manque de gibier aux environs de —, 28. Chasse réservée à —, 29.

Télescope. Mire —, 4. — pliant, 11, 14.

Termites comestibles, 223.

Termitière. Vue d'une —, 62. Imitation d'une —, 149.

Tir à la cible, 24.

Tortues comestibles, 223.

Tsessebé (Bubale) (dessin), 241. Chasse à la —, 244.

Tsetsé, 207.

V

Vautours. Leurs mœurs, 161 à 166. — nous faisant retrouver un lion perdu, 197. — attirant le chasseur (dessins), 141. — près d'un éléphant, 233.

Végétation épaisse dans la Maravie, 64, 65. Péril de la chasse dans la —, 65.

Vent. Sautes de —, 53, 54, 210. Pour connaître la direction du —, 71.

Veste chaude, 12.
Viande des différents animaux, 221, 222.
Vie dans les bois, 23, 24.

W

Waterproof de première qualité, 51.
Winchester, calibre, 12.

Z

Zambèze. Arrivée au —, 15. Peu de gibier près du —, 107.
Zèbres tués, 30, 201. — tué par des lions, 148. Mœurs des —, 150. — — à l'abreuvoir, 203. Chair du —, 222. Photographie d'un —, 35. — au Congo, 245.

PARIS

TYPOGRAPHIE DE E. PLON, NOURRIT ET Cie

rue Garancière, 8.

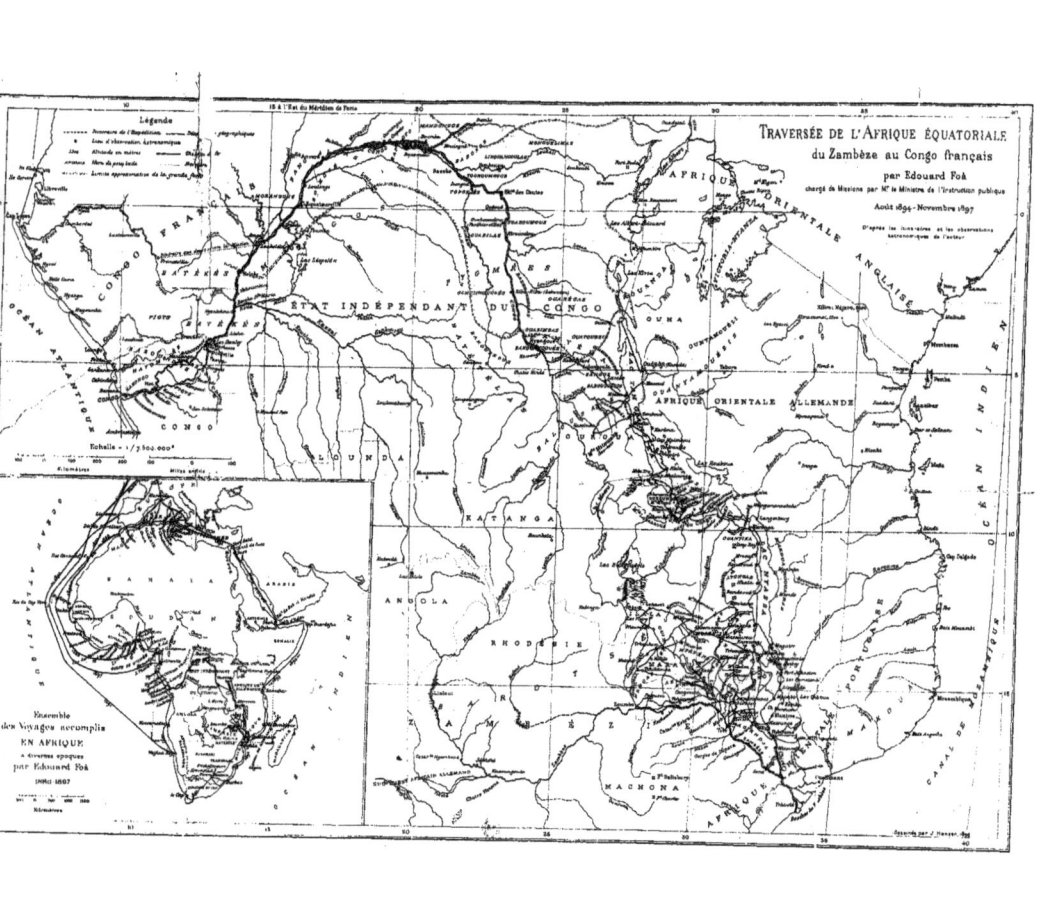

www.ingramcontent.com/pod-product-compliance
Lightning Source LLC
Chambersburg PA
CBHW050425170426
43201CB00008B/543